ちくま学芸文庫

アレクサンドロス大王物語

伝カリステネス
橋本隆夫 訳

筑摩書房

凡例

一　本書は、カリステネス作と伝えられている『マケドニアのアレクサンドロスの生涯』の全訳である。題名として、ヨーロッパで一般に用いられている『アレクサンドロス大王物語』とした。

二　翻訳にあたっては、本文については、Helmut van Thiel, hrsg. und übers., *Leben und Taten Alexanders von Makedonien: Der Griechische Alexanderroman nach der Handschrift L*, Wissenschaftliche buchgesellschaft, Darmstadt 1974を底本とした。

三　補遺の部分については、クロル版は、Wilhem Kroll, ed., *Historia Alexandri Mogni*, Berlin 1926を底本とし、ガンマ版については、Ursula von Lauenstein, Helmut Engelmann, Franz Parthe, "Der griechische Alexanderroman: Rezension γ", *Beiträge zur klassischen Philologie*, Meisenheim, 1962-1969を底本とした。

四　行間番号1、2は訳注である。

五　訳文中の［　］は底本の校訂者が補った語句を訳した箇所を示す。また……はテキストの欠落部分を示し、〔　〕は文意を明瞭にするために、訳者が補足した語句を示す。

六　地名などの固有名詞は原則として長音を無視したが、慣用的に定着しているもの、あるいはそのほうがわかりやすいと思われるもの（たとえばロマではなくてローマ）はそちらを用いた。またローマの人名・地名に関しては、ラテン語での原音を採用した。

アレクサンドロス大王物語【目次】

第二巻　111

さにすがたをくらまして宮殿から逃走。ストランガ河を渡ったところで河が氷解し始めたこと。127

第一六節　ペルシア軍は凍結したストランガ河を渡り、マケドニア軍に攻撃をかけてきたが、アレクサンドロスの活躍でペルシア軍は敗北。多数のペルシアの逃走兵のために河の氷が割れてペルシア兵多数が死亡。ダレイオスの悲嘆。130

第一七節　アレクサンドロス宛の、捕虜となっている家族の返還を求めるダレイオスの手紙。アレクサンドロスはこれに不服。133

第一八節　クセルクセスの墓に捕虜となったギリシア人を解放しペルシアの地に住まわせることにすること。135

第一九節　インド王ポロス宛のダレイオスの救援依頼の手紙。ダレイオスがカスピア門のエクバタナにいることを知って、追跡を始めること。136

第二〇節　ダレイオスの側近二人がダレイオス暗殺を計るが、瀕死のまま置き去りにして逃げる。アレクサンドロスがダレイオスを発見する。娘ロクサネをアレクサンドロスの妻にというダレイオスの遺言。138

第二一節　ダレイオスの葬儀。アレクサンドロスのペルシア統治の宣言。ダレイオスの暗殺者の名乗って出てきたのをつかまえ、ダレイオスの墓の上ではりつけにすること。140

第二二節　ダレイオスの母、妻、娘に宛てたアレクサンドロスの手紙。ダレイオスの遺言によ

第三巻　167

第六節　ブラグマネス族の者たちとアレクサンドロスの対話。そのなかの指導者ダンダミスとの対話。 176

第七節より第一六節まで欠（ガンマ版第二巻三五節A参照、三四〇ページ）

第一七節　プラシアケへの道中、人間の言葉を話す二本の木のもとへ案内される。どちらの木の語ることも、アレクサンドロスの寿命がつきかけていて、母も妻も悲惨な死に方をするであろうということであった。 181

第一八節　ベロエの女カンダケ宛のアレクサンドロスの手紙。カンダケの返事。 185

第一九節　ベブリュケス人に襲われ、その妻を略奪されたカンダケの息子カンダウレスをプトレマイオスが救うことになった。アレクサンドロスは、プトレマイオスをアレクサンドロス王、自分はその従者アンティゴノスとして、カンダウレスの前に登場すること。 186

第二〇節　身分をいつわったアレクサンドロスとプトレマイオスはカンダウレスの妻をとりもどし、ベブリュケス人の王を殺害した。こうしてカンダウレスはアンティゴノスと思っているアレクサンドロスを母カンダケのもとに案内することになること。 189

第二一節　カンダウレスは自分と妻の身に起こったことを母に説明し、アンティゴノスとしてのアレクサンドロスの親切な行為を理解させる。 191

第二二節　カンダケが宮殿を案内する。アレクサンドロスの肖像画を見せて彼の正体を知っていることを伝える。以前に使者を送ってアレクサンドロスの肖像画を描かせていた。

エティオピア人の太陽の神をまつる祭壇を見る。リュッソスの港。高い山にあるサファイア製の壁にかこまれた神殿。神々に近づくことはもうやめにするがよいと忠告する、ギリシア語を話す鳥の話。キュロス王の宮殿にある、不思議な品物の数々。 206

第二九節欠（ガンマ版第三巻二六a節参照、三八二ページ）

第三〇節　上体は人間だが、胴から下はライオンと犬の頭でできている赤ん坊がアレクサンドロスのもとに運ばれてきた。すでに人間の部分は死んでおり、けものの部分だけは動いていた。占い師たちがこの異象を検討した。上体はアレクサンドロスを下半身はアレクサンドロスの部下たちを表わしており、おたがいにけもののように敵意をいだいて戦争を続けるであろうと占ったこと。 210

第三一節　マケドニアではアンティパトロスがオリュンピアスにたいして無礼をはたらいていたが、アレクサンドロスに知られたと疑った彼は、アレクサンドロス暗殺を計画した。父アンティパトロスから預かった毒物を用いて、その息子はアレクサンドロスの従者イオラスと暗殺の陰謀をめぐらした。数名の者をのぞいて全員暗殺計画を知っていたが宴席でアレクサンドロスはイオラスから毒物をのまされる。アレクサンドロスは苦痛にあえぎながら、帰宅したこと。 212

第三二節　ペルディッカス、プトレマイオス、リュシマコスの三人に相談しつつ、遺言書の作成にかかる。兵士たちが病床のアレクサンドロスのすがたをみようとあつまってく

補遺　221

クロル版　第一巻　223

クロル版　第三巻　267

ガンマ版　第三巻　379

アレクサンドロス大王物語

本文

第一巻

第一節

マケドニアの王アレクサンドロスはこの世でもっとも優秀で、立派な人間であったと思われる。先見の明を働かせることによってつねに驚嘆すべき業績をあげることができたので、どのようなことをおこなうにも彼独自のやり方を用いた。遠征では連戦に連戦を重ね、そのためにそれぞれの民族のもとに滞在できる期間はまったく短かった。だから、これらの国々を正確に調査するには、これをしようと思う者[1]にも時間が十分ではなかった。これから、アレクサンドロスの業績、彼の肉体面と精神面のすぐれた特徴、そしてその行動にみられる好運と勇敢さとを述べるにあたって、まず、その出生の点、父親はだれであるかということから始めたい。

　というのは、ピリッポス王の子であると大半の人が語っているが、それは正しくはない。たしかにこれは真実ではない。ピリッポスの息子ではないのである。エジプトの賢人たちの語るところでは、エジプトの王位を失ったあとのネクテナボンの生んだ子であった。[2]

ネクテナボンは呪術に堪能であった。この能力を用いて、あらゆる民族を呪術で圧倒し、平穏のうちに世を送っていた。というのは、かつて敵の軍勢が彼のもとに攻めてきても、兵を整えることも、軍事用の機械類を整えることもしなかった。輜重車の準備をさせもしなかったし、軍事演習のために指揮官たちを苦しめることもしなかった。かわりに、水盤を用意し、水占い[3]をおこなっただけであった。水盤に泉の水を満たし、両手で蠟をねって、船や人間をかたどり、これらを水盤のなかに浮かべた。自分はといえば、予言者の服装をして、手には黒檀の杖をもった。立ちあがると、いわばまじないの神々とされる霊、空中にいる霊、大地の下に住むダイモンたちに祈った。このまじないによって、蠟でできた人間たちは生気を得た。こうして彼は水盤のなかの蠟でできた船を沈めてしまった。それらが沈んでしまうやいなや、彼のもとに攻め寄せてきていた敵軍の船隊は海のなかで壊滅したのである。これは、この人物が呪術の力に精通していたことによる。このようにして、彼の王国は安穏に存続していた。

第二節

かなりの時間が経過したあと、ローマ人のあいだではエクスプロラトル、[4]ギリシア人のあいだではカタスコポイと呼ばれる見張りの役の者たちがネクテナボンのもとにあらわれて、報告した。不気味な戦雲がまき起こり、数えきれないほどの戦士からなる軍隊がエジプトに攻めのぼろうとしていると。さらにネクテナボンのまえに彼の将軍がやってきてつぎのようにいった。

「王さまに平安がございますように。いまこそ、習慣となった遊惰な生活はやめて、いくさのさいの兵士たちの活動のためのこころづもりをなさっていてください。と申しますのは、蛮族たちからなる巨大な雲のような一団がわれわれに向かってきているからです。われわれを攻めているのはひとつの部族だけではございません、数万という大群であります。われわれを攻撃していますのは、すなわち、インド人、ノキマイオイ人、オクシュドルケス人、イベレス人、カウコネス人、レラペス人、ボスポロス人、バストラノイ人、アザノイ人、カリュベス人、そして当方側に住むその他の偉大なる民族でございます。数かぎりない兵士たちの軍勢がエジプトに攻めてきています。ですから、ほかのあらゆることは中止して、ご自身のことにご注意くださいますように。」

将軍がネクテナボンにこのようなことを伝えると、王はからからと笑って、彼につぎのように答えた。

「任せられた警護の役を果たしている汝の言葉はたしかに立派なものだ。また時宜を得ているが、その話し方には臆病風が吹いていて、戦士としてはふさわしくはない。と申すのは、軍の力は数にあるのではない。いくさの帰趨は勇気にこそあるのだ。たとえば、一頭のライオンが多数の鹿を従え、一頭の狼が多数の羊の群れを荒らすこともある。であるから、汝の指揮下にある軍隊を率いて、自身の決められた陣営を防衛するがよい。なぜかといえば、蛮族の数しれない軍勢といえども、自分がただ一言でもって大海の藻屑とさせて見せようから。」

　このように言ってネクテナボンは将軍を引きさがらせた。

第三節

　彼自身は立ちあがると、宮殿にはいって行った。ただひとりになると、またもや、あの同じまじないの技を用いて、水盤を見つめていた。すると、目に映ったのは、エジプトの神々が敵である蛮族の船隊をうごかし、敵の軍勢が神々自身によって指揮されている様子であった。ネクテナボンは呪術に精通した人間であり、自分の神々と意思を通じることにもなれていたので、エジプトの王国の最後の時が近づいたことを神々から教えられたのであった。そこで多量の黄金をふところに隠しもち、頭髪とひげを剃りおとし、別人のすがたに変装してから、ペルシオン[6]を経て落ちのびた。そこを出帆してからマケドニアのペラに着いた。その町に住居を定めて、エジプトの予言者として多くのひとびとに星占いをほどこしてやった。

　さて、エジプト人は、エジプトの王はいったいどうなったのかと、彼らが神々であると信じている者にたずねた。というのは、エジプト全土は蛮族に掠奪されていたからである。セラピス神殿[7]の神域に祀られている、エジプト人の神といわれている者がつぎのような神託を語った。

「落ちのびた王は年老いた身ではなく、若い青年となって、ふたたびエジプトにもどってくるであろう。そしてわれわれの敵ペルシア人を帰服せしめるであろう。」

自分たちに語られたことが、いったいなにを意味しているのか、彼らはおたがいに相談しあったが、解答を見つけることができなかったので、ネクテナボンの立像の台座に、そこで与えられた神託を刻みつけた。

第四節

ネクテナボンはマケドニアにゆくと、町のひとびとのあいだで評判になった。正確に物事を判断し予言したのである。王妃オリュンピアスもまたその噂を聞いて、夫のピリッポスが戦争で留守のときに、夜、彼のもとを訪れた。そして自分の知りたいと思っていたことを、彼から教えられると、帰って行った。数日後に彼のもとに人を使わして、自分のもとに来るように命じた。ネクテナボンは王妃の魅力的なのを見て、王妃の美しさにたいする憧憬の念にとらわれた。そして王妃の手を取っていった。

「マケドニアの王妃さま、ご機嫌うるわしくあらせられますように。」

すると王妃は答えた。

「そなたもまたご機嫌よろしゅうに。格別にすぐれた予言者どの、さあ、こちらへ寄ってお掛けなさい」彼女はつづけていった。

「そなたはエジプトの占い師です。ためしに相談に行った者たちがまったくの真実そのものがそなたに備わっているのを見てきました。わたしもまたそなたの能力に信頼をおいている者です。で、どのような方法を用いて、このような真実を告げることができるのでしょうか。」

すると彼は答えた。

「王妃さま、たしかに占いの術にはたくさんに分派した方法がございます。すなわち、誕生時の星から占う者、あるいは、兆しや夢、内臓や、子山羊の毛のふさから占う者、最後に予言の技をとりしきっている、マゴス[8]と呼ばれる占い師たちがいます。」

このようにいうと、刺すような目でオリュンピアスを凝視した。

王妃は彼にいった。

「予言者どの、わたしを見て、体を硬くしましたね。」

「奥方さま、その通りでございます。と申しますのは、わたしの神々から与えられた神託を思い出したのです。それは、おまえは王妃のために占いをしなければならないということでした。ご覧のようにそれは本当のこととなりました。さ、それでは、お望みのことをわたしにお話しください」と彼は答えた。

こうして彼は、手をふところにいれると、そこから小さな書板を取り出した。これを解釈することは、人間の言葉では不可能であった。黄金と象牙とでできており七曜の星と誕生時に昇る星つまり誕生星が記されていた。太陽は水晶、月はダイヤモンド、ゼウスはアエリオス[9]、アレスは鉄血石、クロノスは蛇石、アプロディテはサファイア、ヘルメスはエメラルド、誕生時の星宿を示す誕生星は白大理石でできていた。

オリュンピアスは書板のぜいたくな作りに驚いてネクテナボンのそばにすわった。そしてまわりの者たちに立ちさるように命じてから、彼につぎのようにいった。

「予言者よ、わたしとピリッポスのことで誕生日の占いをするように。」

というのは、王妃については、

「ピリッポスが遠征から帰国するならば、離縁して別の人と結婚するであろう」

という噂が流れていたからであった。そこでネクテナボンは王妃に答えた。

「お二人の誕生の時間を教えてください。」

それからネクテナボンはなにをおこなったか。彼はオリュンピアスの誕生時の天宮図に自分の誕生時の天宮図をならべたのである。しばらく計算したあとで、妃に答えた。

「ご自分のことでお聞きになった噂はいつわりではございません。しかしピリッポスによって家から追い出されることのないように、エジプトの予言者として、お妃さまをお助けすることができます。」

「どのようにしてそれが可能でしょうか」と妃はいった。

「地上にいる神と交わり、この神から子種を受け、男の子を生み育てなければなりますまい。この子がきっと、ピリッポスから王妃に加えられたあやまちにたいしてしかえしをしてくれるでしょう[10]」と彼はいった。

「いったいなんという神を相手にでしょうか」とオリュンピアスはたずねた。

「リビュアのアンモン神[11]でございます」

「その神はどのような様子をしていますか」と、オリュンピアスがたずねる。

「年格好は若からず、また老人でもなく、頭髪と髭は金髪で、額には一本の角が生えていて、これは黄金に似ています。この神を迎えるために、王妃のご身分にふさわしいように、準備をなさる必要がございます。と申しますのは、この神がおそばにあらわれるのを夢のなかでご覧になるでしょう」というと、妃は答えた。

「この夢を見たならば、そなたを呪術師としてではなく、神として敬うことにいたしましょう。」

第五節

ネクテナボンは王妃のもとから退出した。夢見に効くと知っていた薬草を荒野からとって来た。これらから液汁をしぼったあとで、蠟をねり婦人の像をかたどった。これにオリュンピアスという名前を刻みつけた。灯りをともし、植物から取った液汁を油にそそぐと[12]、まじないの言葉を使って、オリュンピアスが夢を見るようにと、このような方面を司るとされている神々に祈りかけた。そして妃はその夜にこのような夢を見たのである。神アンモンが自分と交わったあと、立ち上がって、つぎのようにいったという。

「女よ、しかえしをしてくれるであろう男の子がおまえのおなかにできたのだ」と。

第六節

オリュンピアスは眠りから覚めると不思議な気分であった。すぐに人をやってネクテナボンを連れてこさせると彼に伝えた。

「夢を見ました。またそなたの言った神アンモンに会ったのです。さあ、予言者よ、お願いですから、もう一度、あの神といっしょになるようにしてください。いつ神がわたしのもとにやってこられるか、わかるように配慮してください。わたしの花婿のためにこちらもまた今回よりは十分な支度をしておきたいのです。」

「お妃さま、まず第一に、ご覧になったものは夢だったのです。だが、神みずからが現実のすがたで訪ねてくるときには、面倒なことを求めるかもしれません。ご命令とあらば、お妃さまのために神にお祈りしたいので、そのために、わたしの眠る場所を、どうか、お与えください」といった。

「では、わたしの寝所のなかのどこかに自分の部屋を持つがよい。もしもわたくしがあの神の子種を得たならば、王妃にふさわしく多大な誉れをおまえに与えようし、生まれた子供の父親のようにおまえを処遇することにします」と妃はいった。

するとネクテナボンが妃に話しかけた。

「お妃さまに知っていただきたいことがございます。神が部屋にはいって来る前にしるしがあらわれます。夕方、ご寝所ですわっているときにご自分のほうに蛇がはい寄ってくるのをご覧になれば、まわりの者たちに立ちさるようにお命じください。だが、ランプの明かりは消さないでください。ランプは、わたしの知るところに従って作ったものですが、神の顕彰のために火をともすものです。これをさしあげておきましょう。お妃さまはベッドにあがり、支度を整えておいてください。お顔は隠したままにして、お妃のもとにやってくるときに見た夢のなかのあの神をこっそりご覧になってください。」

ネクテナボンはこういうと立ちさった。翌日に、オリュンピアスは自分の寝室の近くに彼の寝所を与えてやった。

第七節

ネクテナボンは繊細な羊毛の房と、そのこめかみから生えている角、しかもこれは黄金でできていた――、さらに黒檀の杖と白の上着、さらに蛇皮に似た、このうえなく清潔なマントを用意した。こうしてオリュンピアスの寝所に忍びこむと、王妃はベッドの上で顔を隠していた。妃は目のはしで様子をうかがっていた。神が近づいてくるのを見ても、恐れはしなかった。というのは、夢で見たとちょうど同じ神と思われたからである。ランプには火がともされていた。オリュンピアスは自分の顔を隠していた。ネクテナボンは杖を置くと、妃のベッドにあがった。そして妃と交わったあと、妃にいった。

「女よ、じっとしていなさい。おまえのかたきを取ってくれる、全世界の王であり支配者となる男の子がおまえのおなかに宿ったのだ。」

ネクテナボンは杖を取ると寝所から出て行った。身につけていたたぶらかしの道具いっさいは隠してしまった。

夜が明けて、オリュンピアスは目を覚ますと、ネクテナボンのいる部屋にはいって、彼を眠りから起こした。

「お妃さま、ご機嫌よろしう。どのような知らせがございますか」と、彼は起きあがっていった。

「昨夜のことがどうして、そなたに知られないでいるのか不思議ですよ。あの神はもう一度わたしのところへ訪ねてくるでしょうか。神はとってもやさしかったのですから」と妃はいった。

「お妃さま、お聞きください。わたしはあの神の予言者です。それをお望みでしたら、わたしがゆっくりと邪魔されずに眠れるこの部屋を与えてください。あの神にふさわしい儀式を取りおこなうためです。そうすれば、きっと神はあなたを訪ねてみえましょう」と彼は答えた。

「これからも、ずっとこの部屋を使いなさい」と妃はいった。寝所の鍵を彼に渡してやるように命じた。たぶらかしの道具類は秘密の場所に保管した。こうして、彼はオリュンピアスの望むときはいつでも王妃の部屋を訪れることになった。そのあいだ、彼は、妃には神アンモンであると思われていた。

一日一日と、妃のおなかが大きくなってきた。

オリュンピアスはネクテナボンにいった。

「ピリッポスが帰ってきて、わたしの妊娠しているのを知ったならば、なんといえばよいだろうか。」

「お妃さま、恐れるにはおよびません。このさいにも神アンモンはお妃さまを助けてくださるでしょう。ピリッポス王の夢枕に立って、起こったできごとを説明してくれるでしょう。そのためにピリッポス王から非難されることのないように取りはからってくださるにちがいありません」と、ネクテナボンは妃に答えた。

このように、オリュンピアスはネクテナボンによって、その呪術の力にたぶらかされたままであった。

第八節

いまや、ネクテナボンは海鷹を捕まえて、これを魔術にかけた。邪悪なまじないの術を鳥にほどこしてから、夢でピリッポスに伝えたいと思っていたことを鳥に覚えこませた。海鷹はネクテナボンのもとから放たれるや、ピリッポスのいる地方に、夜に飛んできた。そして夢のなかで彼に語りかけた。ピリッポスは、海鷹が自分に語るのを観察していたが、目覚めたあとは頭が大混乱していた。そこでただちに人を使わして、著名なバビュロンの夢占い師を呼びよせると、夢で告げられていることがらを説明し話した。

「夢で容姿の立派な神を見た。頭の髪と髭は灰色で、その左右のこめかみには角を生やしていたが、その角は二本とも黄金でできているようであった。その神が手には杖を持って、夜にわたしの妻であるオリュンピアスを訪ねて、ベッドで横になり妻と交わった。立ちあがると、『女よ、おまえは男の子をみごもった。この子はおまえを自由にし、その父の死にたいしてかたきを取るであろう』と、こういった。で、わたしのほうはまたパピュロスの糸で妻の腹をかがり、自分の指輪で妻のからだに封印したように思えた。指輪は黄金と斑石でできていて、石には陰刻があり、太陽とライオンの顔と槍が彫られていた。このような場面を眺めているうちに、一羽の鷹が飛んでくるのが見えたようであった。この鷹の羽音で眠りから覚めたのである。この夢はわたしになにを告げているのであろうか。」

そこで夢占い師は彼に答えた。

「ピリッポス王よ、ご健勝であらせられるように。夢でご覧になったことはすべて真実でございます。と申しますのは、奥方の産道に封印をしたことが、奥方が妊娠したことの証拠をはっきりと示しています。からっぽのではなくて、いっぱいに詰まった器に封印するものです。殿が産道をパピュロスでかがったことについてですが、——エジプト以外の地ではパピュロスは成育いたしませんので、子種はエジプトに由来するものでしょう。しかも黄金の指輪から見て、卑しい素性ではなく高貴で由緒ある筋のものです。神々もまた黄金に飾られて崇拝されるように、黄金以上に高貴なものがございましょうか。さらに指輪の印には、太陽とその下にライオンの顔と槍があったといわれる。すなわち、生まれることになるこの子は、ライオンのように、あらゆる者を相手に戦い、そして槍が描かれていることによって、都市都市を槍によって征服しつつ、東の果てまで達するでありましょう。羊の角をつけ髪が灰色である神をご覧になった件については、この神がリビュアの神アンモンであることを示しています。[13]」

このように夢占い師は判断したが、ピリッポスはこれを聞いてもうれしくは思わなかった。

第九節

ピリッポスのことでネクテナボンのしかけた事について、オリュンピアスは心底から安心できず悩み苦しんでいた。ピリッポスが遠征からもどると、妻の混乱した様子を見て、つぎのように話しかけた。

「妻よ、おまえの身にふりかかったことで心を取り乱すのはなぜであろうか。けっして非難を受けることのないようにと、夢でわたしに打ち明けられたところに従えば、あやまちはおまえにかかわることではない、まったく赤の他人のやったことなのだ。われわれ、王たる者はどのような人間にたいしても権力を揮うことができる。しかし、神々にむかってはなにもできない。というのは、おまえの愛した相手は、普通の人間ではない、逆に、この上なく尊くてやんごとないお方であるのだから。」

こういって、ピリッポスはオリュンピアスの心に勇気を与えた。オリュンピアスは、事件を前もってピリッポスに教えたあの予言者に深く感謝するのであった。

第一〇節

数日後、ピリッポスがオリュンピアスといっしょにいたとき、つぎのように話しかけた。

「妻よ、わたしをだましたな。子種を宿した相手は神などではなくて、ただの人間ではないか。相手の男はきっとつかまえて見せよう。」

ネクテナボンがこの件を聞いてからのことであるが、折から宮殿では大宴会が開かれ、王の帰国を全員がピリッポス王とともに祝っていたなかで、ただひとりピリッポス王だけは妻オリュンピアスの妊娠のことで気分が沈みがちであったそのときのこと、ネクテナボンは以前よりももっと大きな蛇にすがたをかえて、宴会の広間のなかに忍びこみ、みなの者の前にあらわれた。宮殿の礎石が震えるばかりに、恐ろしそうに、シュルシュルと舌なめずりした。王といっしょに食事を楽しんでいた者たちは、蛇を見て恐怖にとらわれて、跳びあがった。だが、オリュンピアスは自分の恋人を認めて、右手を差しのべた。蛇は身をもたげてそのあごを妃の手の上におくと、とぐろを巻いた。それからその膝の上にあがると、二枚の舌をだして妃に接吻した。[14] これを、蛇の愛情のしるしとして、見ている者たちのまえで示したのであった。ピリッポスは不愉快にもなり、また不思議にも思いつつ、あかずこの事態を観察しているあいだに、蛇は鷲にすがたをかえた。その後、鷲がどこへ行ったのか、話すのも馬鹿馬鹿しいことである。ピリッポスは恐怖から正気にもどると、いった。

「妻よ、神が危険にとらわれているおまえを助ける様子を目にしたが、これはたしかに、おまえのことを神が心配しているあかしなのであろう。神がなにものなのか、いまはわたしにわかっていない。というのは、神は、アンモンとアポロンとアスクレピオスのすがたをとってあらわれたからである。[15]」

「神がはっきりとわたしとの出会いのさいにお示しになりましたように、全リビュアの神アンモンでございます」とオリュンピアスは答えた。

ピリッポスは妻から生まれる子が、将来、神の血を引く者と呼ばれることを知って、わが身の幸運を祝った。

第一一節

それから二、三日後のこと、ピリッポスは王宮内の庭にすわっていると、いろいろな種類の鳥があたり一面にたくさん餌をついばんでいた。すると突然に、一羽の鳥がピリッポス王の胸に飛びこんできて、卵をひとつ産みおとした。卵は、しかし、その胸のふところから地面にころがり落ちてわれてしまった。そこからは、小さな蛇が跳びでてきた。子蛇は卵の外殻をひとめぐりして、もう一度、自分の出てきたところにはいりこもうとした。頭を内側にもぐりこませると、死んでしまった。ピリッポス王は気も動転して、きざしを占う者を呼びつけて、彼にできごとを説明した。占い師は神から啓示を受けてつぎのように語った。

「王よ、これから生まれる御子息は、世界中を駆けめぐり、自分の力ですべてのものを征服するのでありますが、そのあと自分の育った王国にもどろうとするときに、短命にして命を失うことでありましょう。と申しますのは、蛇は王族を表わす生き物であり、蛇が出てきた卵は世界にたとえられます。すなわち、蛇は世界をひとめぐりしたあと、自分の生まれたところに帰って行こうとしたが、それを達せずに死んでしまったのです。[16]」

こうして、占い師はこのきざしを解きあかすと、贈り物をピリッポス王からたまわって退出した。

第一二節

オリュンピアスのお産の時期がやって来た。妃はお産用の椅子にすわって産みの苦しみを味わっていた。ネクテナボンがそばに立ち、天体の動きを測りながら、お産を急ぐことのないようにと、妃をなだめすかしていた。呪術の力を使って、宇宙の元素を攪乱し、将来に定められたことを調べたあと、妃にいった。

「我慢して、自然によって定められたことを打ち破ってください。もしもいま、子を生むならば、その子は捕われの身の奴隷か、またはとんでもない鬼子となりましょう。」

するとまた女が陣痛に苦しめられ、もはや、ひどい苦痛のために、我慢の限界にきたとき、ネクテナボンが言った。

「もうすこし頑張ってください。もしもいま、子を生むならば、生まれた子は将来のない去勢された者となりましょう。」

ネクテナボンはいろいろと励ましの言葉ややさしい言葉をかけて、オリュンピアスに、両手を産道のうえに置くやり方を教えた。こうして彼は、自己の呪術を用いて女の分娩を遅らせた。ふたたび、彼は宇宙の元素の天球上の動きを観察したあと、全宇宙が天球の中央に位置しているのに気づいた。中空にかかる太陽のような光が天にかかっているのを観測した。そしてオリュンピアスにいった。

「いまこそ産声をあげるよい時機です。」

こうして彼はみずから子供の誕生をうながして、

「生まれる子は宇宙の支配者である王となるでありましょう」といった。

オリュンピアスは牛のほえる声よりも大きく叫んで、しあわせな運命の星のもとに男の子を産みおとした。赤ん坊がこの世にあらわれるや、全宇宙が震動するほどに、雷鳴や稲妻がつぎからつぎへとわきおこった。[17]

第一三節

夜が明けて、ピリッポスはオリュンピアスから生まれた赤ん坊を見ていった。

「生まれた子はわたしの子ではないから、もともと赤ん坊を養育するつもりはなかったのであるが、神の種であると同時に、誕生のときに宇宙的なしるしがあらわれたのを知ったからには、先妻とのあいだに生まれたが、すでに死んでしまった子供の思い出のために、この赤ん坊は育てることにしよう。アレクサンドロスという名前で呼ぼう。」

　このようにピリッポスはいったので、子供はあらゆる世話を受けることになった。ペラで、トラキアで、全マケドニアで、ひとびとが花冠をかぶってこれを祝う祭りがおこなわれた。

　アレクサンドロスの成長物語のことでぐずぐずすることのないように、簡単にはしおれば、子供は乳離れし、幼児から少年へと成長した。アレクサンドロスが成人になると、その姿形はピリッポスとも、母親のオリュンピアスとも、本当の父親とも似ているところはなく、人間の格好はしていたが、いかにも彼らしい特徴を見せていた。髪は獅子のたてがみに似て、瞳の色はそれぞれ異なっていた——右目は黒色、左目は灰色であった——歯は蛇のように鋭かった。ライオンのような身のこなしを[18]……彼の乳母はメラスの妹レカネ、養育としつけの係はレオニデス、文法の教師はポリュネイケス、音楽の教師はリムナイ出身のレウキッポス、幾何学の教師はペロポンネソス出身のメレムノス、弁論術の教師はアリストクレスの子でランプサコス出身のアナクシメネス、哲学の教師はスタゲイラ出身のニコマコスの子のアリストテレスであった。

　アレクサンドロスはあらゆる学問と天文学を修めて、課業をおえると、今度はかわりに自分の学友たちに教えたり、彼らを戦闘の配置にならばせたり、戦争をしかけさせたりした。一方の側が他方にたいして不利になっているのに気づくと、不利な側につき、応援にかけつけてはまた勝利を得るのであった。このように、彼自身が勝利そのものであることをはっきりと示していた。こうしてアレクサンドロスは成長していった。

ある日のこと、ピリッポスの馬丁が馬小屋から体格の大きくて立派な馬をつれてきて、ピリッポス王にいった。

「王さま、わたしたちは王室管理の厩舎で生まれたこの馬がその美しさの点におきましても、ペガソスにもまさっていることに気がつきました。こうして、王さまのもとへつれてまいりました。」

ピリッポス王はこの馬の力強さと美しさとを見て讃嘆した。しかし馬はまわりの全員からきびしく警戒されていてしっかりと抑えられていた。馬番がいった。

「王さま、この馬は人間を食いものにしているのです。[19]」

するとピリッポス王がいった。

「好事魔が多しというギリシアのことわざがこの馬に本当にあてはまるな。だが、おまえたちがこれをなんとかつれてきたからには、わたしがこれを引き受けるぞ。」

鉄製の檻を作らせ、くつわのたぐいなどは付けないままにそのなかに閉じこめておくように、召使に命じた。

「わたしの権力に従わないで刑を言いわたされた者、あるいは法律に違反した者、または強奪行為のために捕らえられた者はこの馬に食わせてやるがよい。」

そして、王が命令した通りのことがおこなわれた。

第一四節

アレクサンドロスは成長していった。十二歳になると父親とともに、軍隊の閲兵に臨んだ。自分の武具いっさいを調達し、兵と行軍し、馬に乗って駆けめぐった。この様子を見てピリッポスは言った。

「アレクサンドロス坊やよ、おまえの性格や勇敢なところは好きだが、おまえの顔かたちは気にいらんな、わしと似ているところがないからな。」

この点はすべてオリュンピアスには心配の種であった。ネクテナボンを自分のもとに呼んで、王妃は言った。

「ピリッポスがわたしのことをどのように考えているか、占ってください。」

すると、書板を取りだし、妃のことで天の星々に占いを立てた。そのそばにすわっていたアレクサンドロスは彼にいった。

「小父さん、[20]このような名前を呼ばれている星は空には出ていないですね。」

「その通りなのだ、坊や」と彼は答えた。

「わたしにはこれらを学ぶことができないのですか」とアレクサンドロスはいった。

「もちろん、坊や、夜になれば、教えてさしあげますよ」と彼はいった。

夜に、ネクテナボンはアレクサンドロスをともなって、町の郊外のとある人気のない場所に案内した。天を見上げて、天空の星宿をアレクサンドロスに教えた。アレクサンドロスは彼の手をつかまえて、深い穴のあるところへひっぱって行き、彼をそこに突きおとした。墜落したとき後頭部にひどい傷を受けたネクテナボンはアレクサンドロスにたずねた。[21]

「やれやれ、アレクサンドロス坊や、なぜこんなことをしようと思ったんだね。」

「自分で反省したらどうだろうか、学者先生」とアレクサンドロスはいった。

「坊や、どういう意味だね」と彼はいった。

「地上にあることはなにも知らないくせに、天上のことを調べようとしたからさ」とアレクサンドロスはいった。

「坊や、たいへんな怪我をしてしまった。しかし、人間は運命には勝てないものだね」と彼はいった。アレクサンドロスはつぎにたずねた。

「どういうことなんだね。」

「わたしが自分の子供に殺されるという運命を自分で予見していたのだから。結局、定めを逃れるわけにはいかなかったのだ。おまえに殺されることになったわけだよ」とネクテナボンは彼にいった。

「するとわたしはおまえの息子というわけなのか」とアレクサンドロスはたずねた。

そこでネクテナボンは、彼にこれまでのことを説明した。エジプトでの自分の所有していた王権のこと、エジプトからの逃亡のこと、ペラに定住したこと、オリュンピアスを訪問して、その星占いをしたこと、どのようにして神アンモンとして妃に接近したかということ、どのようにして妃と交わったかということを語った。話しおえると彼は息をひきとった。

アレクサンドロスは彼からこの話を聞き、わが父親を自分の手で殺したと信じた。そして深い悲しみを味わった。野生の動物に食いちぎられるのではないかという恐れから、彼を穴のなかに置いてけぼりにはできなかった。夜の闇であるうえに、人気のないところであった。実の父親にたいする愛情から、遺体を帯で結び、けなげにも肩に背負って、母オリュンピアスのもとへ運んで行った。母はこれを見ていった。

「これはどういうことなのですか。」

「わたしは、アンキセスを運びだすアイネイアス[22]の生まれかわりなのですよ」とアレクサンドロスはいって、ネクテナボンから聞いたことをすべてくわしく母親に話して聞かせた。妃はこの話にびっくりして、彼のよこしまな魔術のためにたぶらかされて、あやまちを犯したといって自分を責めた。だが、ネクテナボンには愛情をそそいで、アレクサンドロスの父親にふさわしく彼をとむらってやった。エジプト人ネクテナボンがマケドニアの地でギリシア風の葬儀を受け、マケドニア人であるアレクサンドロスがエジプト風の葬儀を受けたのは、天の摂理のすぐれた不思議である。

第一五節

ピリッポスは遠征から帰国すると、デルポイへ、自分のあとはだれが王位につくことになろうかと、神託をうかがいに出かけた。デルポイの巫女はカスタリアの泉の水をひと口味わうと、地下の神託所を通じてこのように語った。

「ピリッポスよ、ブケパロスを乗りこなし、この馬でペラの町のなかを駆けぬける者こそ、全世界の王となり、武力でもってあらゆる民族を征服するであろう。[23]」

あの馬がブケパロスと呼ばれていたのは、腰から膝にかけて牛の頭をした模様があったからである。ピリッポスはこの神託を聞いてヘラクレス[24]の生まれかわりのあらわれるのを期待していた。

第一六節

アレクサンドロスはアリストテレスをただひとりの師としていた。学業の修得のために、アリストテレスのもとにはたくさんの弟子が集まっていたが、なかでも、王族の子弟が多数いたのであるが、ある日のこと、彼らのひとりにアリストテレスはたずねた。

「もしも君が父上の王国を相続したならば、先生であるわたしにはなにの贈り物をしてくれるであろうか。」

「わたしの片腕として力を揮っていただきたいと思います。そしてどんな人にも名の知られた人物にして見せましょう」とひとりの少年は答えた。

「では、君ね、もしも父上の王国を受けついだならば、先生であるわたしをどのように遇してくれるであろうか」と別の少年にたずねた。

「国の経営をお任せしましょう。そしてわたしが決定しなければならないあらゆることがらの相談役になってもらいましょう」と答えた。

つぎにアレクサンドロスにもたずねた。

「アレクサンドロス、もしも君が父上のピリッポスから王国を受けついだならば、先生であるわたしをどのように処遇してくれるであろうか。」

アレクサンドロスは答えた。

「明日の日も保証されていないのに、いままた、将来のことについておたずねになるのですね。そういう時機がくれば、そのときに御恩をお返ししましょう」と彼は答えた。

アリストテレスは彼にいった。

「世界の支配者アレクサンドロス、すばらしい。君こそがもっとも偉大な王となるであろう。」

アレクサンドロスは、思慮深く戦闘的であったので、みんなから愛されたのであるが、ピリッポスからはいつも不審の目で見られていた。なるほど、子供のこのような勇気に溢れる気質を見て喜んでいたのであるが、自分の姿形と似ていないのを見ると苦々しく思うのであった。

第一七節

アレクサンドロスは十五歳になった。ある日のこと、ブケパロスと呼ばれる馬の飼育されていた場所を彼は、たまたま、通りすぎようとしたときに、馬のおそろしそうないななきが聞こえてきた。供の者にふり向いてたずねた。

「あの馬のなき声はなんだ。」

「殿、あれは、人間を食ってしまうので父上が檻にいれているブケパロスと呼ばれている馬です」と、指揮官のプトレマイオスが答えた。

　馬はアレクサンドロスの話すのを聞くと、もう一度いななきの声をあげたが、今度はいつものようにおそろしそうな声ではなく、神に服従しているかのような、やさしいおだやかな声であった。アレクサンドロスが檻に近づくと、すぐに馬は前脚をアレクサンドロスのほうに伸ばした。舌をだして彼をなめずりまわしつつ、自分の主人であることを示したのである。

　アレクサンドロスは馬の不思議な外貌を観察し、またそのまわりにおそろしい死に方をしたたくさんの人間の肉の食いちらかされた残骸を見てから、馬番を押しのけて檻を開いた。馬のたてがみを持って手綱もないまま跳びのるとペラの町なかを駆けていった。[25] ペラの町のはずれにいたピリッポス王のもとに、馬番のひとりが走って行き、このことを報告した。ピリッポスはすぐに神託を思い出した。アレクサンドロスを見ると、彼を抱きしめていった。

「世界の支配者アレクサンドロスに栄光あるように。」

これ以来、息子に将来の希望を託すことになり、ピリッポスの機嫌はよくなった。

第一八節

ある日のこと、父親が暇をもてあましているのを見て彼に接吻していった。

「父上、オリュンピア競技祭の開かれているピサにゆくことを許していただきたいのです。競技に参加したいと思っています。」

「そうしたいと望むからには、いったいおまえはどのような種目に抜きんでているというのかね」とピリッポスは彼にいった。

「戦車競技に参加したいと思っています」と彼が答えると、父親はいった。

「厩舎からおまえに似合いの馬を取りよせることにしようと思う。馬の世話は十分におこなうがよいぞ。おまえのほうは、くれぐれも細心にして訓練を怠るではない。競技には名誉がともなうものだからな。」

「父上、いますぐに競技に出発することをお許しいただきたいのです。仔馬のころからわたしの手で育ててきたのがいますから」とアレクサンドロスがいうと、ピリッポスは彼に接吻した。その熱心さに感心して、いった。

「息子よ、そうするがよい。元気で行ってこい。」

港に着くと、新しい船を整えさせ、そこに馬と戦車を積みこむように命じた。アレクサンドロスは友人のヘパイスティオン[26]といっしょに船に乗りこんだ。船出のあとピサに着いた。到着にさいしてはたくさんの友情のしるしの品物を贈られた。召使たちには馬の世話を命じて、自分は友人のヘパイスティオンと散歩に出かけた。

すると、アカルナニアの王アンドレアスの子ニコラオス[27]に出会った。彼は富と好運という、行方定まらない二柱の神々を鼻にかけ、おのれの体力に自信をもっていた。アレクサンドロスに近づき、挨拶かたがたいった。

「ご機嫌よう、若僧。」

「君もまたご機嫌よう。どこのだれなのか、どこの人なのか知らないのだがね」と彼はいった。

「アカルナニアの王ニコラオスなのだ」とアレクサンドロスに答えた。

「ニコラオス王よ、明日の命がもう十分に保証されているかのように、そんなに勿体をつけて、自慢たらしくしないがよい。運というのはひとつところにじっとしてはいないし、運命の振り子は大言壮語する者を軽くあしらうものだからね」とアレクサンドロスは彼にいった。

「君のいう通りだよ。しかし君の考えているのはそうではないようだが。ここにはなぜやって来たの、見物のため、または競技のためかね。君がマケドニアのピリッポスの息子であることは聞いて知っていたからね」とニコラオスはいった。

「ここに来たのは、年は下だが、君と戦車競技を争おうと思ってね」とアレクサンドロスはいった。

「むしろ、レスリングかパンクラティオンかボクシングにすればよかったのに」とニコラオスはいった。

「戦車競技に出るつもりだ」と、もう一度アレクサンドロスはいった。

ニコラオスは腹を立てたあまり血がのぼり、アレクサンドロスの魂のほとばしりでる力に気づかず、その年の若さだけを見て、彼を馬鹿にしきっていた。彼に唾をはきかけて、このようにいった。

「ひどい目にあうがいいさ。試合がどういう結果になるか見ていろ。」

しかし、アレクサンドロスは生まれつき、おのれを抑える力を身につけていたので、侮辱のあとの唾をぬぐい、不気味な微笑を浮かべていった。

「ニコラオス、すぐにでも君を打ち負かそう。さらにアカルナニアの君の国で君を捕虜にして見せよう。」

こうして二人はおたがいにライバルとして別れたのであった。

第一九節

数日後、競技のおこなわれる日がやってきた。戦車競技には九人が参加した。そのうち四人は王族の息子たちであった。アカルナニアのニコラオス、ボイオティアのクサンティアス、コリントスのキモン、マケドニアのアレクサンドロス。その他は地方のサトラペス〔太守〕や将軍たちの息子であった。

試合を始めるための準備がすべて整えられ、壺を用いて抽選がおこなわれた。一コースをニコラオスが引いた。二コースはクサンティアス、三コースはキモン、四コースはクレイトマコス、五コースはオリュントスのアリスティッポス、六コースはポキスのピエリオス、七コースはリンドスのキモン、八コースはマケドニアのアレクサンドロス、九コースはロクリスのクリトマコスと決まった。

さて、選手たちはコースに整列した。トランペットの開始の合図が鳴った。ゲイトのバーが開かれた。全員が鋭いいきおいでかけて跳びだした。一度、二度、三度、四度とコーナーをまわった。

馬の力不足のために遅れた者たちはすでに放棄していたが、アレクサンドロスは四位を走っていた。そのあとをニコラオスがつけていて、勝利を得ることよりも、アレクサンドロスを亡き者にしようとしていた。というのは、ニコラオスの父親が前線でピリッポスによって殺されていたからである。アレクサンドロスはこのことを察知していたので、先頭を走っている集団がおたがいに転倒すると、ニコラオスの追越しを許した。ニコラオスは危険のひそんでいるのも知らず、勝利の栄冠を手にしたいという期待を抱いて走りすぎた。こうして彼が先頭を走っていたのであるが、二周したあと、［先頭の戦車に乗ったニコラオスの右手の馬がつまずき、ほかの馬も転倒したために、ニコラオスも振りおとされた。[28]うなりをあげながら、］アレクサンドロスは自分の馬のいきおいを駆って接近した。追い抜きにかかるときに車軸でニコラオスを背後から捕らえた。ニコラオスの戦車は御者もろともに転倒した。

こうしてニコラオスは死んだのである。競技に残ったのはアレクサンドロスただひとりであった。死者にふりかかったことはこのことわざである。

「人にたいしてわざわいをたくらめば、おのれにそれはふりかかる」[29]［人をのろわば穴ふたつ］。

さてアレクサンドロスは栄冠を手にいれた。勝利の記念のオリーブで編まれた栄冠を頭上に飾って、オリュンポスのゼウスの神殿に参詣した。するとゼウスの予言者はこのように言った。

「アレクサンドロス、オリュンポスのゼウスが汝にこれを告げている。自信を持つがよい、ニコラオスに勝ったように、汝は戦争で多数の者に勝つであろう。」

第二〇節

アレクサンドロスはこの幸先よい神託とともに、勝利を得てマケドニアに帰国した。すると、様子がかわっていて、母親のオリュンピアスがピリッポス王から離縁され、ピリッポスはクレオパトラという名前の、リュシアスの妹と結婚していた。ちょうどその日に、結婚の祝いの式がおこなわれていたので、[30]アレクサンドロスはオリュンピア競技の勝利のしるしの栄冠を着けて宴の席に加わりピリッポス王にこのようにいった。

「父上、わたしのはじめての労苦にたいして与えられた勝利の栄冠をお受け取りください。わたしもまた、母親のオリュンピアスがほかの王のもとに嫁ぐ場合には、その結婚式には父上をお招きいたしましょう。」

アレクサンドロスは面白半分にこういうと、父親ピリッポスの向かいの席に横になった。だがピリッポスはアレクサンドロスのいった言葉に気を揉んでいた。

第二一節

リュシアスは寝椅子に横たわりながら、ピリッポスにいった。

「王国全土の支配者、ピリッポス王よ、いまわれわれは、尊敬すべきクレオパトラとの結婚をお祝いしているのです。この新しい結婚によって、不貞によるのではない真の、顔もよく似ている子供たちが生まれることでしょう。」

アレクサンドロスはリュシアスからこのことを聞くや、激怒した。杯を手に身構えてリュシアスのこめかみに投げつけて彼を殺した。ピリッポスはこれを見て、剣を抜いて立ちあがり、荒々しく剣を揮いつつアレクサンドロスにむかった。しかし、自分の横になっていた寝椅子の脚につまずいて転んだのであった。アレクサンドロスはこれを見て笑いながら、ピリッポスにいった。

「アジア全土を手に入れ、ヨーロッパを根こそぎ破壊しようといきりたっているくせに、自分の足を一歩も進めることができないとは。」

アレクサンドロスはこういうと、父親のピリッポスから剣を取りあげ、式に招待されている者すべてを半殺しの目にあわせた。

ケンタウロイの物語を目のあたりにしたようであった。彼らのある者たちは寝椅子の下に逃げ、ある者たちは寝椅子を楯にし、他の者たちは薄暗いところへ引きこもった。こうして、ひとびとは、アレクサンドロスを、ペネロペの求婚者たちを倒すオデュッセウスのもうひとりの生まれかわりのように見ていたのであった。[31]

アレクサンドロスはそこを出ると、母オリュンピアスを宮殿につれていって、母親から、ピリッポスと縁の切れるのを守ってやった。一方、リュシアスの妹クレオパトラは追放の身となった。王ピリッポスは惨めな状態にあったが、警護の者たちが彼を抱きあげて寝椅子に寝かせた。

第二二節

十日後に、アレクサンドロスはピリッポスを訪ね、そのそばにすわっていった。

「ピリッポス王よ、——あなたをこの名で呼ぶのは、わたしから父と呼ばれるのを不快に思うことのないようにするためですが——ここへやって参りましたのは、息子としてではなく、友人として、御自分の奥方にたいして働いた数々のひどい仕打ちのことで、和解の話を持って来たのです。」

「アレクサンドロス、リュシアスを彼の非礼な言葉のことで殺してしまったのは、まちがっていたぞ」とピリッポスはいった。

するとアレクサンドロスが答えた。

「では、いままでの妻であるオリュンピアスからなにも不正は受けていないにもかかわらず、別の女と結婚しようとし、その上、自分の息子にむかって剣を抜いてたちあがり、わたしを殺そうとしたことが、はたして正しい行動だったでしょうか。さあ、しっかりしてください。自分を取りもどしてください。——あなたの体がなにゆえいうことを効かないのかわたしはよく知っているつもりです[32]——わたしたちはこれまでのあやまちは忘れましょう。あなたとの仲直りをするように、これから母のオリュンピアスにお願いしてみましょう。きっと、たとえ［父親］と呼ばれることはお望みではなくとも、母は息子の話すことには従ってくださるでしょう。」

アレクサンドロスはこういうと、部屋を出て、母のオリュンピアスを訪ねると、このようにいった。

「母上、夫から加えられた仕打ちを恨みに思わないでください。ご自分の犯したあやまちは彼は知りません。エジプト人を父親とするわたしだけが、母上を責めるもとになっています。ですから、彼を訪問して、お二人の和解をお願いして見てください。妻にとって自分の夫に従うことは当然ですから。」

こうして母を父親のピリッポス王のもとに案内して、いった。

「父上、ご自分の妻でありわたしの母でもあるお方に顔をむけてください。そうすればこれからは、息子の言葉を聞きとどけてくれたことで、わたしはあなたを父上と呼びましょう。過去のことは忘れるようにというわたしのたってのお願いを聞いてくださって、父上を訪問し、ここに見えているのです。それではおたがいに抱き合ってください。お二人とも、わたしがいるからといって恥ずかしがることはありません。だって、わたしはお二人から生まれたのですから。」

こういって、彼は両親を仲直りさせ、マケドニアのすべての人間が彼の手腕に賛嘆した。

それ以来、リュシアスという名前は、これを口にしたがために離別するようなことにならないように、この夫婦のあいだでは禁句となった[33]。

第二三節

マトネの町がピリッポスに反乱を起こした[34]。そこで、ピリッポスはアレクサンドロスに多数の軍隊を任せ、戦闘をおこなうために派遣した。その地に到着すると、筋道の通った話で説得し、市民たちを帰順させた。

その地からアレクサンドロスが帰って、父親のピリッポスの前にでると、そばには異国人風の衣装をまとった男たちのいるのが目にはいった。彼らについて質問した。

「ここにいる者たちは何者なのか。」

「ペルシア人の王ダレイオスの太守である」と彼らは答えた。

「なんのために当地へ参ったのか」と彼は彼らにいった。

「父上にいつもの貢ぎ物を取り立てるためである」と答えた。

「なんのために貢ぎ物を取り立てるのか」とアレクサンドロスがいう。

「ダレイオス王の国のためだ」とダレイオスの太守は答えた。

「土地は人間の生活を維持するために神々から贈り物として与えられたのであるならば、この神々の贈り物をダレイオスが徴収する権利があるのか」と彼はいった。それから彼ら

をためそうとして、

「いったいどれほどのものを受け取るつもりでいるのか」とたずねた。

「それぞれ純金二十リトロン[35]からなる黄金の玉百個分である」と彼にいった。

「マケドニアの王ピリッポスが異国の者に貢ぎ物を支払うのは正しくはない。というのは、そうしたいと思ういかなる者も、ギリシア人を隷属させることはありえないからである」

とアレクサンドロスは答えた。

さらに続けてダレイオスの太守たちにいった。

「帰国してダレイオスにこのことを伝えるがよい。ピリッポスの息子アレクサンドロスが汝に告げる。ピリッポスがただひとりのあいだは彼が汝たちに貢ぎ物を払っていた。だが、息子アレクサンドロスが生まれたからには、彼は汝たちに貢ぎ物を渡さない。かわりに、わたしが汝のもとに行って、彼から手にいれたものでも、取りもどすであろう。[36]」

こういって、彼は使節を送りかえした。その上、彼らを派遣した王に手紙をことづけるのも潔しとしなかった。ギリシア人の王ピリッポスは、アレクサンドロスのこのような大胆不敵な態度を見てうれしく思った。

しかし、使節は自分たちの友人の画家に金品を与えて、アレクサンドロスの生身のすがたにあわせて小さな肖像画を描かせた。彼らは、これを、バビュロンにいるダレイオスのもとに持ち帰った。また、アレクサンドロスが彼らに話したことすべても彼に報告された。

さらにまた、トラキアの別の町がピリッポスに反乱したので、多数の軍勢といっしょにアレクサンドロスを派遣して、その町と戦わせた。

第二四節

さて、当地には、パウサニアスという名前の人物がいた。彼は、テッサロニケ[37]の市民の指導者で、なかなかの権力をもっており、また富力もそなわっていた。この男がアレクサンドロスの母オリュンピアスへの恋情にとらえられていた。彼女のところへ数人の弁の達者な者を派遣して、多量の金品を贈ったうえ、夫ピリッポスを捨てて自分と結婚するように説得させようとした。オリュンピアスが同意しなかったし、アレクサンドロスが戦争に出かけていることを知っていたので、ピリッポスのいる場所へ出かけた。そこでは、ちょうど演劇の競演がおこなわれているところであった。ピリッポス主催のもとにゼウス・オリュンピオスの劇場で演劇が上演されていたときに、パウサニアスが勇敢な部下もいっしょに引きつれ、抜き身の剣をさげて、劇場になだれ込んだ。オリュンピアスを奪いとるために、ピリッポスを殺害しようとした。彼に攻めかかり、その脇腹に剣の一撃を加えたが、息の根を止めることはできなかった。劇場のなかはたいへんな騒ぎとなった。それからパウサニアスはオリュンピアスを奪おうと、宮殿に急いだ[38]。

その同じ日に、アレクサンドロスが戦争から勝利を得て帰国した。国中が大混乱におちいっているのに気づいて、なにごとが起きたのかたずねた。「パウサニアスが母上のオリュンピアスを奪おうと宮殿に押しいってきました」という答であった。

ただちに、アレクサンドロスは、たまたまつれていた護衛の者たちと宮殿にはいると、泣き叫んでいるオリュンピアスを無理やりにつかんで離さないパウサニアスに行きあった。彼に槍の一突きを与えようとしたが、自分の母親にも手傷を負わせることになるのではないかと恐れた。というのは、パウサニアスの腕にきつく母親は抱きすくめられていたからである。だがアレクサンドロスはパウサニアスから母を引きはなすと、持っていた槍でそれの腿のあたりを突いた。

ピリッポスがまだ息をしているのを知ると、そばに寄り、たずねた。

「父上、パウサニアスをどうなさいますか」すると彼は答えた。

「ここへ連れて来い」という返事であった。

その男が運ばれてくると、アレクサンドロスは剣を父親の手に渡し、彼を父親のそばに押しやった。パウサニアスをつかむと、刺し殺した。ピリッポスはアレクサンドロスにいった。

「わが息子アレクサンドロスよ、死ぬのはこわくはない。というのは、このように自分の敵を倒したからには、復讐を果たしたことになろう。リビュアの神アンモンは実にうまく、おまえの母親オリュンピアスに話したではないか。父親の死のかたきを取ってくれるであろう男の子がお腹のなかにいるのだと。[39]」

ピリッポスはこういうと息絶えた。マケドニア全土のひとびとの参加のうちに王にふさわしい葬儀がおこなわれた。

第二五節

ペラの町が安定すると、アレクサンドロスは父ピリッポスの黄金の立像の上にならんで立ち、大きな声で演説をした。

「ペラ、マケドニア、ギリシア、アンピクテュオニア同盟、ラケダイモン、コリントスの町の市民諸君、諸君の戦友であるわたしに従って、諸君の一身をわたしに預けてくれないものだろうか。ギリシア人であるわれわれが異国の者に隷属することのないように、異国の者たちに向けて軍を進め、ペルシア人によるくびきからわれわれみずからを解放しようではないか。」

アレクサンドロスはこういうと、あらゆる町に王の布令を発した。国の隅々からやってきた者たちは、全員みずからの意思にもとづいて、まるで神の声に呼び出されたかのように、マケドニアに集結し、軍を構成することになったのである。

アレクサンドロスは父親の管理していた武器庫を開き若者たちに武具のたぐいをわけ与

えた。また、父ピリッポスの護衛を務めていた者たち全員を――彼らはもうすでに年をとっていたけれども――、集めて、このようにいった。

「老練にして、勇気あるわが同僚諸君、マケドニアの軍隊をたくましくさせるために諸君の力を貸してくれないであろうか。つまり、われわれといっしょに遠征に参加してもらえないであろうか。」

すると彼らは答えた。

「アレクサンドロス王よ、父上ピリッポス王のもとでともに戦ったわれわれは年齢もとりました。もはや、われわれの肉体にも、向かうところ敵なしといった力もございません。ですからこのたびの遠征はご勘弁くださいますように」と老兵たちはいった。

するとアレクサンドロスが彼らにいった。

「いや、わたしはむしろ、諸君が年老いていても、諸君とともに遠征に出かけたいのだ。老年というのは、若さよりもはるかに頼りがいのあるものだから。たしかに、年の若い者というのは、肉体の持つ力を頼むあまり、道をあやまって無思慮な方向に引っ張られ、気がつくと、危険のさなかに置かれていることがしばしばあるものなのだ。その点、年寄りはまずはじめに熟慮するために、行動に移るのは遅れがちであるが、これは危険を避けようとする配慮によるのだ。そこで老兵諸君、敵軍と戦うためではなくて、若者たちを勇敢に戦うように指導してもらうために、いっしょに遠征にくわわってほしいのだ。年寄りと若者という、双方の側からの助力こそがそろわなくてはならないものだ。だからこうして、諸君の知恵によって軍に強力な心棒をいれてほしい。戦争にも遠謀深慮が必要とされるのだ。祖国のための勝利からえられる救いはまた、だれの目にも明らかなことに、諸君自身のためでもあるのだ。われわれが敗戦の目にあった場合には、敵は役に立たない年寄りにも容赦は加えないであろうし、われわれの勝利した場合は、その勝利は知恵を出した者の判断に帰せられるであろう。」

アレクサンドロスはこのように言って、年をとった者たちが自分の遠征についてくるようにと、自分の言葉で説得したのである。

第二六節

さて、アレクサンドロスが父ピリッポスの王位を継承したのは十八歳のことであった[40]。ピリッポスの死にさいして生じた騒乱を静めたのは、アンティパトロスという、分別ある明敏な人間であった[41]。彼は、よろい兜を身につけたままのアレクサンドロスを劇場に案内し、多数のマケドニア人にアレクサンドロスに対する忠誠を呼びかける大弁舌をふるった。アレクサンドロスは父のピリッポスより幸運であったようにみえる。ただちに大事業に乗りだしたのである。

父から残された兵士全員を集めてその数を数えると、二万人の兵数、八千人の武装騎兵、一万五千人の歩兵、五千人のトラキア人、三万人のアンピクテュオニア同盟、ラケダイモン、コリントス、テッサロニケ出身者のいることを知った。現員はあわせて七万人となった。そのうえ、六五九〇人の弓兵がいた。[42]

イリュリア人、パイオニア人とトリバッロイ人が王国に謀反したので、彼らの地方へ軍を向けた。これらの部族[43]を相手に戦っているあいだにギリシアでは次々と新しい事件が生じていた。

第二七節

マケドニアの王アレクサンドロスが死んだという噂が流れたときに、デモステネスに案内されてひとりの傷病者[44]がアテナイの民会の場にあらわれ、アレクサンドロスが死んだのを見たと述べたといわれる。これを聞いたテバイ人は、カイロネイアの戦いのあとでピリッポスがカドメイア〔テバイ〕に配置した駐屯部隊を殺戮した。このようなことをテバイ人に説得したのはデモステネスであると噂されたという。アレクサンドロスは怒り心頭に発しテバイを攻撃した。テバイのひとびとに将来起こるであろうわざわいの予兆があらわれ、デメテルの神域が蜘蛛の巣でおおわれ[45]、ディルケと呼ばれる泉の水が血でにごった。

王はテバイの都を占領すると、[46]町全部を破壊した。だがピンダロスの家だけは保存した。さらにアウロス奏者のイスメニアスは、町の破壊されるにつれて、アウロスを吹くよう強制されたといわれる。このために、ギリシア人は恐慌状態となってアレクサンドロスを指導者に選び、彼にギリシアの支配権を譲った。

第二八節

彼はマケドニアにもどると、アジア遠征の準備に取りかかった。快速船や、三段櫂船や、戦闘用の船を多数作った。これらの船隊に全兵員を乗りこませ、また、戦車とあらゆる武具をも積みこんだ。さらに五万タラントン[47]を用意して、命令を発し、トラキア地方に進軍した。その地からは精鋭五千人の兵を集め、五百タラントンを徴収した。町という町すべてが彼を迎えて王冠を捧げた。

ヘレスポントスにくると、エウロペから船で渡ってアジアの地へ着いた。そこで槍を地面に突きさして、アジアを槍で手に入れたといった。それからアレクサンドロスはグラニコス[48]と呼ばれる河にさしかかった。この河の近くはダレイオスの太守たちが警備していたが、荒々しい戦闘がおこなわれアレクサンドロスが勝利したところである。これによって得た戦利品を贈り物としてアテナイと母親のオリュンピアスに届けた。彼は手はじめに海沿いの地方を征服することに決めて、イオニア、つづいてカリア、リュディアを征服し、サルディスにある宝庫をおさえた。

さらにプリュギア、リュキア、パンピュリアを征服した。パンピュリアでは不思議なことが起こった。アレクサンドロスは船隊を用意していなかったが、海の一部が後退したので歩兵軍は徒歩で渡ることができた。[49]

第二九節

彼は海軍の待っている地へ行くと、海を越えてシケリアへ行った。抵抗する者を隷属させてから海をこえてイタリアの地に着いた。ローマの将軍たちは自分たちの将軍マルコスを通じて、真珠の王冠と、もうひとつ、宝石の王冠とをアレクサンドロスに贈り、このようにいった。[50]

「ローマ人の王にして全世界の王アレクサンドロス、王冠を捧げましょう。」

彼のもとにさらに黄金五百リトロンが運ばれてきた。アレクサンドロスは彼らの好意を受け取ると、彼らを力の強大なものにしてみせることを約束した。彼らからは二千の弓兵と四百タラントンを集めた。

第三〇節

そこから海を渡ってアフリカにやってきた。アフリカの将軍たちは彼に会うと、自分たちの町カルタゴには手をつけないよう頼んだ。アレクサンドロスは彼らの臆病を難じていった。

「もっと強い者となるか、より強い者に自分たちの税を払うかは、諸君の気持ち次第なのだ。」

そこから移動して全リビュアを席巻し、アンモンの神域に到着した[51]。大多数の軍勢を船隊に乗りこませて、出帆させ、プロテウスの島で待機するように命じた。そして彼自身はというと、アンモンの神から生まれたということで、神にいけにえを捧げるために出かけ、このように祈った。

「父なる神アンモンよ、わたしがあなたから生まれたというわが母の言葉が真実であるならば、どうか神託をお示しください。」

すると、アレクサンドロスはアンモンの神が母オリュンピアスを抱擁しているすがたを見、また神が自分にこういうのを聞いた。

「わが子アレクサンドロスよ、おまえはわたしの子種なのだ。」

アンモンの力を知ると、アレクサンドロスは神の住まいを修復し、神の木像を黄金でまぶした。みずから彫った「父なる神アンモンにアレクサンドロスが奉納す」という碑銘とともにこの像を神に奉納した。

自分の名前を冠した町を、町が永遠にひとびとの記憶に残るためには、どこに建設するべきかを、神から神託を得ようと思った。すると、アンモン自身が、年老いてはいるが、金髪でこめかみに羊の角をつけたすがたであらわれ[52]、彼にこのように語った。

王よ、羊の角をつけた神ポイボスが汝に告ぐ。
永遠につつがなく汝が若さの盛りを味わいたいならば、
プロテウスの島の対岸に名声に輝く町を建設せよ。
その地は、永遠のプルトンが宰領し、
そこの五つの丘のいただきから果てのない宇宙を動かしている。[53]

この神託を受けると、アレクサンドロスはプロテウス[54]の島がどの島を指しているのか、そこを宰領している神がだれなのか、調査しようとした。調査しているあいだに、アンモンにもう一度いけにえをささげた、それから、軍が休養を取っていたリビュアの村に向かって旅をした。

第三一節

アレクサンドロスが散歩していると、大きな鹿がそばを通りすぎて穴のなかへ消えた。このときアレクサンドロスは声を発して射手にその動物を射るよう命じた。射手は弓を張ってねらったが、鹿を射ちそこなった。そこでアレクサンドロスはその者にいった。

「おい、おまえの矢ははずれたな。」

これからこの場所は、アレクサンドロスの言った言葉によって、パラトネ〔はずれ〕と呼ばれた[55]。その地に小さな町を建設し、これをパラトネと呼ばせて、そのあたりに住む者たちのなかから著名な人間を選びだしてそこに定住させた。

そこから進んで、タポシリオンに着いた。その地の人から、なぜこの名がつけられたかを聞いた。神域がオシリスの墓であるとひとびとは言った。そこでいけにえを捧げ、旅程の終着点に近づき、現在の町となっている土地にやってきた[56]。広大な土地が果てしなく伸び広がり、十二の村からなっているのを観察した。

パンデュシアと呼ばれている地からヘラクレオティスと呼ばれているナイル河の河口までを横幅として、ベンディデイオンから小ホルムポリスまでを縦幅として、アレクサンドロスは自分の町を設計した。その地は、ナイルを下ってきた者がみな錨をおろす港〔ホルモス〕であることから、ヘルムポリス[1]とは呼ばれなくて、ホルムポリスといわれている。この地点までをアレクサンドロス王は町の管轄範囲として設計した。これから、現在にいたるまで、「アレクサンドレイア地域[57]」と記されているのである。

ナウクラティスのクレオメネスとロドスのノモクラテスがアレクサンドロスにこれほどの大規模の町の建設はやめるようにと、このように進言した[58]。

「と申しますのは、その町を人でいっぱいにすることはできないでしょう。もしできたとしても、運搬船の漕ぎ手たちには、必要な生活物資を町に運ぶことが不可能でしょう。さらに町のなかに住む者たちは、町があまりにも広大であり、限りがないことから、おたがいに反目し戦争をすることになりましょう。というのは、小規模な町ではおたがいの意見を十分に交換しあい、町のために有益なことを相談することができます。だが、いま設計なさったような、これほど大きな町を建設なさるならば、町に住む者は、その人口も限りがなくなりますので、おたがいに意見も違ってきて、敵対することになりましょう。」

アレクサンドロスはこの意見に従い、建築家の望むような規模の町の建設を彼らに任せた。アレクサンドロス王の命令を受けて、タポシリオンの砂州を流れるドラコン河からカノボスを流れるアガトダイモン河までを町の縦幅とし、ベンディデイオンからエウロポスとメランティオスまでを町の横幅として設計した[59]。

アレクサンドロスは町の建設には他の建築家たちにも知恵を求めた。そのなかには、石工のヌメニオス、技師であるナウクラティスのクレオメネスとオリュントスのカルテロスがいた。ヌメニオスにはヒュポノモスという名前の弟がいた。彼がアレクサンドロスに、町の建設には、基礎を石造りにするように進言し、そのため、この町には、水を引く導管と、海に注ぐ地下水道とが敷設されたのである。この人物がこの設備を勧めたので、このような水道はヒュポノモスと呼ばれている[60]。

第三二節

陸からアレクサンドロスが見ると、海上に島があった。その島の名前がなんであるかをたずねた。地の者たちはつぎのようにいった。

「パロス島です。そこにはプロテウスが住んでいました。そこのプロテウスのお墓はまた、わたしたちが手厚くお守りしています。」

こうしてアレクサンドロスは英雄を祀った聖域に案内され、その棺を見た。英雄プロテウスにいけにえを捧げ、お墓が時代の古さのために朽ちたおれているのを知って、早速に修復を命じた。

アレクサンドロスは自分で検分するために、町の周囲にしるしをつけるように指示した。そこで職人は挽き割りにした小麦を持って、町の全体を描いてみせた。すると、あらゆる種類の鳥が空から舞いおりて、小麦をきれいに食べてしまうと、また飛びたった。この事件がなにを意味するのか、アレクサンドロスはこれをひどく気にして、占い師たちを呼びつけて、目にした事を彼らに語った。彼らはこのように話した[61]。

「建設をお命じになった町は、王よ、全宇宙を養い育てるでありましょう。この地で生まれた者たちが世界中にいないところがないようになりましょう。と申しますのは、鳥が全宇宙を飛びまわっているからであります。」

このようにして、彼は町の建設にとりかかるように命じた。アレクサンドロスは町の大半の部分の基礎工事を終え、全体の地取りをすると、Α、Β、Γ、Δ、Εの五つの文字をそこに刻みつけた。Aはアレクサンドロスを、Bは王〔バシレウス〕を、Γは子孫〔ゲノス〕を、Δはゼウスの属格を、Eはどこにも譬えようのない町を「建設した」〔エクティセン〕を意味した。[62]

駄獣やラバが労役についた。聖域に通じる門の建築の終わったあと、突然に、一枚の、文字がいっぱいに刻まれた、大きくていかにも古めかしい碑文が落ちてきた。そこからは無数の蛇がでてきて、すでに建て終わった建物の入り口へとするするとはいりこんだ。[63]

このことがあってから、これらの蛇が家のなかにはいるときは、これをやさしき霊として崇め、……というのは毒のある生きものではないからであるが、……また荷役をする動物たちにも休息を与えて花輪の冠をかぶせるのである。〔アレクサンドロスはそのままその地に滞在して、テュビの月つまり一年の最初の月の新月の日に町と聖所を建設した〕ので、それ以来現在まで、アレクサンドレイアの人たちはテュビの月の二十五日には祭りを催してこのしきたりを守っている。

第三三節

小高い丘の上に建てられた小さなお堂がアレクサンドロスの目にはいった。さらにヘロンの柱と、ある英雄の廟も見つけた。先に自分に語られたアンモンから与えられた神託の言葉にならってサラピス神殿を探していた。[64]

王よ、羊の角をつけた神ポイボスが汝に告ぐ。
永遠につつがなく汝が若さの盛りを味わいたいならば、
プロテウスの島の対岸に名声に輝く町を建設せよ。
その地は、永遠のプルトン〔アイオン・プルトニオス〕が宰領し、
そこの五つの丘のいただきから果てのない宇宙を動かしているのだ。[65]

アレクサンドロスはこのようにすべてを見る神を探していたのであった。その英雄廟の向かいに大きな祭壇を築いた。これは現在ではアレクサンドロスの豪華な祭壇と呼ばれているが、そこで彼はいけにえの儀式を執りおこなった。祈りをとなえつつこのようにいった。

「まさにこの地の将来を守る神であり、限りのない全宇宙を見そなわしていることはだれの目にも明らかであります。どうか、わたくしからのいけにえをみずからご嘉納くださいますように。そして戦争ではわたくしの守護者となってくださいますように。」

こう祈って、彼は祭壇の上にいけにえの捧げものを差しだした。するとにわかに大きな鷲が舞いおりてきて、いけにえの内臓をつかむや、空高く舞いあがりこれを別の祭壇に落としていった。

アレクサンドロスは落ちた場所をよく見とどけ、急いでその場に行くと、内臓は祭壇の上に置かれていた。その祭壇は大昔のひとによって造られたもので、まわりには神殿があり、そのなかには木像が安置されていた。この像は、右手ではいろいろな形態の混合した動物を静かになだめ、左手には笏杖を持っていた。像のそばには巨大な乙女の像が立っていた。ここに住まう神がだれであるか、その地に住む者たちにたずねた。彼らも知らなかったのであるが、先祖代々伝えられているところでは、ゼウスとヘラの神殿[66]であるといった。

アレクサンドレイアの現在の周壁の外側にではあるが、サラピス神殿のなかにいまでも残っているオベリスクには、つぎのような内容の象形文字が刻まれていた。

〔このあいだに欠本がある。オベリスクの碑文の説明のあと、サラピスがアレクサンドロスの夢にあらわれて、彼に予言をする場面に移る[67]〕

「この町の贈り物……美しい神殿に飾られ、住民の数でどの町よりもまさり、気候の穏やかさでどの地方よりも恵まれている町。飢餓や地震のようなわざわいに襲われることもなく、わざわいがまるで夢となって町のなかを通過するように、わたしがこの町の守護者となろう。多数の王たちがこの町にやってきても、これは戦争のためではなくて、崇拝するためにやってくることになる。おまえは死者となったあと、神となって崇拝されるであろう。いつまでもあらゆる王族たちから贈り物を受けるであろう。死者となっても、死者ではない身[68]となっても、おまえはこの町に住むであろう。というのは、建設しているこの町がおまえの墓所となるであろう。わたしがだれであるか、アレクサンドロスよ、すばやくためしに調べてみよ。百の二倍の数〔Σ〕と一の数〔A〕を、つぎにもう一度、百の数〔P〕と一の数〔A〕と二十の四倍の数〔Π〕と十の数〔I〕とを並べてから、最初の文字を最後に加えよ。このとき、わたしが何者であるかわかるであろう。[69]」

神はこのように予言を与えると、すがたを消した。アレクサンドロスはかつての神託を思い出し「サラピス神」であることを認めた。町の建設計画については、アレクサンドロスの指示したと同じようにおこなわれた。町は一日一日とたくましいすがたをあらわしつつ建設されていった。

第三四節

アレクサンドロスは軍隊を率いてエジプト訪問[70]を急いだ。メンフィスの町に到着すると、エジプト人は彼をエジプトの王としてヘパイストス〔エジプト名プタハ〕の玉座にたてまつった。メンフィスには強大な立像が奉納されているのを知った。これは黒い石を彫ったもので、台座にはつぎのような碑銘が刻まれていた。

「あの逃亡した王はいつかまたエジプトに帰ってくるであろうが、年老いた状態でではなく、青年となってあらわれる。そしてわれわれの敵であるペルシア人を征服してくれるであろう。」

アレクサンドロスはこの彫像はだれを模したものかをたずねた。予言者たちは彼にいった。

「この彫像はエジプトの最後の王ネクテナボンであります。ペルシア人がエジプトを滅ぼそうとせめてきたとき、呪術の力を利用して、エジプトの神々が敵軍の陣営を指揮して、エジプトが敵に掠奪されているのを目にしました。神々による裏切りが将来ありえるであろうことを認めて彼は逃亡したのであります。われわれが王を探しまわりました、また神々にも、われわれの王ネクテナボンがどこに逃亡したのかをたずねると、神々はこのような神託を与えてくれました。

『あの逃亡した王はいつかまたエジプトに帰ってくるであろうが、年老いた状態でではなく、青年としてあらわれる。そしてわれわれの敵であるペルシア人を征服してくれるであろう。』」

これを聞いたアレクサンドロスは、跳びあがって立像を腕に抱いていった。

「この人こそがわたしの父なのだ。わたしが息子なのだ。諸君は神託の言葉にだまされることはなかった。いかなる敵軍も破壊することのできないような、難攻不落の城壁を擁しているにもかかわらず、諸君が蛮族に負かされたのを、つねづね不思議に思う。しかし、これは天の摂理のなすところであり、神々の正義の働きであった。肥沃な土地と、人の手を加えずして恵みをもたらしてくれる大河をおさめる諸君が、この自然の恵みを受けていない者たちに服属し支配されるためなのだ。というのは、蛮族がこの自然の恵みを受けていなければ、滅亡してしまっているであろう。」

このように言ったあと、エジプト人がダレイオスに貢いでいた租税を自分のほうに払うように彼らに要求したのであるが、このような理由をあげて説明した。

「これは自分の金庫に収めるのではなく、エジプトの隣りに位置する諸君の町アレクサンドレイア——この町は全世界の首都となるはずだが、——のために投資する予定なのだ。」

彼がこういうと、エジプト人は喜んでたくさんの金品を提供した。大いなる畏怖と讃仰の念を抱いて彼らはペルシオン経由で彼を見送った。

第三五節

さらにアレクサンドロスは軍を率いてシュリアに旅程を進めた。その地からは二千の武装兵を徴集したあと、テュロスにやってきた。テュロスの人は彼に対抗し、自分たちの町のなかを通過するのを許さなかったが、これは、このような昔の神託が彼らに与えられていたからであった。

「テュロスのひとびとよ、もし王といわれる者がおまえたちのもとにやってくるならば、おまえたちの町はただの大地と化するであろう。」

この神託のせいで、彼が町のなかにはいることのないように、抵抗したのである。そこで町全体を城壁で固め、彼に対立した。両軍のあいだに激しい戦闘がおこなわれて、テュロス軍は多数のマケドニア軍を倒した。アレクサンドロスは敗退し、ガザ[71]へ退却した。そこで戦力を十分に回復すると、テュロスを落城させようと努めた。アレクサンドロスは夢を見て、ある者がこのように話しているのを聞いた。

「アレクサンドロスよ、自分自身がテュロスに行く使節となろうとは思ってはならぬ。」

夢から覚めるとテュロスに使節を送って、つぎのような内容の手紙を託した。

「アレクサンドロス王、アンモンとピリッポス王の子、さらに、ヨーロッパ、全アジア、エジプト、リビュアを治めるもっとも偉大なる王のわたしから、もはや存在していないテュロスの市民へ。シュリアへ向かって行軍しているあいだ、わたしは平和と規律とをもって諸君のもとへ立ち寄ろうと望んでいた。だが、われわれの行軍にさいして、テュロスの市民の諸君が入城に抵抗した最初の例となるならば、他の民族もまた、諸君の運命によってだけでも、マケドニア軍が諸君の無思慮にたいしてどれだけの力を示すかを知って、混乱をきたし、われわれに降伏することになろう。諸君に与えられた神託はまた確実なものである。すなわち、わたしは諸君の町のなかを通過するであろう。分別を弁えて、御健勝あるように。さもなければ、御不幸の身にありながらも御健勝あるように。」

王の手紙を読むと、市民の代表者たちはただちに、アレクサンドロス王から派遣された使節に吊し責めの拷問を加えるよう命じて、

「おまえたちのなかにアレクサンドロスはいるか」と彼らにたずねた。

いないというと、彼らをはりつけの刑に処した。

アレクサンドロスはどの道から侵入してテュロスを征服するかを調査した。というのは、彼らから受けた敗北が理不尽なものと考えていたからである。眠っていると、彼は夢を見た。夢では、ディオニュソスの従者のひとりであるサテュロスから、彼は、ミルクから取れたチーズをもらったのであった。それを受け取ると自分の足でこれを踏みつけた。アレクサンドロスは眠りから覚めると、夢の内容を夢占い師に語った。するとこのような説明があった。

「サテュロスから殿がテュロスをもらい、それを殿が足で踏みつけたということですから、全テュロスの王となり、あの地が殿の勢力下にはいることになりましょう。[72]」

そして三日後に、彼自身の軍隊のほかに、近隣の三つの村の者たち——彼らは以前にもアレクサンドロスのために勇敢に戦ったのであるが——を加えて、夜に町の城壁の門を開いて侵入し、警護の者たちを殺害した。アレクサンドロスは全テュロスを掠奪し、町を単

なる大地にもどしてしまった。今日まで「テュロスのわざわい」はことわざとなって語りつがれている。アレクサンドロスとともに戦った三つの村はひとつの町の単位として登録され、トリポリス〔三つの町〕[73]と呼ばれることになった。

第三六節

テュロスにポイニキアを統治する太守を配置したあと、陣営を引きはらいシュリアの海岸にそって行進した。彼はダレイオスの使節に会った。使節は手紙のほかに、鞭とボールと金貨のはいった小箱とを彼に渡した。アレクサンドロスはペルシア人の王ダレイオスの手紙を受けとって読むと、このような内容であった[74]。

「王のなかの王、神々の一族に属し、太陽とともに昇る者であるわたし、神ダレイオスみずからが、わがしもべであるアレクサンドロスに命じいいつける。おまえの両親のもとに引きかえすこと、わたしの奴隷となること、そしておまえの母親オリュンピアスの胸に抱かれて眠ることの三つだ。これが、しつけを教えられ乳母を必要とするおまえの年齢にふさわしいことだからだ。そのために、おまえには鞭とボールと金貨のはいった小箱を送った。欲しいものを先に選ぶがよいぞ。鞭を送ったについては、まだまだしつけを教えられる必要があることをおまえに知らせてやろうと思ってだ。ボールは、多数の傲慢不遜な若者たちをたぶらかして、まるで山賊の親玉のように、彼らを引きつれて町々を混乱させるようなことをしないように、同じ年の小僧どもと遊んでもらいたいからだ。というのは、人の住む世界全体がひとつにまとまってもペルシアの王国を倒すことは不可能であろう。わが軍勢は、浜の真砂のように数えきれないほど多数であるし、黄金や銀は全大地をおおうばかりの量である。金貨のはいった小箱も送ったのは、仲間の山賊たちに食糧を配給できない場合に、必要なものを提供させてやろうというつもりだ。そうすれば、ひとりひとりが自分の国へ帰ることもできよう。だが、わたしの命令を聞かないならば、兵を送っておまえを追跡させよう。わが軍によっておまえ自身が捕虜となろう。そのときは、ピリッポスの子として懲らしめを受けることはあるまい。謀反人としてはりつけの憂き目にあうであろう。」

第三七節

アレクサンドロスがこれを全軍の集まったところで読みあげると、彼ら全員が臆病風に吹かれた。アレクサンドロスは彼らに恐怖心が宿ったのを認めると、彼らにいった。

「マケドニアの諸君、そして同僚の兵士諸君、ダレイオスの生意気な手紙に真実の力がこもっているかのように、なぜ、彼の書いていることがらのために心乱れるのか。というのは、犬でも体力に自信のないものは、ただ大声でほえたてるばかりではないか。それはちょうど、ほえることによって力のあることを見せつけようとするようなものだ。ダレイオスもまたこれと同じである。実際にはなんの力もないくせに、犬がほえることによってそうなると同じように、書くことによってひとかどの者であると思いこんでいるわけだ。だが、書いていることが本当であると仮定してみよう。われわれは手紙によって、道を光に照らされたのだ。つまり敗戦の屈辱を味わうことのないように、勝利を求めて、いったいいかなる者を相手に勇敢に戦うべきであるかを教えられたのである。」

このようにいってから、ダレイオスの手紙を持って来た者たちをうしろ手に縛り、つれてくるように命じて、はりつけにかけようとした。

「アレクサンドロス王よ、われわれは王にどのような悪いことを働いたでしょうか」と彼らがいった。アレクサンドロスが答えた。

「わたしではなく、ダレイオス王を責めるがよい。王にではなくて、まるで山賊の親玉にでも宛てたような手紙を持たせて、おまえたちをよこしたのはダレイオスだからな。そこで、王のもとを訪ねたのではなく、向こう見ずな手合いに遭遇した者として、おまえたちを殺すことにする。」

「ダレイオスはなにも知らないで、あのようなことを書いたのです。いまわたくしたちはこのように立派な軍の陣容をみて、ピリッポス王のご子息が偉大で思慮のゆたかな王であることに感服している次第です。どうか、殿、偉大なる王よ、われわれの命だけはお許しください」と彼らはいった。

するとアレクサンドロスはいった。

「いまはおまえたちは罰を受けるのを恐れて、殺されないようにと嘆願している。このためにおまえたちを自由にしてやろう。というのは、本来の意図は、おまえたちを殺すことではない、むしろ、ギリシアの王と蛮族の王とのちがいを示すことにあった。だから、なにもわたしからわざわいを受けるなどと思わないがよい。王たる者は使節を殺すようなことはしない。」

このように彼らにいってから、75 アレクサンドロスは宴会の用意ができたのでいっしょに横になって食事をするように命じた。アレクサンドロスがダレイオスと戦争をした場合どのように待ちぶせをしてダレイオスをとらえるかを、使者たちは話そうとしたが、彼らにいった。

「なにも言わぬがよい。ダレイオスのもとに帰っていかないのならば、わたしも聞こうとするであろう。しかし、どうせもどるのであるからには、聞きたくはない。そうでなければ、おまえたちのだれかがダレイオスにむかって、いま話したことを伝えることになるかもしれない。そうなれば、わたしが、おまえたちの懲罰を受ける原因となってしまうであろう。だから口をつぐむがよいぞ。おたがいにわれわれはその問題は知らぬ顔をして通りすぎることにしよう。」

こうしてダレイオスの使者たちはいっせいに讃嘆の声をあげて、彼を誉めたたえた。軍全体がその名誉をことほいだ。

第三八節

三日後に、アレクサンドロスはダレイオスに手紙を書いた。[76] これを、ダレイオスの使節のいないところで彼の軍勢の前で読んで聞かせたが、つぎのような内容であった。

「ピリッポス王と母オリュンピアスの子アレクサンドロス王が、王のなかの王、神々と支配の座を共有する者、太陽とともに昇る偉大なる神、ペルシアの王に挨拶を送る。それだけの軍事力を誇り、かつ太陽とともに昇る者がいずれアレクサンドロスという人間のためにいやしい奴隷の状態に突き落とされることはなるほど屈辱であろう。神々の名というものを人が用いると、その人間に力と知恵が与えられるものだ。だがそもそも、不死なる神々の名が死すべき者の肉体のなかにどのようにして住みつくことになろうか。

今回の場合でも、よいか、汝についてわれわれが判断したところでは、「われわれの目から見ると汝にはいかなる力もないのであるが、」神々の名前を帯びることによって、この地上で神々の力を身につけるようになったのだということだ。わたしはといえば、もちろん、汝に向かって戦争をしかけにゆくが、死すべき存在としてである。だが、勝利の行方は天の摂理にかかっているのである。

いったい、あれほどの金銀を所有しているなどとわれわれに書いてよこしたのはなぜであろうか。これを知ってわれわれがこれを手に入れるために、これまで以上に勇敢に戦うようにとの配慮からであろうか。もしもわたしが、勝利したならば、強大な権力者ダレイオス王を倒したことで、ギリシア人のあいだでも異民族のあいだでも、わたしは高い評判を得て、偉大なる王となるであろう。しかし汝が勝利したとしても、汝の行為には偉大なところはなにもないではないか。手紙に書いているように、山賊を打ち負かしただけとなるであろう。わたしのほうは、王のなかの王、偉大なる神ダレイオスを倒したことになる。

さてまた、鞭やボールや、金貨のはいった小箱を送りつけてきたのは、わたしを愚弄するつもりであったのであろう。だがわたしはこれらを、よき知らせとして受け取った。鞭を受け取ったのは、自分の槍と武器とでもって異国者を苦しめ、わが手で隷属のくびきにつけるためである。ボールについては、わたしが世界をわが勢力下におさめるであろうことを暗示してくれた。というのは、世界は球のように丸いからである。また送ってくれた金貨のはいった小箱は、わたしに敗けて汝がわたしに租税を払うだろうという大いなるしるしである。」

第三九節

アレクサンドロス王は兵士たちにこの手紙を読んで聞かせたあと、封印し、ダレイオスの使節に渡した。また彼らが持ってきた金貨を彼らに贈った。アレクサンドロスの寛大な心を理解して、帰国の途につき、ダレイオスのもとに帰った。ダレイオスはアレクサンドロスの手紙を読んで、その文面から彼に実力のあるのを認めた。アレクサンドロスの知恵について、戦争にたいして彼がどのような用意をしているかについて、くわしく調査した。その結果に動揺して、彼は配下の太守たちにこのような内容の手紙を書き送った。[77]

「ダレイオス王がタウロス山脈の向こうにいる将軍たちに挨拶を送る。ピリッポスの子アレクサンドロスが謀反したという報告がわたしのもとに届いている。そこで彼をつかまえてくるように。ただし、その身体にはいかなる危害も加えないようにするがよい。というのは、わたしが自分でその紫の服をぬがせ、打擲を加えてから、マケドニアにいる母親のオリュンピアスのもとに送り届けてやろうと思っているからである。そのさいにマケドニアの小僧のおもちゃ遊びのように、あの男にはガラガラやサイコロを持たせてやるつもりだ。またいっしょに、世間にきめられた節度を守ることを学んでもらうために教師もつけよう。彼の船隊を海の底に沈めてしまうがよい。あの男についた将軍どもは手かせ足かせをはめてわたしの前につれてこい。残りの兵士はエリュトラ海へ送り出し、その地に住まわせるがよい。馬などの駄獣はすべて諸君に贈る。ご健闘を祈る。」

太守たちも、ダレイオスにつぎのような返事を書いた。

「偉大なる神ダレイオス王にご挨拶を送ります。これほどの多数の者がわれわれを攻めてきているのに、いままでお気づきにならなかったとはまったくのおどろきです。敵兵のなかで、うろうろと徘徊しているところを捕虜にした者を送ります。殿よりも先に、彼らの取り調べをするようなことはしませんでした。ですから、われわれが敵の餌食となることのないように、すみやかに、大軍を率いてご出陣ありますように。」

ダレイオスはこの手紙をペルシアのバビュロンで受け取り、これを読むと、このような返事を書き送った。

「王のなかの王、偉大なる神ダレイオスがすべての太守と将軍に挨拶を送る。頼みとするものは、わたしからはなにもないものと思って、諸君の勇気のあるところを証明して見せよ。たしかに、あの男が諸君の地になだれ込み、諸君を混乱させているが、諸君こそ稲妻をも消し止めることができるのに、くちばしの黄色い若僧の運んできた稲妻には対抗できないのであろうか。はっきりと見せることができるどんなものがあるのか。戦場で諸君のひとりでも死んだというのか。わたしの王国を任されながら、あの山賊をつかまえようともしないで、つけいる隙をあの男に与えているだけの諸君のことを、わたしはなんと判断してよいのか。とにかく、いま諸君の述べているように、わたしみずから出陣してあの男を捕虜にして見せよう。」

第四〇節

アレクサンドロスがすぐそば近くにきていることを聞いてダレイオスはピナロス河[78]のほ

とりに陣を敷いた。アレクサンドロスにつぎのような手紙を書いて送った。

「王のなかの王、諸民族の支配者である、偉大なる神ダレイオスから、国々を掠奪するアレクサンドロスへ。汝にはダレイオスの名前がどういうものであるかわかっていないように思われる。神々はこの名をこそ尊び、自分たちとともに玉座にあるよう決められたのだ。わたしの命令を聞くことなしに、マケドニアの国をひそかに支配できていることをしあわせなことだとは考えなかったようだ。取るに足らない国々や見も知らぬ町々を荒らしまわり、それらの地でみずから王と名乗って、汝と同類の食いはぐれた者たちを集めては、いくさに不慣れな町々を攻撃してきた。わたしはといえば、これらの地方は治めるにはあまりにも煩瑣であると判断して、わが勢力下にはないものとして切り捨てたのである。汝のほうは、まるで物乞いするかのように、あの者たちから租税を強要している。ところで、われわれをも汝と同類の人間であると信じているのか。占領した土地が自分のものだなどと自慢することはあるまい。たしかに、この点については汝の判断はまったくまちがっていた。というのは、第一に自分の愚かさを正すために、山賊の一団を大きくさせるかわりに、汝の主人であるわたしダレイオス王を訪ねるべきであったろう。わたしは手紙で、わたしを訪ね、ダレイオス王に拝跪するようにいったはずだ。偉大なる神ゼウスとわが父にかけて、汝のおこなった所業にたいして恨みを持っていないことを誓うものである。だが、汝は同じような愚行をつづけている。口では言い表わせないような死刑の罰を汝に加えるつもりである。分別というものを汝の身につけさせることのできなかった、汝の部下たちもまた、もっとひどい罰を受けることになろう。」

第四一節

アレクサンドロスはダレイオスの手紙を受けとりこれに目を通したが、ダレイオスの大言壮語にいらいらすることはなかった。ダレイオスは軍を召集して、子供たちと妻と母を引きつれて進軍した。彼には、一万人の「不死隊」と呼ばれる精鋭がいた。不死隊と呼ばれる理由は、死者が出るとかわりの兵をつねに補充して、隊員の数を維持していることによる。アレクサンドロスはキリキアのタウロスの山を通りぬけ、キリキアの中心地タルソスに到着した。町を流れるキュドノス河を見て、行軍のために汗だくになっていたので、よろいを脱いで、河で水浴した。すると風邪をひいて[79]死に瀕するような危険におちいったが、やっとのことで一命をとりとめた。治療した者はピリッポスという著名な医者であった。健康を回復して、ダレイオスのいる方向にむかった。ダレイオスはイッソスと呼ばれるキリキアの河のほとりに陣を敷いた。

アレクサンドロスは戦意昂揚のうちに、その平野に進軍し、戦闘すべく気負いたち、ダレイオス軍と対峙した。ダレイオス側の者たちは、アレクサンドロスがダレイオスの布陣していると聞いたあたりにその軍勢を誘導するのを見て、戦車隊と全戦力をそこにおいた。

両軍が会戦の配置につくと、アレクサンドロスは、自軍の陣形には敵が切りこんでくることも、騎馬で攻めてくることとも、背後から攻撃することも許そうとはしなかった。逆に、敵の戦車隊の大部分を四方から攻めたてて崩壊させ、四散させた。

アレクサンドロスは騎乗し、ラッパ手に戦闘開始の合図を吹きならすように命じた。両軍のあいだにおおきな雄叫びが起こり、はげしい戦闘がおこなわれた。長いあいだ、両軍は両翼で衝突を続け、相互に槍で討ちあいしながら、ここかしこと敵軍を打ち破ろうとした。こうして、双方とも勝利をわが物としたと信じて、引き分けた。しかしアレクサンドロスを中心にした軍はダレイオスを中心にしている軍を追いつめ、力で圧倒した。こうして敵の軍勢は、それが多勢であるがために、仲間うちの争いをして死んでいった。そこには、地面に横になった馬、息の絶えた兵士たちのすがた以外に、目にするものはなにもなかった。巻きあがった塵煙のために、ペルシア人であるのかマケドニア人であるのか、味方の者か太守か、歩兵なのか騎兵なのかを見分けることができなかった。空も見えなければ、大地さえも、流された血のために見ることはできなかった。太陽みずからが、地上でおこなわれたことを悲しんでこれほどのけがれは見るべきでないと判断して、雲で顔を隠したのであった。

だが、マケドニア軍に有利に働く転機がおとずれ、ペルシア軍は退却に転じた。ペルシア軍には、アンティオケイア出身のアミュンタスという人物もいた。彼は、以前にはマケドニア人の王であったが、ダレイオスに寝返ったのである。[80] 日も暮れてきたので、ダレイオスは畏れをなして、先へ先へと落ちのびた。しかし王の乗る車は目立ちすぎていた。そこで、これを捨てて、馬に乗って逃げのびた。

アレクサンドロスはダレイオスを捕虜にすることを名誉と考えていたので、ほかの何者かに殺されることのないように、だれよりも先に追跡していった。六十スタディオンの追跡ののち、ダレイオスの捨てた車と武器、彼の妻、娘たち、母親とを取りおさえることができた。ダレイオス自身を救ったのは夜の闇であった。そのうえ、馬をつぎからつぎへと乗りついで、逃走した。

アレクサンドロスはダレイオスの使っていた陣屋を接収し、自分がそのなかで夜をすごした。敵軍を敗走させ、これほどの栄誉を手中にしたのであるが、思いあがった行動はなにもしなかった。ペルシア人の死者で、勇敢で高貴な出の者たちには埋葬することを許した。さらにダレイオスの母親と妻と子供たちは自分の手もとにおいて、手厚くもてなした。同様に、残りの捕虜たちには、慰めの言葉を与えて、元気づけた。ペルシア軍の死者の数はきわめて多数にのぼった。マケドニア軍の死者は、歩兵五百、騎兵百六十、負傷した者三百八名であった。一方、ペルシア軍では、死者二万を数えた。そのうえ、四千人が奴隷として連行された。[81]

第四二節

ダレイオスは敗走したので、命だけは助かったが、もっと強大な戦力を準備した。配下の大軍を率いて彼のもとに参集するようにと、諸国の民に布令を出した。ダレイオスが軍を召集していることをアレクサンドロスのスパイのひとりが知ると、現在の状況を彼に報告した。これを聞いて、部下の将軍スカマンドロスにこのような手紙を書いた。

「アレクサンドロス王よりわれわれの将軍スカマンドロスに挨拶を。配下の部隊とその軍勢すべてをつれてわがもとに来るように。敵軍が遠くは離れていない地点に集結しているといわれているからである。」

アレクサンドロス自身は、自軍を率いて行進した。タウロスと呼ばれる山をこえると、その地に巨大な槍をすえた。そしていった。

「ギリシア人であれ、蛮族の者であれ、そのほかの王族の者であれ、だれか力の強大な者がこの槍に触れるならば、これは、その身にまがまがしいことのふりかかるしるしとなるであろう。その町は根こそぎ掠奪されることになるのだ。」

彼はベブリュキアのヒッペリアという町についた。その地には、オルペウスの神域と像があり、像のかたわらには、ピエリアのムーサの女神と野生の動物たちがいた。アレクサンドロスがオルペウスの像を眺めていると、オルペウスの像全体が汗をかきはじめた。アレクサンドロスはこのしるしがどういう意味であるかを知ろうとしていると、占い師のメランプスがこのように語った[82]。

「アレクサンドロス王よ、異国の諸民族やギリシアの町々を征服するにあたって、汗と労苦を味わわなければならない。オルペウスもまた竪琴をかなでつつ歌を歌ってギリシア人を説得し、蛮族を敗走させ、けものたちをなだめたように、殿もまた、槍によって苦労を重ねつつ、すべての者を足下に置くでありましょう。」


アレクサンドロスはこれを聞いて、占い師にたいへんな栄誉を与えて自由にしてやった。

プリュギアに到着した。アキレウスが跳びこんだスカマンドロス河のほとりにくると、彼もまた跳びこんだ。七頭分の牛皮でできた楯が、ホメロスの書いているように、そんなに大きくもなくそれほど驚くほどでもないのを見て、彼はいった。

「ホメロスのような報告者をみつけたおまえたちはしあわせ者だ、これらの品物は、見た目には、けっして詩人の描いた言葉には相当しないが、その詩のなかでは立派なものとなっているから。」

するとひとりの詩人が近づいていった。

「アレクサンドロス王、わたくしたちがホメロスよりももっとすばらしく殿の業績を描いてみせましょう。」

「おまえのもとでアガメムノンとなるよりも、ホメロスのテルシテスとなるほうがまだましだよ」と答えた。

第四三節

そこを出発してからピュレに着くと、[83] マケドニア人の軍勢に、ダレイオスの戦闘で捕虜にした者たちを加えた上で、アブデラに行軍した。だがアブデラの市民たちは町の門を閉ざしていた。アレクサンドロスはこれに腹を立て部下の将軍に町を焼きはらうように命じた。市民たちは彼に使節を送ってよこし、このようにいった。

「われわれが門を閉めているのは、殿の力に抵抗するためではございません。もしもダレイオスが王位を守る場合は、殿を迎えたとしてわれわれの町を破壊するのではないかと、ペルシア人の王国にたいして恐れを抱いているからでございます。ですから、「ダレイオスを負かして」もう一度ここを通りすぎるときに、町の門を開いてください。といいますのは、わたくしたちはより強力な王に服従いたしましょう。」

これを聞いてアレクサンドロスは微笑を浮かべて、町から派遣された者たちにむかっていった。

「ダレイオスが王位にまだついているので、その王権を恐れて、あとでおまえたちを全滅させるのではないかと、心配しているのか。では、帰って門を開くがよい。そして平和な市民生活を送るがよい。おまえたちの恐れているダレイオスを打ち負かすまではおまえたちの町にはいることもあるまいからな。だが、勝利のそのときには、諸君の町を属国として手にいれよう。」

使節にこういうと、彼は自分の行軍をつづけた。

第四四節

ボッティアとオリュントスには二日後に到着した。カルダイオイ人の国[84]全体を破壊し、その近隣に住む者たちを殺害した。そこから黒海へ出て、その沿岸の町々をすべて服従させた。しかしマケドニア人に必需品である食糧の欠乏が生じて、全部隊が飢えで壊滅しそうな状況であった。そこでアレクサンドロスは心中、鋭く知恵を働かせた。騎兵の乗る馬をみんな探しだしてこれを殺害した。皮をはぎとって、その肉を焼いて食べるように命じた[85]。兵士たちは満腹し、飢えから回復した。彼らはこのような話をしていた。

「われわれの馬を殺すとは、アレクサンドロス王はどうしてこのようなことを思いついたのであろうか。見てみろ、さしあたっては、食物には満ちたりている。だが、騎兵を相手の戦闘にはわれわれはまったく無防備となってしまった。」

これを聞いてアレクサンドロスは陣営のなかにはいって行き答えた。

「兵士諸君、馬は戦争にはなくてはならぬものであるのに、馬を殺してしまったのは、われわれの空腹を満たすためであった。我慢できるわざわいでわざわいをしのぐことによって、苦痛を和らげることができるというものである。別の町に行けば別の馬はすぐに見つかるであろう。餓えのためにわれわれが死んでしまえば、しばらくは、ほかのマケドニア人を見つけることはできないであろう。」

このように話して兵を慰めてから、別の町へ行軍した。

第四六節

そこからテバイ人の国へ行軍した。出征のための兵を彼らに要求すると、市壁の門を閉ざしてしまった。また、使節を送りもしないで、アレクサンドロスと一戦を構えるよう、軍備を整えていた。彼のもとに五百名の兵を送ると、彼にその意志を伝えた。

「戦うか、または、われわれの町から離れるべし。」

アレクサンドロスは微笑を浮かべて彼らに答えた。

「勇敢なるテバイ人よ、おのが身を市壁のなかに閉じこめて、アレクサンドロス王とのいくさを求めるとは、なんということか。いうまでもなくわたしは戦うつもりであるが、わたしの相手というのはいくさの経験ゆたかな勇気ある男子というよりも、臆病風に取りつかれた、愚かな女子供のようなもの。諸君は、まるで女のように、市壁のなかにわが身を閉じこめて、外にいる者にむかって声をあげているのだから。」

こういうと、千の騎兵には市壁の外を囲んで、市壁の上に立っている者たちに弓を射るように命じた。別の千の騎兵にはつぎの命令を与えた。双頭の斧と長大な梃子を用いて市壁の基礎を掘りおこし、門には火を放ち、市壁の破壊のために「山羊」と呼ばれるものを力いっぱいにぶつけるようにさせた。「山羊」とは、兵士たちの力に押されて走る車輪のついた機械である。これが、遠くから市壁にむかってはなたれ、こうしてしっかりとした石組みの防壁は崩壊した。アレクサンドロスはほかの千の投石兵と槍兵とを率いて市壁をめぐった。いたるところに火が燃えあがっていた。石や弓や槍が投げられた。アレクサンドロスに抵抗することもできず、テバイ人は傷つき、市壁からつぎつぎと墜落していった。

三日間にわたってテバイの町は包囲された。アレクサンドロスの攻めていたパルミアといわれる門が最初に陥落した。ただちにアレクサンドロスは先頭に立って、なかに侵入し、ある者たちには手傷を負わせ、ある者たちには恐怖と混乱を与えた。さらに、これ以外の門からも大量の兵士たちが侵入した。

テバイの全人口はおよそ四千人であった。全員を殺害し、市壁を破壊した。というのは、マケドニアの軍はアレクサンドロスの命令したことすべてを忠実に実行したのである。大地は多量の人間の血でおおわれてしまった。多くのテバイ人は見張りの塔から墜落し大地に横になっていた。こうしてテバイ人の町は強い火勢に包まれて、マケドニア人の手でいまや滅びようとしていた。[86]

第四六節A

テバイ人のなかに、ちょうどそのとき、アウロスの演奏に長じ、また判断力にもすぐれた人物がいた。彼はテバイの崩壊を目にし、若者がみんな死んでゆくのを見て、祖国の運命を嘆いていた。アウロス演奏の技によってほまれを得ようと思い、アレクサンドロスにひざまずき嘆願しようと考えついた。そこで、彼に近づき足もとにひれふすと、悲しげな、救いを求めるような、哀れみをさそう調べを奏ではじめた。こうして、懇願と悲哀をうちに秘めたアウロスの音色によって、彼は滂沱たる涙とともにアレクサンドロスの怒りをなだめることに成功した。つぎのような話を始めた。

「アレクサンドロス大王、いまこそ、わたくしみずからの経験を通して知りましたが、神にも等しいお力のあることを尊びたたえ申しあげます。」

第二巻

第六節

ただちにアレクサンドロスはその軍を率いて、キリキアをぬけて蛮族の地へと急いだ。

第七節

ダレイオスはペルシアの指導者を集めて、なにをなすべきかを相談したが、そのときに彼はいった。[1]

「見るところ、戦況はますます厳しさを増している。自分もアレクサンドロスが山賊のような性根の持ち主と考えていた。だが、まるで王者たる仕事を打ちたてようとしているようだ。たとえわれわれペルシア人のほうが偉大であると信じるとしても、遠謀深慮という点ではアレクサンドロスのほうが一枚うわてである。遊びやしつけを身につけるようにと鞭やボールを届けた相手はそのような男であった。であるから、事態好転のための良策を考えてみよう。アレクサンドロスをつまらない男だとみくびったり、ペルシアの王国がこれほど強大であることに慢心したりして、全世界もろともにわれわれが平定されることのないようにしたい。自分の恐れるのは、好機と摂理によって王冠の移りかわりが認められさえすれば、強大な者でも弱小な者によって劣った者とされることがあるということなのだ。現在、われわれの良策とは、ギリシアを解放しようとしてペルシアをも失うということのないようにわが民を治めることであろう。[2]」

ダレイオスの弟のオクシュデルキュスが彼にいった。

「いまや、アレクサンドロスが強大になり、その者にギリシアを譲渡したためにペルシアをも攻める野望を与えた原因を作ったのは、兄上です。ですから、ご自身アレクサンドロスを見習っていただきたい。そうすれば王国をしっかりとご自分の手にすることになりましょう。あの男は、兄上のように、いくさを将軍や太守に任せることはしないで、戦場には先頭に立って進み、自軍の第一線で戦います。戦場に出ているときは王位を捨てて、勝利を得ると王権をふたたび身につけます。」

「なぜわたしがあの男のまねをする必要があろうか」とダレイオスはいった。

すると別の将軍が彼にいった。

「その通りです。アレクサンドロスはあらゆるいくさに勝ち残りましたが、これはなにごともあとに引きのばすことはせず、その大胆不敵な信念に従って、すべてを勇敢に実行してきたせいでもあります。彼のすがたはまったく獅子そのもののようです。」

「そのようなことをどこで知ったのか」とダレイオスがその人物にたずねた。

「その父ピリッポスのもとへ派遣されましたときに、殿よ、アレクサンドロスにたいする畏怖の念がマケドニア中に広まっているのを知りましたし、その容姿、考え方、性格を見てまいりました。ですから王よ、太守たちのもとに、また殿の支配の及ぶかぎりの諸民族に人をつかわしてください。たとえば、ペルシア人、パルティア人、メディア人、エリュマイオイ人、メソポタミアとオデュノイの地に住むバビュロン人などです。……殿に服従する民族は多数に上りますから、バクトリアやインドの名前はあげませんが……。これらの民から兵を召集してください。神々を味方にして、ギリシア軍を敗北させることが殿におできになるならば、たしかにわが軍のスケールの大きさによって敵軍を驚きいらせることができましょう」と彼はつづけた。

ダレイオスはこれを聞いて言った。

「意見は立派だが、なんの役にも立つまい。というのは、われわれ異国の者たちの軍勢を討ちやぶるのには、ギリシア人のたったひとりの思いつき[3]で十分なのだから。ちょうど猛々しい狼一匹で羊の大群を追いはらうようなものだ。」

こうダレイオスはいって軍勢を召集するよう命令した。

第八節

アレクサンドロスはキリキア地方を通過して、オケアノスと呼ばれる河[4]についた。水の流れは速かった。アレクサンドロスはこれを見て、河で水浴したくなった。着ているものを脱ぎすてると河に跳びこんだが、水はひどく冷たかった。これは健康にはよくなかった。風邪を引いて、頭痛に苦しみ、全身に痛みを感じて容体は悪くなっていった。マケドニア人は、アレクサンドロスが病気に倒れ苦しんでいるあいだ、自分たちもまた、心を病んでいた。アレクサンドロスの病気をダレイオスが聞きつけて自分たちに攻撃をしかけてくるのではないかと気にしていたのである。このように、アレクサンドロスひとりの生命のなりゆきが軍全体のひとびとの心をまどわしていた。

まもなく、命令に従ってピリッポスという名の医者がアレクサンドロスに飲み薬を調達し、病気治療の役を受けもった。アレクサンドロスはピリッポスの用意していた薬を飲む気になっていた。すると、アレクサンドロスのもとへ、彼の将軍のひとりであるパルメニオスから手紙が送り届けられた。手紙の内容はこうであった。

「よい機会を見つけて薬で殿を殺害するようにと、ダレイオスが医者のピリッポスに依頼しています。そうすれば、自分の妹を嫁に与えて自分の王国支配に関与させると約束しその命令も出されています。ピリッポスもこれを実行することを引きうけました。ですから、王よ、ピリッポスには警戒をおこたりませんように。」

アレクサンドロスは手紙を受け取り目を通したが、あわてはしなかった。というのは、ピリッポスが自分にたいしてどのような感情を抱いているか、よく知っていたからである。そこで手紙を枕もとにおいた。医者のピリッポスがあらわれてアレクサンドロス王に薬の調合された杯を渡して、いった。

「さあ、殿、お飲みになって、ご病気をお治しください。」

「では飲もう」とアレクサンドロスはこれを受けとると、すぐに飲みほした。飲んだあとになって、医者に手紙を渡した。ピリッポスは自分のことを書いている内容を心のなかで読むと、

「アレクサンドロス王、わたしという人間は、ここに書かれている内容とはまったく別の者であることがおわかりいただけたでしょう」といった。

アレクサンドロスは病気から回復すると、ピリッポスを抱擁しながらいった。

「ピリッポス、わたしがおまえにどのような気持ちを抱いているかわかったはずだ。手紙はおまえの薬が届くよりもまえに受けとったものだ。それでもわたしは薬を飲んだ。おまえという人物に全幅の信頼をおいていたからだ。ピリッポスはアレクサンドロスにたいしてけっしてひどいことは企んではいないと、はっきりとわかっていたのだ。」

ピリッポスが答えた。

「殿、手紙を届けたパルメニオスにそれ相応の罰を加えてやってください。と申しますの

は、彼は自分からしばしば、殿を薬で殺害するようわたくしめに働きかけてきました。ダレイオスの妹ダディパルタを妻にさせるという条件でございました。わたくしがことわると、ご覧の通り、なんとひどいわなに落としいれようとしたことでありましょう。」

アレクサンドロスはこのことを調査した。ピリッポスに責任のないことがはっきりして、パルメニオスを解任した。

第九節

そこからアレクサンドロスは軍を率いてメディア人の国に到着した。さらに大アルメニアを征服しようと急いだ。この国を平定すると、長い日数をかけて水のない地域や渓谷の多い地方を行軍した。アリアネを通過してエウプラテスの河畔[6]に到着した。弓と鉄製の帯とを用いてこの河に橋をかけて、軍に渡河を命じた。兵士が不安になっているのを知ると、家畜類、荷車、食糧をまずはじめに運び、それから兵士たちを渡らせることにした。河の流れを見て兵士たちは、弓を結んで作った橋が壊れるのではないかと心配していた。彼らが渡ろうとしないので、アレクサンドロスが自分の警護兵といっしょに、最初に渡った。こうして彼の軍勢全部が渡りきった。

その後ただちに、エウプラテス河にかかった橋の破壊を命じた。兵士たちはみんなこれには不満であった。ますます気おくれして、このように話しかけた。

「アレクサンドロス王よ、もし、われわれが戦争して蛮族のために敗走の憂き目にあうことになるなら、河を渡っていのちを救うどのような手立てがありましょうか。」

アレクサンドロスは兵士たちの不安を知り、彼らのあいだに広まっている不満の声を聞くと、全軍の者を集めてつぎのような意見を発表した。

「わが兵士諸君、敗戦の場合の退却の方策を考える諸君こそ、勝利にたいするよき希望をわたしに吹きこんでくれた。まさに、橋の取りはずしを命じたのは、戦争で敗北して逃走するためではなく、勝利をかちとるためなのだ。戦争というのは敵を追いつめるためのものであって、敗走する者のおこなうものではない。マケドニアの地にもどるときは、勝利者としてみんないっしょに錦を飾ろうではないか。戦闘のぶつかりあいはわれわれには子どもの遊びのようなものだから。」

アレクサンドロスがこのように述べると、兵士たちは彼を高く称賛した。こうして気持ちよく戦争に向かう気になったのである。そこで陣営を設けて野営した。

同じように、ダレイオスの軍勢もまたティグリス河畔に野営していた。おたがいに衝突して戦闘にはいった。両軍はおたがい勇敢に戦っていた。マケドニア軍の武具を身につけたペルシア軍のひとりがマケドニア側の味方であるかのように、アレクサンドロスの背後にまわり、彼の頭部にねらいをさだめて打ちかかり、その兜を傷つけた。ただちにアレクサンドロスの軍勢に捕らえられ、いましめを受けて彼の面前に引きだされた。[7]

アレクサンドロスはこの男がマケドニア人であると思いこみたずねた。

「勇気ある者よ、このようなことをしようと、なぜ思いついたのか。」

するとと答えた。

「アレクサンドロス王よ、わたしの着ている武具にまどわされないように。わたしはペルシア人であり、ダレイオスの太守である。ダレイオスのもとに行って、『アレクサンドロスの首を持ってくれば、褒賞はなんでしょうか』とたずねた。すると王は、王国の一部を約束し、また王の妹を妻にしてやろうといってくれた。そこでマケドニアの兵士のすがたに変装して接近した。だが的にあてることができず、こうしてとらわれの身となっている次第である。」

アレクサンドロスはこれを聞くと、全兵士を呼び集めて、みなの見ている前でその男を釈放した。そして自軍の兵士にむかっていった。

「マケドニアの兵士諸君、兵士たる者は戦争ではあのように大胆でなければならない。」

第一〇節

異国の民は、貯蔵した食糧が欠乏してきたので、調達のためにバクトリア地方[8]へしりぞいた。だが、アレクサンドロスはその地にとどまり地域全土を自分のものにした。ダレイオスの別の太守がアレクサンドロスのまえに来るといった。

「わたくしはダレイオスの太守で、彼のために戦争ではたくさんの業績を挙げましたが、彼からはいかなる褒賞ももらえませんでした。一万の武装兵をください、そうすれば、自分の王であるダレイオスを殿に引きわたしましょう。」

アレクサンドロスがその男に答えた。

「帰って、おまえ自身の王ダレイオスのために働くがよい。自分の仲間たちを裏切るような者には、赤の他人である兵を預けるわけにはいかないのだ。」

あの地方にいる太守たちはアレクサンドロスについてつぎのようなことを手紙にして書き送った[9]。

「ダレイオス大王に挨拶を申しあげます。われわれ異民族を攻めようとアレクサンドロスが行軍してきていることは、以前にも憂慮のうちにお知らせいたしましたが、いま、もう一度、彼の到着したことをお知らせいたします。われわれの国を包囲し、われわれペルシア人の多数を殺害しました。われわれ自身もまた危殆に瀕しています。アレクサンドロスの機先を制するよう、急遽、大軍を率いてご出陣ありますように。殿への攻撃を相手に許さないようにしてください。と申しますのは、マケドニア軍は力と数に優っていますので、われわれには及びがたいところがありますから。ご健勝をお祈り申しあげます。」

ダレイオスは手紙を受けとって読むと、アレクサンドロスにつぎのような内容の手紙を送った。

「偉大なる神ゼウスに、汝がわたしにたいして働いたことの証人として、呼びかける。わが母は神々のもとに旅立ったと考えているし、妻などは持ったことがないとも思っている。その上わたしには子供などないともみなしている。わたしに加えられた無礼不遜な行為に対する復讐はけっして取りやめないつもりでいる。汝のわが家族をもてなす態度が非のうちどころなく礼儀正しいと、手紙に書かれていたからである[10]。はたして、汝の行動が正当であったなら、わたしにたいする行動も正当であったろう。だが、わたしの家族を手厚く遇する理由は汝にはないはずである。家族の者たちを虐待し、復讐を加えるがよい。彼らは敵の子供たちではないか。彼らが親切をほどこしてもらったからといって、わたしが汝の友となることもなければ、ひどい扱いを受けたからといって、わたしが汝の敵となることもあるまいから。」

アレクサンドロスはダレイオスの手紙を受けとってこれを読むと、微笑を浮かべた。そしてこのような返事を書いた。

「アレクサンドロス王がダレイオスに挨拶を申しあげる。汝の空々しい愚かさ、たわいもないおしゃべり、空虚な御託は最後まで神々のさげすみ憎むところであろう。中傷をならべ、むなしく思いあがっていることを恥ずかしく思わないのであろうか。わたしが、汝のかつての家族を大切にしているのは、汝を恐れてでもなければ、汝と和解し、訪ねてきた汝からわたしが感謝してもらおうという魂胆からでもない。わたしのもとにはあらわれないほうがよい。わたしの王冠は汝の王冠には似つかわしくないものだからだ。だが、すべての者に対するわたしの礼儀正しい行動を汝のために妨げられることはないであろう。これまで以上に汝のかつての家族に親切な気持ちを示すであろう。これがわたしの汝に宛てた最後の手紙となるであろう。」

第一一節

アレクサンドロスはダレイオスにこの手紙を書いてから、戦争の準備にかかった。配下の太守につぎのような手紙を書いた。

「アレクサンドロス王が、自分の支配する、プリュギア、カッパドキア、パプラゴニア、アラビアの太守たち、ならびにほかのすべての者たちに挨拶を送る。多量の上着を用意し、これをアンティオケイアのわれわれのもとに届けるように命じる。さらに、貯えている武器や武具のたぐいをこちらへ送付するように。エウプラテス河からシュリアのアンティオケイアまで、三千頭のらくだが配置されていて、諸君が遅滞なくわれわれの命令した通りに職務を遂行できるようにしてある。[11] そうして急ぎわれわれのもとに参集せよ。」

ダレイオス配下の太守たちもまたつぎのような手紙を送った。

「ダレイオス大王にご挨拶を。考え迷った末に、殿に以下のことを報告申しあげます。事態の進展にわれわれが逼迫していますので。王よ、どうかご存じおきください。マケドニア人を支配するアレクサンドロスはわれわれの領主のうち二人を殺害し、ほかの何人かの領主は妻妾をつれてアレクサンドロス側につきました。[12]」

ダレイオスはこれを知ると、近くにいる将軍と太守たちに、戦争の準備と軍の召集とを命じた。さらに近辺の王族たちにつぎのような手紙を書いた。

「王のなかの王ダレイオスが挨拶を。体から出た汗を拭うように、マケドニアのうるさい民に戦いをしかけようと思っている。」

ペルシアの軍勢にも準備を命じた。また、インド人の王ポロスにも援軍を頼む手紙を送った。[13]

第一二節

ポロス王はダレイオスの手紙を受け取りこれを読んで、彼の身に生じたわざわいに心を痛め、つぎのような返事を書いた。

「インド人の王ポロスがペルシア人の王ダレイオスにご挨拶を。貴殿の書き送ってこられた内容を読んで、深く心中悲しんでいます。わたしは、貴殿と会見し、善後策について相談したいと思っていますが、わたしを苦しめている病気のためにこれもできないので、たいへんに困っている次第です。[14]たとえあのような不埒な行為を防ぐことができなくとも、われわれはいつも貴殿の味方でありますから、どうか、気をしっかりと持っていて下さい。

どのようなことのためでも、われわれが役に立てることがあるなら、どうぞお知らせください。わたしの指揮下にある軍は貴殿に提供いたしましょう。さらに遠方に住む民もわたしの命令に服しましょう。」

ダレイオスの母親はこれを聞いて、ひそかにつぎのような手紙をダレイオスに送った。

「わが子ダレイオスに挨拶を。そなたがもろもろの民を集めて、あらたにアレクサンドロスと戦争を起こそうとしていると聞いています。わが子よ、世界の平和を乱さないでください。というのは、先のことはわからないのですから。よりよき方向に希望を向けて、生きるか死ぬかの決定的な機会に無謀な行動を取っていのちを失うようなことはしないでください。わたくしたちはアレクサンドロス王のもとで最高のもてなしを受けています。仇敵の母としてではなく、この上なく丁重に扱われています。この点からも恥ずかしくない合意が生まれるものと期待しています。」

ダレイオスはこれを読むと、自分の家族のことを思い出し涙を流した。内心では乱れ迷ったが、戦争遂行に傾いていった。

第一三節

アレクサンドロスは大軍を率いてペルシアの国にやってきた。町のひときわ高い城壁がマケドニア軍の目に映ってきた。機転の利くアレクサンドロスにあることがひらめいた。

草原で草をはむ羊の群を狩りあつめ、木の枝を切りとりこれを羊の背にゆわえ、軍勢の後方にこれを配置して進軍した。小枝が地面をひきずられて、塵が舞いあがった。その土ほこりはオリュンポスにまで達した。これを城壁から見てペルシア軍は数えきれない軍勢が接近しているものと思いこんだほどであった。夜になると、羊の角に松明と蠟燭を結びつけ、蠟燭に火をともすように命じた。そこは平坦な土地であった。平原全体がまるであかりのともされたように観察された。[15] こうしてペルシア軍は臆病風に取りつかれた。

彼らはペルシアの町[16]から五セメイア〔マイル〕ほどの距離まで近づいた。アレクサンドロスはいつ合戦を始めるかについて、ダレイオスに告知する役の者を派遣しようとしていた。その夜、アレクサンドロスが眠っていると、眠りのなかにヘルメスのすがたをしたアンモンが彼の側にあらわれた。神は伝令のしるしである笏とマントと杖を持ち、頭にはマケドニア風の帽子をかぶっていた。その神がアレクサンドロスにこういった。

「わが子アレクサンドロスよ、助けの必要なときには、おまえのそばにいつもついている。ダレイオスに使者を送るとするならば、その者はきっとおまえを裏切るであろう。であるから、おまえみずから使者となり、おまえがいまその目で見る通りに、わたしの着ているものを身につけて、出かけるがよい。[17]」

「王であるわたし自身が自分の使者となることは危険でありましょう」とアレクサンドロスは神にいった。すると、アンモンは答えた。

「神を味方にしている者ならば、おまえにはいかなるわざわいもふりかかってくることはないであろう。」

そこで、アレクサンドロスはこの神託を聞くと、喜び勇んで立ちあがり、部下の太守たちにこのことを伝えた。だが太守たちは計画は実行しないように忠告した。

第一四節

三頭の馬を選びだすと、エウメロスという名の太守を連れて、ただちに出発した。ストランガといわれている河の岸にやってきた。河は氷を張っていたので、地面のように河そのものがなっていて、岩のように頑丈であった。その上を家畜や車が渡ることができた。それから数日後には解氷し、流れも深くなったので、河を渡ろうとした者は流れにつかまって呑みこまれてしまった。[18]
アレクサンドロスは河が凍結しているのを知ると、夢で見た、アンモンの身につけていた衣装に着がえて騎乗し、ひとりで河を渡った。エウメロスが、手助けの必要なときもあるのではないかと、自分もいっしょに河を渡りたいと頼んだが、アレクサンドロスはこう答えた。
「ここに二頭の馬と残っていてくれ。このような衣装を着て、わたしひとりで行くようにと神託を下したあの神がわたしの助け手となってくれるから。」

河幅は一スタディオンであった。アレクサンドロスは渡りおえると、さらに進んで、ペルシスの町の門にやってきた。そこの門衛は彼のその様子を見て、神であると思いこんだ。アレクサンドロスを引き止めて、「何者か」とたずねた。門衛に答えていった。

「ダレイオス王のもとにわたしを案内してくれ。わたしが何者であるかは王に伝えよう。」

ダレイオスは町の郊外の丘で、道路を建設し、マケドニア軍の侵攻にたいして兵の訓練をおこなっていた。アレクサンドロスは異様な風体のせいで皆の注目を集めた。ダレイオスもいまにも彼にひざまずきそうな態度であった。というのは、彼が異国風の衣装を着てオリュンポスからおりてきた神であると考えたからである。

ダレイオスのほうは、宝石類をちりばめた王冠をかぶり、バビュロン風の金糸で織られた絹のころもに王権のしるしである紫の上着をまとい、足には、黄金と宝石を飾った、膝まで届く靴をはき、すわっていた。両手には王笏を持ち、そのまわりには、多数の兵士が立っていた。いまだ見たことのないような衣装を着ている男を観察して、何者であるかとたずねた。アレクサンドロスは答えた。

「アレクサンドロス王の使者であります。」

「いかなる目的のためにここへやってきたのか」とダレイオスはいった。

「伝えたいことは、アレクサンドロスがすでに統治しているということであり、戦争を始める御予定はいつであるかということであります。ダレイオス王よ、よく理解していただきたい。王たる者が戦争を遅らせれば、いくさにたいして腹がすわっていないことを敵にあらわにしめすことになることを。ですから、ぐずぐずしていないで、いつ戦いを始めるおつもりであるかをお知らせいただきたい」とアレクサンドロスはいった。

「わたしが戦争をする相手はおまえなのか、アレクサンドロスなのか。おまえはアレクサンドロス本人と同じような大胆不敵なところがある。また、わたしの友人であるかのように堂々と受け答えしているからだ。いまはいつもの宴会に行くところだ。アレクサンドロス自身、わたしの使節に饗宴を開いてくれたこともあるから、おまえもいっしょに出席するがよい」とダレイオスは怒りを含んでアレクサンドロスにいった。

こうしてダレイオスはその手を取って宮殿のなかにはいった。専制君主に手を取られて案内されるのは、幸先よいしるしだと考えた。宮殿にはいるとすぐにアレクサンドロスはダレイオスの宴会で最上の席に横になった。

第一五節

ペルシア人はアレクサンドロスの体格の小さいのを見て驚いた、小さな器に天の運命の栄光が盛られているのを知らなかった。ペルシア人が大杯にたくさんの酒を飲んでいるので、アレクサンドロスはこのようなことを思いついた。彼は手にするかぎりの杯を胸ふところにしまいこんだのであった。これを見た者たちはダレイオス本人に知らせた。ダレイオスは立ちあがっていった。

「おい君、宴会で横になっていながら、なんのためにこれらのものを胸にしまいこんでいるのかね。」

アレクサンドロスはたまたま思いついた弁解をいいたてた。

「偉大なる王よ、アレクサンドロスはこのように、宴を主催するさいには、軍の長や警護の者たちに杯を贈り物にすることになっている。アレクサンドロス王がそうであるように、ダレイオス王もそうであると考えて、こうするのが、礼儀にかなったことと思い込んだのです。」

ペルシア人はアレクサンドロスの言葉を聞いてびっくりした。というのは、どの話にも真実味があれば、聞いている者は話に釣りこまれるものである。

沈黙が広がると、ペルシアの将軍でパラガゲスという者がアレクサンドロスをよく観察していた。アレクサンドロスの顔を本当によく知っていたからである。というのは、最初、ダレイオスからマケドニアのペラに使節として派遣されて租税を要求した[19]が、アレクサンドロスに断られたあのときに、よく見知っていたのであった。たしかにアレクサンドロスであると認めると、ひとりごとをいった。

「この男はすがたを変えているとしても、ピリッポスの子だ。暗闇にいても、声だけで見分けられるものだからな。」

目の前の男がアレクサンドロスであるという自分の判断に確信を持ってから、ダレイオス本人のほうに体をよせて、いった。

「全世界の支配者、そして偉大なる王ダレイオス、アレクサンドロスの使節というこの男が、ピリッポスから生まれたマケドニアの王、あの勇猛無比のアレクサンドロス本人でございます。」

だが、ダレイオスや、ほかの仲間たちはひどく酒に酔っていた。アレクサンドロスは、パラガゲスが宴の席でダレイオスに伝えた内容を聞いて、自分の正体を知られたものと思ったので、宴会の席にいる全員の目をくらまして、胸に黄金の杯をいれたまま飛び出し、ひそかに逃げだした。危険を逃れようと馬に乗った。門にペルシアの警護の兵が「両手に松明をかざしている」のを見ると、「その松明をつかんで」彼を殺害し、こうしてペルシアの町から逃げのびた。

ダレイオスはこれに気づき、武装したペルシア兵を送りだし、彼をつかまえようとした。アレクサンドロスのほうは馬をいきおいよく走らせて道をまっすぐ進んで行った。というのは空全体が深い闇の夜におおわれていたからである。たくさんの兵が追跡してきて、とらえようとしていた。ある者たちは道のある土地を進み、ある者たちは暗がりのために断崖から墜落した。だが、アレクサンドロスは、ひとつだけ明るく天にのぼる星のようであった。こうして彼はペルシア兵を煙にまいて逃げのびた。

ダレイオスは自分の寝椅子にすわって不平をいっていた。そのうえに、あるしるしを見た。というのは、クセルクセス王の肖像画が突然に天井から落ちたのである。[20]この絵がたいへんに描写力においてすぐれていたので、気にいっていたものであった。

一方、アレクサンドロスは夜の闇に助けられ、夜明けごろにストランガの河岸に逃げてきた。河を渡りおえるかおえないうちに、馬が岸にたどりつき、その前脚を地面におろそうとするときに、日の光をあびて河の氷が解けてきたのである。馬は流れに押されて岸から離れようとしたときに、アレクサンドロスを岸辺に投げ出した。アレクサンドロスを追ってきたペルシア兵が河辺に到着したときには、アレクサンドロスはちょうど渡りきっていた。彼ら自身の力では渡ることもできず、引きかえした。この河を渡るのはどのような人間にもできないことであったのである。ペルシア兵は王のもとにもどって、アレクサンドロスの運の強さを報告した。ダレイオスはあの不思議なしるしに気もそぞろになり、このほか苦しみ悩んでいた。

アレクサンドロスは徒歩で河からあがって見ると、エウメロスが残していた二頭の馬と休んでいるところであった。自分の経験したことすべてを彼に話して聞かせた。

第一六節

軍の陣営にもどると、ただちに、ギリシア人の部隊を名称ごとに武装させ、ダレイオスと対決する準備を整えるように命令した。彼は軍の中央に立って、兵士たちを激励した。全軍を集めると、十二万の兵を数えた。[21] 小高い場所に立つと、兵たちにこのような演説をした。

「わが兵士諸君、たとえわれわれ味方の数が無勢であっても、われわれには大いなる知恵と勇気と力とがある。しかもこれらは敵のペルシア人よりもすぐれたものである。諸君はけっして、異国の敵の数の多さを見て、弱気になってはならぬ。諸君のだれでもが、剣を抜けば、ひとりで敵千人を倒すことができよう。恐怖心に捕われてはならぬ。というのは、何万という蠅が草原に蝟集していても、蜂がうなりをあげて飛んでくると、蠅はその羽音だけで追い払われてしまうものだ。このように多勢といえども、すぐれた知恵にくらべると屑同然なのだ。蜂さえいれば、蠅はなんの意味もないからである。」

このようにアレクサンドロスは話して兵士たちを励ました。兵士たちは気勢をあげて、アレクサンドロスを讃えた。

ストランガ河のほうに、つまり流域の平野に進軍した。ダレイオスも自軍を連れてストランガ河へ進んだ。河が狭く凍結しているのを見て、河を渡り砂漠の中央へ急いだ。敵軍の準備の整っていないうちに彼らを攻めて敗走させようと、敵軍の陣営に最初に接近しようと望んでいたからである。伝令が中央に進み出て、戦士たちに開戦を告げた。ダレイオスの軍はよろいかぶとで身を固めた。王は見上げるほどの背の高い戦車に乗り、太守たちは鎌付き戦車に乗った。その他の者たちは精巧な武器類や槍投げ器を運んでいった。

一方、アレクサンドロスは名馬ブケパロスに乗り、マケドニア軍を指揮した。この馬に近づくことはだれにもできなかった。双方の側が合戦の合図の笛を鳴らすと、ある者たちは石を投げ、ある者たちは矢を空から降ってくる雨のように射た。またある者たちは槍を、また別の者たちは鉛の玉を放った。こうして昼の明かりがかき曇らされるほどであった。打つもの、打たれる者のいくさは混乱をきわめた。多数の兵士が槍や矢に傷つき死んでいった。別のある者は半死半生の体で横たわっていた。あたり一面、うす暗く血なまぐさくなった。ペルシア軍の大半が壊滅的に死傷したので、ダレイオスは恐怖にとらわれ、鎌付きの戦車の手綱を取り、逃走した。戦車を走らせるさいに、農夫が畑の実りを刈るときのように、彼は自軍の無数のペルシア人をなぎ倒していった。

ダレイオスみずから、また彼に従った者たちも、逃走してストランガ河に到着したが、凍結しているのを見て、河を渡った。[22] だが、多数のペルシア軍と蛮族の兵士たちが河を渡って逃走しようとして、みなが一度に河になだれこんだために、氷が割れ、その場にいた者全員が河に呑みこまれてしまった。こうして、残ったペルシア軍もマケドニア軍に滅ぼされた。

ダレイオスはいまや落人となって、自分の宮殿に帰った。体を床に投げだし、号泣しつつ、これだけの兵士たちを失いペルシアの国を荒廃させたわが身の不運を嘆いた。このような不幸に直面して、自分にむかってつぎのような嘆き悲しみの言葉を述べた。

「あれだけ多くの民族を征服し、あらゆる町を奴隷のくびきにかけた者、神々とともに玉座を分かち、太陽とともに昇る者、このように偉大なるダレイオス王が、いまや孤独な落人となったとは。真実、将来のことをだれも確実には思いはかることはできないのだ。運命がほんのすこしの重みを加えるだけで、身分卑しき者を雲の上にまで高め、高みにいる者をそこから深淵にひきずり落としてしまうものだから。」

第一七節

あれほど多数の民族を支配する王ダレイオスはこのように人間のなかでも孤独な人間となった。すこしばかり気持ちも落ち着くと、立ちあがり、気を取り直して、このような内容の手紙をしたため、これをアレクサンドロスに送った。

「ダレイオスがわが主アレクサンドロスに挨拶を。わたしをこの世に送り出してくれた者は高慢な考えの持ち主で、ギリシアに遠征したいという大きな欲望を抱いていた。父祖代々から受け継がれた黄金やその他の富に満足できなかった。だが、リュディアの王クロイソスに劣らぬ財に恵まれながら、彼は死ぬときには、多量の黄金や銀、たくさんの軍勢の陣営を失ってしまった。定められた死をまぬがれるわけにはいかなかった。だから、アレクサンドロスよ、運命の転変とその鉄槌に心を配って、高慢なふるまいは避けるがよい。われわれペルシア人に備わっていた誇りを奪われて汝のもとに避難を求める者たちに哀れみをかけてくれるように。そして、一家の長として抱く期待の気持ちを思って、わたしの妻、母、子供たちを返してほしい。このかわりに、ミュシア、スーサ、バクトリアの地の宝物——これは先祖が地下に秘匿していたものである——を与えることを約束しよう。さらにまた、ペルシア人、メディア人、その他の諸民族の地を永遠に支配する権利を汝に約束しよう。ご健勝を祈る。[23]」

アレクサンドロスはこの手紙の中身を知ると、全軍勢とその指揮官たちを集めてダレイオスの手紙を朗読するように命じた。この手紙が読みあげられると、パルメニオスという名の将軍がいった。

「アレクサンドロス王、わたくしならば、約束された金銀と土地を受け取り、母と子供と妻とは、一夜をともに過ごしたあとで、ダレイオスに返してやりましょう。[24]」

するとアレクサンドロスは微笑を浮かべながら、いった。

「パルメニオス、わたしは彼からすべてをもらうつもりだ。不思議に思うのは、ダレイオスがわたしのものとなった財産を使って自分の家族を買いもどそうと思っていることだ、その上もっとひどいのは、わたしのものとなった土地をもわたしに返そうと約束していることである。あの男がわたしと戦って勝ちを手にいれていないのであれば、あの家族もろともこれらすべてがわたしの所有に帰するということを、ダレイオスは知らないようだ。だが、男どうし、男らしく戦って、勝利を得た者が、女たちのことで女々しくも敗北を喫することは、みっともないし、あまりにみっともないことである。そこで、われわれの所有となったもののためにあの男に戦争をしかけようではないか。というのは、アジアの地が自分のものと信じていなければ、けっしてここまで来ることはなかったであろうから。あの男が先にアジアを支配していたのなら、もともと他人のものである土地を所有していながら、かくも長期間にわたって不幸になにひとつ出会わなかったことを幸運と思うがよいのだ。」

こういうと、アレクサンドロスはダレイオスの使節に向かって、立ちかえってダレイオスにこの言葉を伝えるように命令して、手紙類は彼らには託さなかった。それから、アレクサンドロスは戦争で負傷した者たちには手厚く看護し、戦死した者たちにはしかるべき礼を尽くして埋葬するように指示した。その地には冬のあいだ滞在したが、当地でもっとも美しいクセルクセスの宮殿を焼き払うように命じたが、まもなくして考えをかえて、中止命令を出した。[25]

第一八節

ペルシア人の墓もまた多量の黄金で装飾されていた。また、ナボナサロス——ギリシア語でナブコドノソルと呼ばれる王[26]——の墓も見た。そこに納められていたユダヤ人の奉納品の数々、まさに英雄たちの手にあったと見えるばかりの黄金の混酒器〔クラテール〕なども見た。近くにあるキュロス[27]の墓も見た。これは十二層の吹き抜けの塔で、その最上階におかれた黄金の棺にガラスにおおわれて遺体は安置されていた。その全身から頭髪までもガラスを通して見ることができた。

そこのクセルクセスの墓には、ギリシア人が、ある者たちは足を、ある者たちは鼻を、ある者たちは耳を切り刻まれて、鎖につながれたり、釘付けにされていた[28]。彼らはアテナイ人であった。自分たちを助けてくれるようにアレクサンドロスに叫び求めた。アレクサンドロスは彼らを見て涙を流した。その様子は見るも無残なものであったからである。この場面にひどく苦痛を感じて、彼らを自由にしてやり、二千ドラクマを与え、それぞれの故郷の地へ送り返すように命令した。しかし、金銭は受け取ったが、このありさまでは家族にとって恥辱となるので、祖国への送還よりも、現在の地になにがしかの地所を分けてくれるようにアレクサンドロスに頼んだ。そこで命令によって、彼らに土地を恵み与え、食糧と籾種を与え、各人に六頭の牛、ほかに羊、さらに農業に役に立つあらゆるもの、その他の品物を贈った。

第一九節

ダレイオスはアレクサンドロスを相手に新たな戦争を始めるべく準備を整えていた。インド人の王ポロスにつぎのような手紙を書いた[29]。

「ダレイオス王からインド人の王ポロスにご挨拶を。ここ数日わが家に起こったわざわいをいままたお知らせ申しあげます。というのは、野性のけものの心の持ち主であるマケドニアの王は攻撃をしかけたあと、母、妻、子供たちをわが手もとに返そうとはしません。財宝も、またそれ以外の他のものも提供すると申し出たが、一向に聞こうとしない。ですから、わたしに加えられた不正にたいして彼を破滅させようと、もう一度戦いをしかけ、あの男とその民とに仕返しをしようと思っています。わたしの受けた暴虐ゆえに、われわれの血縁のつながりを思い、わたしがなめた屈辱に義憤を感じ、出陣してくださることは、当然のことと思います。そこでカスピア門にできるだけ多数の民を糾合し、召集した兵士たちにたくさんの金銀、食糧、家畜の飼料を頒布していただきたい。敵軍から手にいれたならその掠奪品の半分を贈ることにしましょう。さらにブケパロスと呼ばれている馬も、マケドニア王所有の土地とその妻妾とともにわけ与えましょう。手紙ご受納のさいは、大至急軍勢を集めわれわれのもとに派遣してくださるように。御健勝を祈ります。」

アレクサンドロスはダレイオスのところから自分のもとに逃げて来たひとりのペルシア人からこれを知るとすぐに、全軍勢を率いてメディア地方へ行軍した[30]。ダレイオスがカスピア門のバタナにいることを聞き、迅速に、かつ猛烈な勢いで追跡を始めた。

第二〇節

ダレイオスの太守ベソスとアリオバルザネスはアレクサンドロスが接近していることを知った。二人は狂気じみた考えに取りつかれ忠誠の道をあやまり、ダレイオスを殺害しようと相談した。二人はおたがいにこのようなことを話し合った。[31]

「もしもわれわれがダレイオスを殺害すれば、アレクサンドロスから、その仇敵を殺害したということでたくさんの金品をもらうことになろう。」

彼らはよくない計画を胸に抱いてダレイオスに向かって剣を抜いて切りかかった。ダレイオスは抜刀した二人に攻めかけられるのを見て、二人にいった。

「かつてはわたしの召使であったが、いまはわたしの主人となる者たちよ、野蛮人のように向こう見ずにわたしを殺そうとするとは、いったいわたしがどのような無礼を働いたというのか。マケドニア人以上のひどいことをわたしの身に加えないでくれ。このように手足を投げ出して、わが変転きわまりない運命を嘆くのを許してくれ。もしマケドニアの王アレクサンドロスがいまここにやってきて、わたしの殺されているのを目にしたならば、王として王の流された血の復讐をするであろうから。」

だが二人はダレイオスの嘆願には耳を傾けず、王を殺そうとした。ダレイオスは両手を使って二人から身を守ろうとした。ベソスを左手で、その腰に膝をあてがいつつ、おさえ、アリオバルザネスを右手で防ぎながら、剣をついてこないように、おさえていた。そのために彼らの揮う剣はいつも空を切っていた。二人はダレイオスを相手に格闘していたが、忠義心のない者たちは王を殺害する力はもはやなくなっていた。ダレイオスは剛力者であったからである。

一方、マケドニア軍はストランガ河の凍結しているのを見て、河を渡り、アレクサンドロスはダレイオスの宮殿に攻め入った。不敬の輩はアレクサンドロスの入城を知ると、ダレイオスを半死半生のままに置き去りにして逃げた。アレクサンドロスはダレイオス王に近づくと、息もたえだえになっていて、その傷口から血を流しているところであった。ダレイオス王の身分にふさわしい悲しみの言葉を述べて、哀れみの涙を王に注ぎつつ、自分の着ていた上着をダレイオスの体にかけてやった。両手をダレイオスの胸に置いて、いつくしみに溢れた言葉をかけた。

「ダレイオス王、立ちあがりなさい。自分の領地を治め、自分自身の主人となるがよい。さあ、汝の王冠を受けて、ペルシアの民に君臨するがよい。その偉大なる王権を手にするがよい。天の摂理にかけて、わたしの話していることが真実であり、嘘いつわりのないことを誓おう。汝を傷つけた者はだれなのか。その者たちの名前を教えてくれ。心の平安を得ることができるようにわたしが取りはからおう。」

アレクサンドロスがこう言うと、ダレイオスは呻き声をあげた。両手を伸ばしてアレクサンドロスを抱き寄せていった。

「アレクサンドロス王よ、王の名声に思いあがることのないように。たとえ、神にも等しい事業を成しとげたとしても、またその両手で天をもつかもうと望んでいるとしても、将来のことを忘れるではない。運命というのは、たとえ巨大な権力を握っている王でも、王であることを認めはしないし、わけのわからない理由からどんな場合でもあちらこちらへと転がるものなのだ。わたしの過去がどうであったか、現在はどうであるかはご覧の通りだ。アレクサンドロス、死んだあとは、自身の手でわたしを埋葬してくれ。わたしの葬儀はマケドニア人とペルシア人とでおこなってくれ。ダレイオスとアレクサンドロスとのあいだにひとつの家族が生まれるようにしてくれ。わたしの母親を汝の母親として預けよう。わたしの妻は血のつながった者としてあわれみをかけてくれ。娘ロクサネ[32]は汝の嫁として与えよう。こうして、二人して、永遠に消えることのない思い出のために子孫を残すことになろう。われわれが子供たちを誇りに思うように、汝たち二人も子供たちを誇りにして、ともに年老いたあと、汝はピリッポスの、ロクサネはダレイオスの思い出を大事に守ってゆくがよい。」

ダレイオスはこういうと、アレクサンドロスの胸に抱かれたまま息を引きとった。

第二一節

アレクサンドロスは声をあげて悲しみなげき、身につまされつつダレイオスの死を悼んだ。そのあと、ペルシアの風習にならって彼を埋葬するように命じた。まず、ペルシア兵、つぎにマケドニア兵を、みな武装させたまま、行列に立たせた。ほかの太守たちといっしょに、アレクサンドロス自身も自分の肩にダレイオスの棺を運んだ。全員が嘆き悲しんでいたが、これはダレイオスにたいしてよりも、むしろ、棺を運ぶすがたを見たために、アレクサンドロスに向けられたものであった。こうしてペルシア人のしきたりにしたがって葬儀をすませたあと、参列者を解散させた。

ただちに、国にたいして、つぎのような内容の布令を出した。

「王ピリッポスとその妃オリュンピアスの子アレクサンドロス王が、町であれ田舎であれ、ペルシアの地に住む者にたいして以下のことを布告する。数万もの人間が不幸にも死んでゆくのをわたしは望まないからである。わたしは神々の恵みのおかげでペルシア人にたいして勝利したので、天の摂理に感謝を捧げる者である。

そこでつぎのことを承知してもらいたい。

ダレイオスの時代と同様に、みなが服従の義務を負うことになる、太守の役職を任命したいと思っている。だが、アレクサンドロス以外の別の者を王とは考えないこと。

自分たちのしきたり、慣例となっている祭礼、犠牲式、民族共通におこなわれる祭典等は、ダレイオスの時代と同様に、守り実施してよい。

各人だれも自分の町で生活すること。もしも、自分の町または村を捨てて、よその土地に住むならば、その者は犬の餌食となるであろう。

各人だれでも、自分の所有しているものは、金と銀を除いて、所有してよい。すなわち、金と銀はわれわれの町と村に提供するように命じる。だが、使用されている貨幣については各人自己の所有として用いることを認める。

すべて武具のたぐいはわたしの武器庫に納めるように命じる。

太守たちはそれぞれ自分の配置先にとどまること。というのは、商取引以外には――しかもこの数は二十名以内に限られるが――いかなる民も諸君に近づくことはないであろうから。ダレイオスの時代と同様に、慣例にしたがって、その一部をわたしが税として受けとることになろう。

わたしは諸君の国を富み栄える国にしたいと思っている。平和を享受しつつ、ペルシア国内の街道が商業と交易で活気に溢れ、ギリシアの商人が諸君と、諸君がギリシア人と取引をおこなうようになってもらいたい。というのは、エウプラテス河とティグリス河の渡し場からバビュロンにいたるまで、道路を建設し、道がどこに通じるかを示す里程標を設置したいと思っている。

ダレイオスを殺したのはわたしではない。彼を殺害した者がだれであるか知らない。わが仇敵を倒してくれたということで、殺害者には大いなる栄誉を与え、広い土地を分けあたえる義務があると思っている。」

アレクサンドロスがこういうと、ペルシア人は、アレクサンドロスがペルシアを完全に亡きものにしようとしていると思いこんであわてふためいていた。アレクサンドロスはひとびとの苦しみを知って、このようにいった。

「ペルシア人諸君、ダレイオスの殺害者を探しているのはなぜだと思うであろうか。すなわち、もしダレイオスが生きていたならば、わたしにはたして戦争をしかけてきたであろう。しかしいまは戦争はすっかり終わった。殺害者がマケドニア人であれペルシア人であれ、安心してわたしのもとに出頭して、わたしからほしいと思うものを受けとるがよい。天の摂理とわが母オリュンピアスにかけて誓うが、その者たちを名あるものとし、あらゆるひとびとに周知するようにしたいと思っている。」

このようにアレクサンドロスが誓うと、ひとびとは涙を流した。ベソスとアリオバルザネスはたくさんの報償をもらえるものと期待して、アレクサンドロスの前にあらわれ、いった。

「王よ、ダレイオスを殺害した者はわたくしたちです。」

ただちにアレクサンドロスは彼らを捕らえダレイオスの墓の上ではりつけにするように命じた。彼らは泣きさけびながら、つぎのようにいった。

「ダレイオスの殺害者を名あるものとし、あらゆるひとびとに知られるようにすると誓ったのではないのですか。どうしていま、誓いを破ってまで、わたくしたちをはりつけにしろとお命じになるのですか。」

アレクサンドロスは彼らに答えた。

「極悪人め、わたしの弁明するのは、おまえたちのためではない、多数の兵士のためだ。すこしでもダレイオスの死をめでたいことだといわなければ、おまえたちをかくも簡単に見つけ、白日のもとにさらけ出す方法などほかにあったであろうか。彼を殺害した犯人に極刑を加えたいというのがわたしの願いであったのだ。いったい、自分の主人を殺すような者がわたしに忠節を尽くすと思うか。ところで、主殺しめ、おまえたちにたいしてはわたしは誓約を破ってはいないのだ。わたしの誓いというのは、おまえたちをみなに知られた名ある者にさせるということであった。これはすなわち、おまえたちがみなの見せ物になるようにと、はりつけにすることである。」

このようにいうと、みなが彼を賞めたたえた。よこしまな殺害者たちはダレイオスの墓の上ではりつけにされた。[33]

第二二節

アレクサンドロスは全国土に平和を回復しようとして、

「諸君の国の太守にはどのような人物が望ましいか」と彼らに言った。

「ダレイオスの弟のリテスです」[34]と彼らは答えた。

そこでこの男を太守に任命した。ダレイオスの母、妻、娘は二日間の旅程だけ離れたある町にとどめていた。そこで彼女たちにつぎのような手紙を書いた。

「アレクサンドロス王がスタテイラとロド[35]とわたしの妻ロクサネとに御挨拶を。ダレイオスを相手に戦争をしたが、けっして意趣を返すようなことはせず、むしろ、反対に、わたしの王権のもとに彼が生存していることを願っていました。まさに死に臨んでいるときの彼に出会って、かわいそうなあまりわたしの上着を掛け、ダレイオスを刺した者がだれだかを知ろうとたずねましたが、これにはなにひとつ答えずただこのことだけを述べたのです。

『わたしの母と妻、そしてわたしの娘であり汝の妻たるロクサネを汝の手に預けよう。』

自分の身に起こったことを語る余裕はダレイオス王にはもはやありません。彼の死にかかわる者たちにはしかるべき罰を加えました。祖先の墓の近くに自分を葬るようにわれわれに彼は頼んでいたので、その通りに実行しました。みなさんもこのことはすべて耳にしているものと思います。ですから彼の死を悲しむことはやめにしてください。みなさんには自分たちの宮殿に移ってもらおうと思っています。さしあたりは、当地の問題もきれいに片付いてしまうまでは、現在お住まいのところに滞在してくださるように。ダレイオスの指示に従って、あなたがたにもさしつかえがなければ、ロクサネを玉座をともにわけるわたしの妻とすることを願っています。これからは、アレクサンドロスの妻として敬われるように望むと同時にこれを命令します。御健勝をお祈りします。」

アレクサンドロスの手紙を受け取ると、ロドとスタテイラはつぎのような返事を書いた。

「アレクサンドロス王に御挨拶を。ダレイオスの名前とペルシア人の誇りをないがしろにした天の神々に、機転と知恵と力とに溢れた殿が世界の永遠の支配者であることが神々の名のもとにはっきりと示されるようにとお祈りいたしました。わたくしたちが［なに不足なく生活できます］ことは貴下の庇護のもとであることは十分に承知しています。天の摂理にたいして祈りますことは、かぎりなく長期にわたって統治を続け、しあわせな年月が殿に恵まれるようにということでございました。達成なさったお仕事からも、高貴な生まれの方であることが示されています。だがいまはもはやわたくしたちは捕われの身ではございません。アレクサンドロスがわたくしたちには新しく生まれたダレイオスとなったと承知しています。わたくしたちに恥辱を与えなかった方としてアレクサンドロスを敬い申しあげます。いたるところにわたくしたちはつぎのような手紙を書きおくったものです。

『ペルシアの民よ、いまやダレイオスが死んで、かわりにアレクサンドロス大王を見いだしました。というのは、ロクサネは運命の導きによって、世界の王アレクサンドロスと結婚することになります。ペルシア人の栄誉が前より以上にいまは高められたことですから、みなな、アレクサンドロスに感謝の念を当然のこととして表わすように。わたくしたちとともに、アレクサンドロスをもっとも偉大なる王と呼びあげて、讃えまつるように』と。

このようなことをペルシア人に宛てて書きしるしました。ご健勝をお祈りします。」

アレクサンドロスは彼女たちの手紙を受けとると、つぎのような返事を書いた。

「あなたがたのお心の持ち方の立派さには感服いたします。皆さんの愛情にかなうよう努力するつもりです。わたしもまた死すべき人間ですから。ご健勝を。」

別の手紙ではロクサネにも内心決めていたことを伝えた[36]。

母オリュンピアスにはこのような手紙を書いた。

「アレクサンドロス王がもっとも大切にしている母上にご挨拶を。ダレイオスの母と妻のために装飾品と衣装類を、ダレイオスの娘でわたしの伴侶となるロクサネのために高貴な装飾品を届けてくださるように手紙を書いているところです。」

母親は手紙を受け取ると、自分のあらゆる高貴な衣装と、黄金や宝石類をあしらった装飾品すべてを彼に送った。これを受けとると、ダレイオスの宮殿で結婚の準備を始めた。そのときそこで繰りひろげられた豪華絢爛たるさまはだれにも描写しようがなかったほどであった[37]。

第二三節

このあと、アレクサンドロスは自分の母親につぎのような手紙を書いた。

「アレクサンドロス王がこの上なくいとしく思うわが母上と、もっとも尊敬するわが師アリストテレスに御挨拶を。ダレイオスとの戦争でわが身にふりかかったことについてお知らせする必要があると思いました。すなわち、軍勢多数とほかの王族たちも加えて、イッソス湾にいることを聞いて、山羊の大群を集め、その角にたいまつを結びつけ、夜の闇にまぎれて進軍しました。敵軍は遠方から松明を見て、未曾有の大軍が来たと思いこみ、そのため、恐慌状態になって敗北することになりました。このようにして彼らにたいして勝利を手にしました。その地には町を建設し、これにアイガイという名をつけました。イッソス湾にはさらに別の町を建設し、これにはアレクサンドレイアという名を付けました。

ダレイオスはひとり取りのこされ、とらえられたのですが、自分の部下の太守のために負傷を受けていました。わたしは彼のことでたいへんな苦しみを味わいました。というのは、王に勝ったとはいえ、殺してしまおうとは思っていませんでした。わが勢力下に置いておこうと考えていたのです。まだ息をしている彼を見つけると、自分の着ていた上着を脱いで、かけてやりました。このとき、ダレイオスの運命を例に見て、一寸先もわからない運命の糸を思い、彼の不幸を悲しく思いました。王にふさわしい葬いをしたあと、この地方のしきたりに従って、彼の陵墓を守る者たちの鼻や耳を切り取るように命じました。ダレイオスの暗殺者にはその陵墓ではりつけの刑を科してやりました。

そこから出発して、アレイオバルザスとマナザケスの王国を征服しました。また、メディア、アルメニア、エベシア[38]、ダレイオスの治めていた全ペルシアの領土を平定したのです[39]。

第三二節[40]

そこから案内人を連れて、大熊座の方向に砂漠のなかへと進んでいきました。だが案内人は、あの地方にはたくさんのけものがいるので出発をしないように勧めてきました。それでもわたしは彼らの言葉には注意を払わず、道を進みました。谷の多い土地へやってきました。そこにはまったく狭くて深い崖の切り立った道が続いていて、その道を八日間にわたって進みました。

あの土地では、いまだ見たこともないような新しい種の動物を目にしました。その地方を通りぬけると、別のもっとみじめな地にやってきました。アナパンダと呼ばれる木の森がありました。この木には見も知らぬ、おかしな果実がみのっていました。これは巨大なメロンほどの大きさのりんごでした。その森にはピュトイと呼ばれる人間も住んでいて、背丈二十四ペーキュス、首の長さ一ペーキュス半、同じように長い足をしています。その手と、肘までの腕はまるでのこぎりのようでした[41]。われわれのすがたを見ると軍に向かって攻めてきたときには、正気を失うほどでした。彼らのひとりをつかまえるように命じましたが、われわれのほうから大声をあげラッパを吹き鳴らすと、逃げていきました。そのうち三十二人を殺害しましたが、われわれの側は百人の者の命を失いました。木々の果実を食べながら、そこに滞在しました。

第三三節

そこを出発して緑の濃い地方へやってきました。そこには巨人に似た野蛮な人間が住んでいて、からだ全体が丸く、ライオンに似た火のように赤い顔でありました。彼ら以外にもオクリタイと呼ばれる別の人間もいて、頭にはまったく髪がなく、背丈は四ペーキュスほど、身幅は槍のように細いのです。われわれのほうを見るとこちらへ攻めかかってきます。ライオンの毛皮を身にまとい、きわめて力が強く、武器なしでも戦う気構えでした。われわれが彼らを攻めると、彼らは木の棒でわれわれのほうにとびかかってきた。味方の多数が倒れました。彼らに打ち負かされるのではないかと恐れて、森に火を放つように命じました。火を見ると、剛力無双の彼らでさえも逃げていきました。殺された仲間は百八十人でした。

翌日、彼らの洞窟へ出掛けようと思いました。そこの戸口にはライオンのような動物がつながれていました。さらに、そこでは、われわれの国の蛙のような大きさの蚤が跳ねていました。そこを退いて、豊富な泉の湧きでている地方に着き、そこに車をとめさせ、二カ月間とどまりました。

その地を出発して、メロパゴイ[42]〔りんご食人〕の地に着きました。全身毛深くおおわれた大柄な人間に出会いました。わが味方の者たちがみな恐怖に捕われたので、その大男をつかまえるように命じ、とらえてみると、彼はわれわれのほうを恐ろしそうに見るだけでした。はだかの女をひとりその者に近づけてみますと、女をつかむや、食ってしまおうとしたのです。兵士たちがかけよって女を引きはなそうとすると、自分だけの言葉でなにかぶつぶついっていました。他の仲間たちがこれを聞きつけるや、およそ一万もの数の人間が湿地から出てきて、われわれのほうに向かってきたのです。わが軍勢は四万いました。湿地に火を放つように命じると、彼らは火を見て、逃げていきました。追跡してそのうち三人を捕虜にしましたが、捕虜たちは食事に手をつけず、八日後には死んでしまいました。ただ犬のようにほえるだけで、彼らには人間のもつ知恵がなかったのです。

第三六節

そこを出ると、河にぶちあたりました。軍に野営を命じ、いつものように武装を解かせました。河には木があり、太陽の昇るとともに木は成長し、第六時まで続き、第七時からは萎縮しはじめ、最後にはまったく跡形も見えなくなってしまうのです。[43]この木は、ペルシアの没薬のような樹脂を出していて、そのかおりはたいへんに甘美でかぐわしいものでした。わたしは木を切り、スポンジで樹脂を採取するように命じたが、樹脂を集めていた者たちが目にみえない霊によって突然に鞭で打たれたのです。鞭打たれているときの音も聞いたし、背中に鞭が振りおろされるのも見たのですが、鞭をふるっている者のすがたは目には映りませんでした。すると声が響いてきて、木を切ったり樹脂を採取したりしないようにと、このようにいったのです。

『もしやめなければ、軍全体が言葉を失うであろう。』

そこでわたしは、畏れのあまり、兵士の誰彼に、木を切ること、樹脂を集めることを禁じることにしました。[44]

さらに黒い石が河にありました。この石に触れた者は石と同じように黒くなったのです。また河には蛇や魚がたくさんいて、ここの魚の調理には火ではなくて、冷たい泉の水が用いられます。すなわち、兵士のひとりが魚をつかまえてよく洗い、たらいに投げ込んでいたのですが、その魚がすでに煮られているのがわかりました。河には鳥もいて、われわれの国にいる鳥と同じですが、これにさわると、火が吹きでてきました。

第三七節

翌日、旅を続けているうちに、迷ってしまい、案内人がわたしに話したのです。

『アレクサンドロス王、どこに通じているのかわれわれにはわかりません。これよりひどい土地に迷いこまないように、引きかえそうではありませんか。』

だが、わたしには引きかえす気はありませんでした。[45] われわれはいろいろな生きものに出会いました。六本足、三つ目、五つ目の〔背丈〕十ペーキュスのものなど、その他多数の動物を目にしました。逃げてすがたを隠すものも、われわれのほうにむかってくるものもいました。その後、砂の多い地方へやってくると、そこには野生のろばに似た生きものがいました。二十ペーキュスの背丈であった。目は二つではなく、六つあったが、二つの目だけを使っていて、気性は激しくはなく、おとなしいものでした。このほかのたくさんの生きものが兵士たちの矢で倒れました。[46]

そこを出て、頭のない人間の住んでいる地方にやってきました。人間と同様に彼ら自身の言葉でしゃべっていて、毛深く、毛皮をまとい魚類を食しています。[47] 近くの海で漁をして、取れた魚をわれわれのもとに届けてくれたり、また他の者たちは、土のなかからそれぞれ二十五リトロンの重さの松露を取って、持ってきてくれたりしました。地面にはたくさんの巨大なあざらしがむらがっていました。われわれの仲間からはたびたび、引き返すよう勧められたが、わたしは大地の果てを見たいと思っていたので、その気にはなれませんでした。

第三八節

そこを出発してからは、海の方角へ向かって砂漠のなかを進みました。途中、空と大地のほかは鳥やけものはおろか、なにももはや見ることはできません。十日間にわたって暗い空ばかりを見て、太陽さえももう目にすることもありません[48]。海沿いのある土地にやってきて、そこにテントを張って宿営地を設け、長期にわたって滞在することになりました。あの海の中央に島があり、その地にあるものを調査したい気持ちになった。多数の小舟を用意させ、およそ千人の者が小舟に乗りこみ、陸地から遠く離れてはいないあの島に向かって帆走しました。その島では、ギリシア語でこのように話をしている人間の声が聞こえてきました。

ピリッポスの子よ、エジプトの落とし胤よ、
汝の名前には、将来雄々しくも汝の手によって
偉業が達成されるであろうことが示されている。
というのはアレクサンドロスと母から名付けられているのだから。
人間どもを追い詰め、王族たちをその城から
追い払う者として汝はまさに人間をアレクサ〔追い払う〕した。

しかしすぐに、エクサンドロス〔人間の数にはいらない者〕となるであろう。汝の名前の二番目の、ラムダと呼ばれる文字が満たされたときのこと。[49]

以上のような言葉を聞いたが、話している者のすがたは見えませんし、何人かの兵士たちが無思慮にも船から飛び込んで、島の様子を調べようと、泳いでいったのです。するとすぐに、蟹があらわれて彼らを水の下に引きずりこみ、殺してしまったのです。われわれは恐怖にかられて陸地のほうに引きかえすことになりました。

船からあがり海辺を歩いていると、水面から蟹がすがたをあらわし、地面の上をはっているのを見ました。その大きさは胸よろいほどで、前脚、はさみといわれている脚はそれぞれ一オルギュイアの長さです。蟹を見つけると、槍を取ってそれを殺すのに、たいそうな力を使いました。というのは、その甲羅には鉄のものでも跳ねかえったのです。槍はその前脚ではさみつぶされたりしました。これを殺し、なかを開いて見ると、甲羅のなかには、貴重な七個の真珠があった。いまだどんな者もこのような真珠を見たことはありませんでした。これを見たわたしは、近づきにくい海の底に真珠があるものと考え、大きな鉄製の檻を作らせ、檻には、一ペーキュス半の幅の大きなガラス製の壺をおきました。海底にもぐってそこになにがあるのかを知りたいと思い、壺の底には人間の手が出はいりできるだけの穴をあけさせました。さらに、壺の底の穴はその内側から閉じることができるように作らせたのです。こうすれば、底にもぐるとすぐに、その穴をあけ、そこから手を引き出し、近くの砂から、このような海底にあるものをつかむと、手をまた引っこめてただちにその穴をふさいでしまうことができます。このようなものをわたしは作らせ、さらに三百八オルギュイアの鎖を用意し、鎖の振動のないうちは自分を引きあげることのないように命じておきました。

『海底につくとすぐ、壺をゆさぶるから、そのときにわたしを引き上げてくれ』といった。

不可能なことをためして見ようと思って、これらすべてを整えてから、ガラスの壺にはいった。なかにはいると、すぐに、鉛のふたで入り口は閉じられた。百二十ペーキュスもぐると、魚が泳ぎまわるさいにその尻尾が檻に当たったのです。こうして鎖が揺れたために、わたしは引きあげられた。もう一度もぐったが同じ目にあった。

三度目には三百八ペーキュスの深さにもぐったが、多種多様な魚の群れが自分のまわりを泳いでいました。するとどうだろう、巨大な魚が檻ごとわたしを口にくわえ、一ミリオン〔マイル〕離れた陸地に運んでいったのです。船の上で三百六十人の兵士がわたしのもぐるのを見守っていたが、四艘の船もろとも全員が魚に引きずられてしまいました。[50]陸地に着くや、大魚はその歯で檻をかみつぶして浜辺に吐きすてました。わたしは恐怖のあまり生きた気もせず、青息吐息のありさまでした。倒れふし、恐ろしい生きものから命を守ってくれた天の摂理に感謝の祈りを捧げた次第です。そして自分に話しかけた。

『アレクサンドロス、不可能なことをためすようなことはやめるがよい。海の底を探ろうとして命を落としかねないぞ。』

ただちにあの地から軍を出発させ、さらに先の地へと行軍するように命令を与えました。

第三九節

また二日ほど進むと、太陽の照らない土地へやってきました[51]。そこは浄福者の地といわれているところでした。そこでわたしはその場所を調べて見ようと思って、自分の奴隷をつれて浄福者の住んでいる地を訪れることにしました。友人のカリステネス[52]の勧めによって、四十人の仲間、百人の奴隷、千二百人のもっとも信頼できる兵士を伴にしました。歩兵は老人と女たちといっしょにあとに残すことになりました。われわれの仲間には老人は加えないように言い渡して、すべて選り抜きの若者をつれてわたしは出発したのです。お節介やきの老人[53]がひとりいて、彼には二人の勇敢な息子がいました。息子たちはまたほんものの兵士でした。老人が息子たちにいった。

『息子たちよ、父親の話を聞いて、いっしょにわたしも連れていってくれないか。道中おまえたちの足手まといにはなるまい。いいか、困った場合には、アレクサンドロス王から老人を探してほしいといわれることもあるだろうからな。そのとき、もしおまえたちがわたしを連れていることになれば、きっとたいへんなお賞めにあずかるだろうよ。』

息子たちはこう答えた。

『お父さんね、王さまの命令に違反していることがわかると、遠征にも加えてもらえず、また命さえも失うかもしれないかと、王さまの厳しいお達しが怖いのですよ。』

すると老人はいった。

『では、さあ、わたしのひげを剃ってくれ、すがたを変えてくれ。おまえたちといっしょに軍のなかにまじって行くことにしよう。いざという場合にはおまえたちのために大いに役に立つだろうよ。』

こうして息子たちは父親にいいつけられたことを実行しました。

それから三日ほど進むと、霧の深い地帯にたどりつきました。その地は道もなく人の通った跡もなく、これ以上先に移動することもできないので、そこにテントを張ることになりました。翌日、千人の兵士をつれて、この地が世界の果てであるかどうかを調査するために、なかへはいったのです。左手の方角に向かい――というのはあの方向のほうがむしろ明るかったからですが――巨岩と断崖の連なるところを進んで半日ほど経っていました。このことを知ったのは、太陽の位置からではなくて、測量術にしたがって進んだ距離を測り、行程と時間とを知ったからです。これから先は人の通れないところなので、恐怖心も強くなって、このあと、元へ引きかえすことにしました。

さきの場所へ出てくると、右手の方面へ進入しようと思いました。こちらは、まったく平坦な平地であったが、陰々とした漆黒の闇が広がっていました。闇のなかをしかも長い道中進むことによって馬が群れを離れてしまい、われわれがもとの場所にもどれなくなるのではないかと恐れて、若者たちのだれもがあの方面には足を踏みいれないようにと忠告したので、わたしはどうしようかと手をこまねいていたのです。そこでわたしは彼らにいった。

『いくさでは勇敢な諸君、分別と才知がなければ勇気というものはまったく意味がないことを、いまこそよくわかったはずだ。というのは、年寄りがひとりでもいれば、どのようにしてこの暗黒の世界にはいってゆくべきであるかを、われわれは相談できたのだが。だが、ここから野営地までもどって、年寄りを連れてくるような、勇気のある者は諸君のなかでだれかいるであろうか。その者には黄金十リトロンを与えようぞ。』

長い道中とあたり一面の薄暗さのせいでこれを実行しようとする者はどこにもいません。

あの老人の二人の息子がわたしにいったのです。

『殿、我慢して聞いてくださるなら、お話し申しあげたいことがございます。』

『話したいことがあるなら、いうがよい。天の摂理にかけて、おまえたちには害は加えないぞ』といってやりました。

すると二人はすぐに、自分たちの父親のこと、どのようにして父をともなってきたかを説明し、急ぎ父親を連れてきました。老人のすがたを認めてわたしは挨拶し、われわれに知恵を授けてくれるように頼んだ。すると老人はいった。
『アレクサンドロス王、この地にはいるのに馬を連れていなければ、もうけっして光を見ることのないことは、きっとご存じのはずだと思います。そこで仔馬をつれた雌馬を選びだしてください。仔馬のほうはここに置いておいて、雌馬を連れだして進入してください。[54]そうすれば、仔馬を探す母馬のおかげで、あなたがたはきっともどってくることができましょう。』

全軍のなかを探しまわったが、仔のいる母馬は百頭いただけです。老人の忠告にならって、これらの母馬とさらに選り抜きの別の百頭、また同様に食糧を運ぶさらに別の百頭を率いて、なかへ向かいました。仔馬のほうはそのまま外へおいたままです。

老人は息子たちに、その地に進入したあとは、その地にあるものを採集してこれを袋のなかにしまっておくように指示を与えていました。三百六十人の兵士からなる一団で、百六十人の歩兵を先遣隊として送りだしました。こうしておよそ十五スコイノス[55]の行程を進んだときに、透明にかがやく泉のある場所を見つけたのです。そのほかにもたくさんの泉がありましたが、その泉の水だけは稲光のように光を放っていました。そのあたりの空気はまた芳香につつまれていて、まったくの闇の世界ではなかったのです。

わたしは空腹を感じて食物を口にしたいと思い、アンドレアスという名の料理人を呼んで、命じた。

『われわれに食事の用意をせよ。』

すると彼は乾し魚を手にして、透明な水の泉へいってこの食べ物を洗った。水に浸すやいなや、この乾し魚が生きかえり、料理人の手もとから逃げていったのです。彼はびっくりしたあまり、そのできごとを報告しませんでした。しかし彼本人はそこの水をすくって飲み、銀製の容器に貯えていたのです。この場所全体が水の豊富なところでしたので、われわれほかのすべての者はこれとは別の泉の水を飲んだのでした。わたしの料理人にできたのに、生命ないものにいのちを与えるあの不死の泉から水を、このわたしが口にすることができなかったとは、なんというわたしの不幸でありましょうか。[56]

第四〇節

食事を済ませたあと、二百三十スコイノスばかり行進しましたが、そのあいだ、太陽や月や星も見えないのに光だけはありました。二羽の鳥が飛んで来るのが見えました。これは人間の顔をした鳥で、ギリシア語でつぎのように話したのです。[57]

『アレクサンドロス、神だけに許されるこの国になぜ足を踏みいれるのか。あわれな者よ、引き返せ。浄福者の島はおまえの来るところではない。人間よ、引き返して、おまえに与えられた土地のうえを歩むがよい。自分の身に苦労を背負わないがよい。』

体にふるえが来て、鳥がわたしに指示した言葉にそのまましたがうことにしました。

また別の鳥がギリシア語で話しました。

『東方の世界がおまえに呼びかけている。ポロスの王国は汝の勝利によって軍門にくだるであろう。』

鳥はこういって飛びさりました。わたしは祈りをささげ、母馬を先頭に走らせこれを案内人として、大熊座の示す方向に二十二日にわたって道をとってかえし、仔馬のいななくもとの場所へもどりました[58]。

多数の兵士たちは各人自分の見つけたものを持ち帰りましたが、とくにあの老人の二人の息子は父親の言いつけ通りに袋をいっぱいにしていました。

第四一節

われわれが光の世界にもどると、持ち帰ったものがまじりけのない金塊やたいへんな価値のある真珠であることがわかり、これを見て、もっとたくさん持って帰らなかったことを、持ち帰った者は後悔し、持ち帰らなかった者は持って帰らなかったことを後悔していました。このような忠告を与えた老人にわれわれ全員が高く称賛の声をあげました。

帰還のあと、料理人が泉でその身に起こったことを説明したのです。わたしはこれを聞いて苦痛にさいなまれる思いでした。この男をひどく懲らしめることにしました。だがわたしはこのように自分にいい聞かせました。

『アレクサンドロス、済んでしまったことを悔やんで、いったいなんの役に立つのか。』

わたしは料理人がそこの水を飲んだことも、また水を保管していることも知りませんでした。乾し魚が生き返ったことしか報告しなかったのですから。わたしには名前がウナという側女とのあいだにカレという娘が生まれましたが、あの男はこの娘に近づき、不死の水を与えると約束して、娘をたぶらかしたのです。彼は実際に実行した。これを知って――本当のことを話すのだが――二人が不死になったことをねたましく思いました。娘を呼んでいってやりました。

『荷物をまとめてわたしの目の届かないところに行きなさい。おまえは不死の身の霊となったのだからね。水〔ネロ〕から不死性を帯びたのだから、ネライダと呼ばれることになろう。』

娘は泣き悲しみながら、孤独な場所で霊たちとともに住むために、わたしの前からすがたを消しました。

料理人には首に臼石を結びつけ海に投げ捨てるように命じました。海中に投げられて霊となって、アンドレアスという名で呼ばれている海の一隅で住みつくことになったのです。料理人とわたしの娘のことは以上の通りであります。

これらすべてのことから、わたしはここが世界の果てであると考え、そこであの地帯に大きなアーチを建て、つぎのような文字を刻ませました。

『浄福者の国にはいらんと思う者は、滅びることのないように、右手を進むべし。』

本当にここが世界の果てであるのか、ここで天は大地のほうに傾いているのかと、もう一度、わたしは自分の心に向かってたずね、思いめぐらした。真実のすがたを調べあかそうと願った。あの土地にいた鳥二羽をつかまえさせた。巨大な白い鳥で、力が強いのですが気性はおとなしかったのです。われわれを見ても逃げようとはしません。数人の兵士が鳥の首にまたがると、兵士たちを乗せたまま飛びたってしまいました。動物の死骸を常食としていたので、死んだ馬を探してはこの種の鳥がたくさんの群をなしてわれわれのもとに集まっていたのです。そのうち二羽を捕らえて三日のあいだ肉を与えないでおきました。三日目に、くびきに似た木組を作らせこれを鳥の首にゆわえつけ、そのあとすぐに、ざるに似た牛皮の籠を用意させました。わたしは、長さ七ペーキュスほどの、先端に馬の肝をつけた槍を手にしてこの籠に乗りこんだ。鳥は肝を食べようと、たちまち飛びたちました。わたしも鳥といっしょに空中高く舞いあがり、天の近くまで届いたと思うほどでした。しかし、鳥のつばさのはばたきのせいで空気があまりに冷えて、ぶるぶるとふるえていました。

こうしていると、人間のすがたをした鳥が目の前にあらわれ、わたしにこのように話しかけてきました。

『アレクサンドロス、地上にあるものを手にいれてもいないのに、天上のものを得ようとするのか。すみやかに大地にもどるがよい。さもないと、ここにいる鳥の餌食となってしまうぞ。』

さらにまたわたしにいいました。

『アレクサンドロス、眼下の世界を見よ。』

おそるおそる下を見ると、どうでしょう、巨大な蛇がとぐろを巻き、その大蛇の中央にちっぽけな、平土間のようなものが見えました。すると相手の鳥人間がいいました。

『あそこの平土間の部分に槍を向けよ。あれが世界なのだ。大蛇は大地を囲んでいる海なのだ[59]。』

天の摂理の意志により引きかえし、わが軍のいるところからちょうど七日間の行程の距離を離れた地点に舞いおりました。そこでわたしの指揮下にいる太守に出会い、彼から三百の騎兵を分けてもらい、わが陣地にもどったのです。もはや不可能なことはけっして試みないと心を決めました。では、ご機嫌よう。」

第三巻

第一節

このあと、アレクサンドロスは軍勢を率いて、インドの王ポロスのもとへ行軍した。広大な砂漠や、水の乏しい、ごつごつした岩だらけの土地を進むさいに、軍の指揮官たちは兵士に向かってこのようにいった。

「ペルシアの王ダレイオスがギリシア人に貢税を求めたので、ペルシアまで戦争をしかけることになった。ダレイオスを屈伏させるだけでわれわれには十分であったのだ。しかし、ギリシアとは似ても似つかない、恐ろしいけものの住むインドの地方へ、なぜ苦労して、行くことがあろうか。アレクサンドロスが自分の野望をもってあくまで戦う気持ちでいるのなら、そして異国の人間たちを征服するつもりでいるのなら、われわれが彼についてゆく理由などどこにあろうか。彼がひとりで出ていって戦うがよいのだ。[1]」

アレクサンドロスはこれを聞くや、ペルシアの軍勢を、マケドニアとそれ以外のギリシアの軍勢から分けた上で、マケドニアとギリシアの者にこのようにいった。

「わが同胞の諸君、わが同盟を結んだ諸君、マケドニアの兵士ならびに、ギリシア軍を指揮するすべての将たちよ、――というのは、あのペルシア軍はわたしと諸君の敵であるからだが――いままたなぜぶつぶつ不平を言っているのか。わたしひとりで戦争に出かけ、異国の者と戦うようにと、諸君は要求した。だが、あのときの戦闘でも勝利を得たのはすべてわたしひとりの力であったことを思い出してほしい。あのように、また自分の望むだけのペルシア兵を率いて、ひとりで勝利の味を楽しむことにしよう。ダレイオスの無数の軍勢を見て諸君みんながすでにおじ気づいていたときに、諸君の心を戦争へと駆りたてたのは、ただわたしひとりの意志であった。これらの戦争では軍の先頭に立って戦ったのはわたしではないか。自分自身の使者となってダレイオスを訪問したのではなかったか。危険に身をさらすことを避けたことがあったであろうか。よろしい、心を決めるがよい、諸君だけでマケドニアへ帰って、我が身の安全を守るがよい。そしておたがいに、仲間割れを起こしたりして、王たる者の思慮分別がなければ軍はまったくの無能であることを思い知ることのないように気をつけてもらいたい。」

このようにアレクサンドロスがいうと、兵士たちは、怒りを解いて、自分たちを最後までいっしょに連れていってくれるように、彼に頼んだのであった。

第二節

こうして、全軍を引きつれて、インドの国境に到着すると、インド王ポロスから派遣された者が手紙を持参して、アレクサンドロスに会見し、ポロスの手紙を渡した。これを受けとると、軍に向かってつぎのような内容のものを読みあげた。

「インド王ポロスより、町々を掠奪するアレクサンドロスへ。軍を引きあげるように命令する。人間の身で神にたいしてなにができるというのか。わたしより戦闘では力が劣るくせに、自分が上だと思いこんでいるようだが、なぜ、自分の仲間たちにわざわいをもたらそうとするのか。たしかにわたしは常勝の身だ。人間たちの王であるばかりではない、[神々]の王でもある。神と呼ばれているあのディオニュソスを味方に持ち、汝をおびやかしているのだ。[2] だから、忠告するだけではない、すぐにでもギリシアの地へ引きかえすように命じる。汝のおこなったダレイオスとの戦闘やほかの民族との戦闘などわたしはこわがりはしない。それらの戦争ではすべて彼らの臆病さのせいで運に恵まれていただけなのだ。力にすぐれているとただ思われているだけの人間にすぎないのだから。だからギリシアへ帰るがよい。というのは、われわれにギリシアを望む気持ちがあるならば、クセルクセスより前にインド人がギリシアを征服したであろう。だが実際は、ギリシア人はなんの役にも立たない民族でもあり、彼らには、王の目にとまるような価値のあるものはなにもない国であるから、われわれは注目もしないできたのである。というのは、だれでもよりよいものを手にいれようと望むからである。」

このように、アレクサンドロスは軍の前でおおやけにポロスの手紙を読みあげたあとで、兵士たちにつぎのようにいった。

「わが同僚の兵士諸君、読み上げたポロスの手紙を聞いてまたも困惑することのないようにしてもらいたい。ダレイオスの書いてきたことも思いおこしてほしい。というのは、真実、鈍感というものが、異国の者に残っているただひとつの感覚であるから。つまり、彼らのところにいるけもの、たとえば、虎やライオンや象が、おのれに備わっているすぐれた力に慢心するあまり、たやすく人間の生まれついた能力に屈するように、異国の者たちの王もまた、兵の数の大きさに慢心して、簡単にギリシア人の知恵の前に征服されるのである。」

アレクサンドロスは軍の兵士たちの士気を高めるために、このような意見を述べたあとで、つぎのような返事をポロスに書いた。

「アレクサンドロス王よりポロス王に一筆啓上。ギリシアには王の目にとまるような価値のあるものはなにもないと言い、他方インドの諸君には都市や国土がすべて備わっていると述べていることから見て、われわれとしては、貴下と戦いを交えたいという気持ちがますます強大になったのである。人間だれしも、劣ったものをではなくて、よりすぐれたものを手にいれたいと願うものであることはよくわきまえている。そこでギリシアにはそういうものがなくて、異国の諸君はそれらを所有しているのであるから、われわれはよりすぐれたものを願うあまりに、それらを諸君から手に入れようと望んでいる次第である。貴下の手紙では、自分が神々の王でもあり、あらゆる人間の王でもあるがゆえに、神よりも強大な力を持っていると書いてある。だがわたしが戦いをしかけるのは、大言壮語する人間で、しかも異国の者にであって、けっして神にではない。というのは、全世界をあわせたといえども、雷鳴のとどろき、稲妻の閃光あるいは雷火の炸裂といった神の武器にはかなわないのだから。とにかく相手にして戦ったもろもろの民族にわたしがひるむことはなかったし——また同様に、貴下の愚かな放言にたじろぐことはないのだ。」

第三節

ポロスはアレクサンドロスの手紙を受け取りこれを読むと、はげしい興奮を覚えた。ただちに異国の者からなる軍を召集し、インドの軍とともに戦っていた象やその他多くの動物を集めさせた。マケドニア軍とペルシア軍とがおたがい接近したとき、アレクサンドロスはポロスの軍の陣容を見て、その規模の大きさには驚かなかったが、動物の数には恐れをなした。すなわち、動物たちの異様な集団を見て、びっくりしたのである。というのは、人間を相手に戦うのにはなれていたが、動物を相手には戦ったことがなかったからである。

そこでまた、アレクサンドロスは自分自身の使者となって、食糧を買い出しに行く兵士の格好をしてポロスの住む町へ出かけた。インドのひとびとは、彼を見て、すぐにポロス王のもとに案内した。ポロスは彼にいった。

「アレクサンドロスの様子はどうか。」

彼は答えた。

「元気にしています。ポロス王のような人に会いたがっています。」

ポロス王はアレクサンドロスを外に連れ出して、たくさんの動物を彼に見せて、いった。

「帰ったらアレクサンドロスに、『わたしはおまえと似たようなけものを、おまえとの戦争に率いて行くつもりだ』と伝えるがよい。」

するとアレクサンドロスは答えた。

「ポロス王、わたしがアレクサンドロス王のもとに帰るまえに、彼自身でもう、あなたからいわれたことを聞いていますよ。」

ポロスはいった。

「だれから」

彼は答えた。

「ポロス王からです。神の子ですから、言われたことを知らないことはないのです。」

そうしてポロスは彼に贈り物を与えて帰してやった。

アレクサンドロスはポロスのもとを去るときに、戦闘用の動物たちの配置されている様子を観察し、自分の脳髄を絞って、さまざまな案を練ったのであるが、知恵に富む彼は、いったいなにをしたのであろうか。所有していたすべての青銅像と、戦利品として手に入れた兵士たちの武具類を、青銅が赤熱するまで注意してあたためるように命じた。そしてこれらを、戦闘用に敷かれた陣形の前に、壁のように立てさせた。戦いの合図の笛が響いた。ポロスはただちに動物を解きはなつように命令した。けものたちは突進してきて、青銅像に跳びかかり、食らいついた。がすぐに、その顎をやけどしたので、もはやどんなものにも触れようとはしなかった。このようにして、頭のよいアレクサンドロスはけものの突撃を食い止めたのである。ペルシア兵がインド軍を圧倒し、馬上から弓を射ながら敵を追いつめていった。これは、殺す者、殺された者の無数に出た激戦であった。アレクサンドロスの馬ブケパロスが疲労のあまり倒れたこと[3]もあってアレクサンドロスは戦闘には加わらなかったのであるが、兵士たちは二十日間、おたがいに戦闘を続けていた。こうしてアレクサンドロスの軍は恐慌状態に陥っておたがいをみすてるようなことになった。[4]

第四節

アレクサンドロスは敗北を喫することになりそうなのに気がつくと、戦闘を中止するように命令して、ポロス王につぎのような言葉を伝えた。

「われわれ両人のあいだでどちらが勝利を得るかを決めるために、その兵を全滅させる結果になるのは、王の権威の欲するところではない。勝利を決しようとして、戦闘をやめて、一騎討ちをするならば、これこそが、われわれ各々の勇敢さを計るものとなろう。」

ポロスはアレクサンドロスの体格が自分に比べて不似合いなほどに小さいのを見て、これを喜び、アレクサンドロスとの一騎討ちを約束した。ポロスは五ペーキュス、アレクサンドロスは三ペーキュスにも足りなかったのである。[5]ポロスとアレクサンドロスを見ようとして、双方の兵士たちがまわりを囲んだ。ポロス王の軍勢のなかで突然に大きな音がした。すると、ポロスはびっくりして、なんの音かを見ようとして背後に振りむいた。アレクサンドロスはポロスの両脚を払うと、彼にとびかかり、その剣を脇腹につき立てた。こうしてそのままインド王ポロスの命を奪ったのである。[6]

そこで、双方の軍勢はおたがいに戦闘を再開した。だがアレクサンドロスはインド軍に向かっていった。

「あわれなインド兵よ、諸君の王が倒れたいま、だれを相手に戦いを続けるのか。」

[すると彼らは答えた]。「捕虜にならないように戦っているのだ。」

アレクサンドロスは彼らに答えた。

「戦闘をやめるがよい。自由な者として、諸君の町にもどるがよい。というのは、わが軍にあえて攻撃をしかけてきたのは諸君ではなくて、ポロスであったからだ。」

彼がこのことをいったのは、自分の軍がインド兵の軍には立ちむかうことができないと判断したからである。

ただちに、ポロス王を王者にふさわしく埋葬するように命じた。宮殿からあらゆる財宝を奪った。それから、ひとびとのあいだで、戦士としてではなく、粗末な小屋や洞窟のなかで生活している、はだかの哲学者と見られていたブラグマネス〔ブラーマン〕、つまりオクシュドルケス族のもとへ行軍した。[7]

第五節

ブラグマネスは自分たちのところへアレクサンドロス王がやってくると聞いて、自分たちのなかでもっともすぐれた哲学者を手紙をそえて彼のもとへ送った。アレクサンドロスはこれを受け取り、読んでみると、その内容はつぎのようであった。

「われわれはだかの哲学者が人間アレクサンドロスに挨拶を送る。もし貴下がわれわれのもとへ、戦争をしにくるのであれば、それは無益なことであろう。というのは、われわれからはなにも手にいれることはないであろうから。〔だが、もしわれわれの持っているものを手にいれたいと望んでいるのなら、〕これに戦争などの必要はない。ただ頼みさえすればよい。しかもわれわれにではなく、天の摂理に向かって頼むがよい。われわれがいかなる人間であるかを知ろうとするのなら、われわれは、哲学するのをならいとして、はだかで生活する人間である。自分自身の意志からそうなったのではなく、天の摂理によってこのように作られたのである。貴下には戦争が天職であり、われわれには哲学が仕事である。」

アレクサンドロス王はこれを読むと、平和裡に彼らのもとへ行進した。大きな森と、たくさんの、美しい、あらゆる種類の果実の実った木々を目にした。彼らの土地をひとつの河が囲んでいて、その河の水は透明で、ミルクのように白く輝いていた。実をいっぱい付けた椰子の木があたり一面に植えられていた。あまりに強く食欲をそそる何千という見事な房の実ったぶどう園が広がっていた。彼らがなにも身にまとわず、小屋や洞窟のなかに住まいしている様子をまのあたりにした。彼らからはるか離れたところに、妻や子供たちが牛や羊の世話をしているのが見えた。

第六節

アレクサンドロスは彼らに質問した。

「君たちにはお墓はないのか。」

すると彼らは答えた。

「われわれの住んでいるこの土地がわれわれの墓でもある。つまり、墓のなかにはいって眠るように、われわれはこの大地の上に横になるのだ。大地からわれわれは生まれ、大地によって養われ、そして、死んだあとは、大地の下で永遠の眠りにつくのである。」

アレクサンドロスはそのひとりにたずねた。

「生者と死者は、どちらのほうが多数であろうか。」

するると彼らは答えた。

「死んだ者のほうが多いが、彼らはもはやいない存在であるから、数えあげることができない。というのは、目に見えるもののほうが、目に見えない（存在しない）ものよりも多数なのだから。」

さらに別の質問をした。

「死と生のうちでどちらが強力であろうか。」

彼らは答えた。

「生のほうだ。太陽は日の出には輝く光を放つが、沈むときは弱々しく見えるから。」

さらにたずねた。

「陸地と海は、どちらが大きいのであろうか。」

「陸地だ。海自体がまた、陸地に囲まれているから」と答えた。

別の質問をした。

「あらゆる生きもののなかでもっとも狡猾なものはなんであろうか。」

「人間」と答えた。

「どうして」とアレクサンドロスはいった。

「自分自身にこのことをたずねてみるがよい。動物の仲間である君自身が、ほかの動物のいのちを奪うために、どれだけの動物を引きつれているかを見るがよい」と答えた。

アレクサンドロスは腹をたてるかわりに、すこし笑った。つぎに別の質問をした。

「王権とはなにか。」

「貪欲を満たすためにおこなわれる不正な力であり、チャンスに守られた理不尽な行動であり、黄金を積んだ重荷である」と答えた。

彼はまたたずねた。

「夜と昼のうちで、どちらが先に生まれたのか。」

「夜だ。生まれいずるものはすべて、母の胎内の闇のなかで成長し、そのあとで、光を手にいれるべく、昼の明かりのなかへ生み出されるのだから」と彼らは答えた。

さらに質問した。

「右と左は、どちらの側がすぐれているのだろうか。」

「右だ。太陽みずからも、天の右手に登り、左手の方向に回転するからである。女は最初は右の乳房から赤ん坊の口に含ませる」と答えた。

アレクサンドロスはそれから彼らに質問した。

「君たちのところには支配者はいるのか。」

「ここにはひとりの指導者がいる」と答えた。

「その人に会いたいのだが」と彼はいった。[8]

彼らはアレクサンドロスに、地面に横になっているダンダミスを指さして教えた。地面にはたくさんの木の葉が敷きつめられ、彼のまえにはメロンその他のくだものが置かれていた。アレクサンドロスは彼を見て挨拶した。彼もまたアレクサンドロスに、「ご機嫌よう」と言ったが、立ち上がりもせず、アレクサンドロスには王にふさわしい敬意を示さなかった。

アレクサンドロスは「彼らには所有物があるのか」と、その男にたずねた。

すると彼はこのように答えた。

「われわれの所有物は、大地、実りをもたらす樹木、日の光、太陽、月、星辰そして水である。われわれは空腹となると、実のたわわに実った樹木のところへ行き、自然に成熟した果実を食べる。当地の樹木はすべて月の満ちていくときに実りを生み出してくれる。またエウプラテスという名の大きな河もわれわれのものだ。喉のかわいたときには、その河へ行って水を飲み、元気を取りもどすことになる。またわれわれにはそれぞれ自分自身の妻がいる。月の満ちるときに、それぞれが妻を訪ねて、子供が二人生まれるまで、妻と交わるのである。その内のひとりは父と、ひとりは母とわれわれはみなしている。」

アレクサンドロスはこれを聞いてみなにいった。

「欲しいものがあれば、いうがよい。おまえたちに欲しいものを与えよう。」

彼らは全員大きな声で叫んだ。

「われわれに不死を与えてくれ。」

だがアレクサンドロスは答えた。

「わたしにもこれだけはなすすべがない。自分もまた死すべき人間なのだ。」

「それでは、死すべき人間でありながら、なぜ、そんなにしばしば戦争をするのか。すべてを持ち去り、どこかへ運ぶためであろうか。そういう君もまた、それらのものを他人に残すことになりはしないだろうか」と彼らはいった。

するとアレクサンドロスは答えた。

「これだけは天の摂理に支配されていて、結局、われわれは天の神々の意志に仕える奴隷であり召使となっているのだ。風が吹かなければ、海も動かない。空気のそよぎがなければ、木々もなびくことはない。天の摂理がなければ、人間も活動できない。わたしも、戦争をやめたいと思っているが、わが魂の主がこれを許してくれない。というのは、われわれ皆が同じ心であるならば、世界は鈍重なものとなるであろう。海は航海もできず、大地も耕作されず、婚姻もおこなわれず、子供の生まれることもなかったであろう。わたしの起こした戦争で、どれだけの者が自分のものを失って不幸になっていったか。しかし、だれでも人間は他人のものを使って幸福をつかむのだ。というのは、人間それぞれがそれぞれの者の持っているものを手にいれてこれを別の者に渡していくもの、いかなる者にも自分のものというものはないのだから。」

アレクサンドロスはこういうとダンダミスに黄金とパンとワインとオリーブ油を差しだした。

「御老人、われわれの思い出にこれを受けとってもらいたい。」

するとダンダミスは笑いながら、いった。

「われわれにはこのようなものはなんの役にも立たないが、とにかく、われわれが思いあがっていると思われないように、オリーブ油を君からいただいておこう。」

こういうと彼は薪の束を作ると、これに火をつけ、アレクサンドロスの目の前で、オリーブ油を火に注いだのであった。

第一七節

このあと、アレクサンドロスは彼らのもとを辞去し、本来の街道にもどった。この道はポロスが治めていたインド地方の首都であると思われているプラシアケ[9]に通じていた。ポロスの部下の者たち全員がアレクサンドロスを迎えた。彼はその地のすべてを本来あるべき形に整えると、インドの者たちは自分のほうから望んで、彼のまわりに集まり臣下の礼をとった。ある者たちはアレクサンドロスにつぎのようにいった。

「偉大なる王よ、閣下は不思議な町や王国を、あるいは、生命ある者たちのいかなる王といえどもかつて足を踏みいれたことのない山々を手にいれるでありましょう。」

　賢者たちのある者たちはアレクサンドロスを訪ねて、いった。

「王よ、ご覧になるにふさわしい奇妙なものをお見せいたしましょう。人間の言葉を使って話をする木があります。」

　こういって、アレクサンドロスを、太陽と月を祭った神域のある場所へ案内した。それらの木の植えられているところには垣がめぐらされ、糸杉に似た木が二本立っていた。[10] 二本の木のまわりには、エジプトでミュロバラノスと呼ばれている木とその実に似たような木々が植えられていた。庭の中央にある二本の木のうち、一本は男性の声で、一本は女性の声でものをいうのであった。男の木の名は「太陽」であり、女の木の名は「月」であった。その地の言葉でムテアマトイ[11]といわれていた。二本の木にはあらゆる種類のけものの皮が、男の木には動物の雄のものが、女の木には雌のものがまといかけられていた。彼らのところには、鉄も、青銅も錫もなく、さらに、壺づくりのための粘土もなかった。木を蔽っている毛皮の動物はなにかとアレクサンドロスがたずねると、ライオンとヒョウの毛皮であると答えた。

　これらの木のことをアレクサンドロスはさらに知りたいと思ってたずねると、ひとびとは答えた。

「太陽が昇るときの明け方と、太陽が天の中央に来たときと、日が沈もうとするときの、三度にわたって木から声が響いて来ます。月の木についても同じことです。」

神官と思われる者たちがアレクサンドロスに近づいて来ていった。

「身を清めて内におはいりなさい。祈ると神託が与えられるでしょう」といった。

さらにつづけて、

「アレクサンドロス王よ、神域にはいるのに、剣は似つかわしくありません」といった。

そこでアレクサンドロスは、神域を囲む垣の外に剣をおいてくるように命令した。アレクサンドロスのあとについてそれ相当の者たちがなかにはいった。神域のまわりをよく調べるように命じた。そうして、自分に従うインド兵の幾人かを呼びよせて、彼らに通訳をさせることにした。

「もしも太陽が沈むときに、神託の声を聞くことがなければ、おまえたちを生きたまま焼き殺すことにする[12]」と彼らに誓約させた。

ちょうどそのとき、日没になった。木からインド人の言葉が発せられた。アレクサンドロスの近くにいたインド人は、恐れて、通訳しようとはしなかった。アレクサンドロスはこれに気がつくと、彼らをひとりひとり脇へ連れて行った。すると彼らは彼の耳につぎのようなことをいった。

「アレクサンドロス王よ、すぐにも、身内の者の手でいのちを失うことになる。」

まわりにいた者たちはみんなびっくりしてしまったが、アレクサンドロスは、もう一度神託をうかがおうとした。自分の将来のことを聞いて、なかにはいった。自分の母のオリュンピアスに会いたいと願った。すると月の出のころに、その木がギリシア語でつぎのように話した。

「アレクサンドロス王よ、おまえはバビュロンで死ぬことになっている。身内の者の手で殺されるであろう。そして母オリュンピアスのもとに帰っていくことはできないであろう。」

アレクサンドロスはおどろいた。これらの木にたいへんに立派な冠を捧げようと思った。すると神官たちはいった。

「このようなことは許されないことです。だが無理にでも実行なさるのならば、どうぞお好きなようになさいませ。王さまには、法に書かれていなくてもどんなことも法律となりますから。[13]」

アレクサンドロスは気持ちも沈んでいたが、夜明け前に起き上がり、神官たち、仲間たち、さらにインド人を連れて、もう一度、神域のなかにはいった。祈りを終えると、神官とともに木のそばに行き、自分の手をその木にあてがって、はたして自分の寿命はつきているのかと、知りたいと思っていたことをたずねた。日が昇り、木のいただきに日の光が射しはじめると、言葉のようなものが発せられて、つぎのようにはっきりと語った。

「おまえの寿命は尽きてしまっている。母親のオリュンピアスのもとへ帰ることはできない。バビュロンで死ななければならない。それからしばらくしたあとで、おまえの母も妻も身内の者の手にかかってみじめな死に方をしなければならないのだ[14]。このことについてはもうこれ以上知ろうとはしないがよい。もうなにも聞くことはないであろう。」

アレクサンドロスはこれを聞いて悲しくなった。そこを出ると、インドから兵を動かしてペルシアに到着した。

第一八節[15]

世間の評判になっていたので、セミラミス[16]の宮殿を見る気になった。あの地全土を支配していたのは、中年にはなっていたが、美しい魅力に溢れたひとりの女性であった。そこでアレクサンドロスはつぎのような内容の手紙を彼女に送った。

「アレクサンドロス王より、ベロエの女王[17]カンダケと女王に仕える諸侯にご挨拶を。エジプトに旅行していたとき、そこの神官たちからご当地の住まいと墳墓のことを聞いた。またしばらくのあいだエジプトを治めていたのはあなた方であることも聞いた。そのためにお手紙を送ったのである。そこで十分に御相談の上で、よいと思われることについてわれわれに返事をいただきたい。御健勝を祈る。」

カンダケはつぎのように返事を認めた。

「ベロエの女王カンダケとすべての諸侯よりアレクサンドロス王へご挨拶を。われわれの皮膚の色を見て馬鹿にしないように。われわれは魂の点では、お国のなかでもっとも色白である者よりももっと明るく輝いているからである。攻め寄せて来た者にたいしてわざわいを加えることのできる、数にして八十のスキュタロイ——軍勢——がそろっている。だが、われわれから派遣された使節がお届けするのは、以下のものである。金塊の延べ棒百本、エティオピアの少年五百名、スピンクス二百頭、エメラルドをちりばめた、黄金千リトロン〔ポンド〕の王冠、糸を通していない真珠の〔封印された〕飾り十本、象牙製の小箱八十、そして、当地に住むさまざまな種類の動物、たとえば、象五頭、飼いならされたヒョウ十頭、檻にいれた、人間を食う犬三十四、闘牛用の牛三十頭、そのほかに、象牙三百本、ヒョウの毛皮三百枚、黒檀の杖三千本。すぐに、これらのものを受けとりに、当地へ配下の者をつかわしていただきたい。全世界の支配者となったのならば、ご自分のことについてもお知らせいただきたい。ご健勝を祈る。」

第一九節

アレクサンドロスは女王カンダケの手紙を受けとりこれを読むと、贈り物を受けるためにエジプト人クレオメネス[18]を派遣した。カンダケはアレクサンドロスについて、どのようにして、これほどの王族たちを征服するようになったのかを聞いていたので、部下のひとりであるギリシア人の画家を呼んで、アレクサンドロスのもとへ出かけ、気どられないようにそのすがたを見て、その似顔絵を描いてくるように前もって命じていた。画家は命令されたとおりに実行し、カンダケはアレクサンドロスの似顔絵を受けとると、これを秘密の場所に隠していた。

数日後、カンダウレス[19]という名前のカンダケの息子がわずかの騎兵をつれて旅をしていたときに、ベブリュケス族の王から攻撃を受けた。カンダケの息子カンダウレスは攻撃を避けてアレクサンドロスの陣屋に逃げ込んだ。衛兵が彼をとらえ、ソテル[20]と呼ばれていて、アレクサンドロスの王国のなかで第二の地位を占めていたプトレマイオスのもとに連行した。このときアレクサンドロス王は眠っていたのである。プトレマイオスが彼を尋問した。

「おまえとその従者はだれか。」

「女王カンダケの息子である」と彼は答えた。

「なんのためにこの地へやって来たのか」とプトレマイオスはたずねた。

すると彼は答えた。

「わが妻とわずかの供の者を連れて、アマゾネス族のもとで一年のあいだの秘祭を勤めようと旅に出ている者である。ベブリュケス人の王はわたしの妻を見るや、大軍を率いて攻めて来て、妻を奪い、わが配下の者も大半が殺された。強力な軍を用意した上でベブリュケス人の土地を劫略するために、わが家に引きかえすところである。」

プトレマイオスはこれを聞くと、アレクサンドロスのもとに行き、彼を起こし、カンダケの息子から聞いた話を説明した。アレクサンドロスは話を聞くやすぐに、起きあがり、自分の王冠をとると、プトレマイオスにこれをかぶせ自分のマントを彼に着せて、こういった。

「おまえ自身がアレクサンドロスであるかのように、玉座にすわり、書記の者にこのようにいうがよい。『わが親衛隊の長であるアンティゴノス[21]をここへ呼べ』と。わたしが出ていくと、いま話したことを説明し、『このことについてどのように考えるべきであろうか。よい意見を言ってくれ』とわたしに相談するがよい。」

そうしてプトレマイオスは王の衣装を着て、玉座にすわった。兵士たちはこれを見て、「アレクサンドロスはまたまたなにをしようと考えているのだろうか」と不審に思った。カンダケの息子は王の衣装を着ているプトレマイオスを見て、自分の殺害を命令するのではないかと不安になった。彼がアレクサンドロス本人と思いこんでいたからである。それからプトレマイオスは命じた。

「わが親衛隊長アンティゴノスを呼んでこい。」

アレクサンドロスが出て行くと、プトレマイオスは彼にいった。

「アンティゴノスよ、この男は、女王カンダケの息子である。この者の妻がベブリュケス人の王に略奪された。なにをしてやればよいか忠告してくれぬか。」

するとアレクサンドロスは答えた。

「アレクサンドロス王よ。ご忠告申しあげましょう。軍勢を武装させ、ベブリュケス人と戦うことをお勧めします。そして、母君への敬意を示すために、この男の妻を自由にさせてやり、彼に返してやりましょう。」

カンダケの息子カンダウレスはこれを聞いて喜んだ。そしてプトレマイオスはこのようにいった。

「アンティゴノスよ、もしおまえが望むならば、わが親衛隊の長として、このことも実行してもらいたい。戦いの用意をするように命令を出すがよい。」

第二〇節

プトレマイオスがアンティゴノスに、まるで自分がアレクサンドロス本人であるかのように、命令を与えると、この通りにおこなわれたのである。アンティゴノスはプトレマイオスとともに、一日のうちに、ベブリュケス人の王の住む土地に出掛けた。「アンティゴノスはプトレマイオスにいった。」

「アレクサンドロス王よ、王がこれを知って妻を殺すことのないように、日中はわれわれのすがたをベブリュケス人に気づかれないようにしましょう。ですから、夜になって、町に忍びこみ、家々に火をつけることにしましょう。そうなれば、群衆はみずから反乱し、カンダウレスの妻をわれわれに返してくれると思います。われわれの戦いは、王位をめぐってではなくて、ひとりの女の返還を求めるものだからです。」

このようにアンティゴノスがいうと、カンダウレスはその前に身を投げだして、このようにいった。

「アンティゴノスよ、君の知恵のなんとすぐれていることか。アレクサンドロスの近衛兵などではなくて、君自身がアレクサンドロス本人であればよいのに。」

いまや夜になって、ひとびとが眠りについたときに、彼らは町のなかに忍びこみ、その周辺に火を放った。ひとびとは眠りを覚まされて、火事の原因はなにかとたずねると、アレクサンドロスは兵士たちに、つぎのことを大声で叫ぶように命じた。

「大群を率いて、カンダウレス王が当地にやってきて、おまえたちの町すべてを焼きつくす前に、わたしにカンダウレスの妻を返還するよう求めている。」

まわりをすっかり囲まれてしまうと、町の者たちは大挙して、王の住まいへ押しかけ、その宮殿を解放した。王と同衾しているカンダウレスの妻をひっぱり出し、これをカンダウレスに渡した。そして王は殺された。

カンダウレスはアンティゴノスの助言と眼力に感謝し、彼を腕に抱いてこのようにいった。

「どうか、信頼してほしいのだが、わたしは君を母親のカンダケのもとに案内して、君にふさわしい立派な贈り物をしたいのだ。」

アレクサンドロスは大満悦になって、いった。

「アレクサンドロス王にお願いして、わたしを行かせるようにしてください。わたしもまた、お国を見たいと思っているのです。」

そこでアレクサンドロスは、プトレマイオスに、自分自身の使者として自分をカンダウレスといっしょに派遣することを認めさせた。プトレマイオスはカンダウレスに向かっていった。

「手紙を通じて母君に挨拶をしたいと思っている。そこでわたしの使者であるアンティゴノスを連れていってほしい。そして、わたしが君も君の妻も無事に母親のもとへ返すように、この男も無事にわたしのもとにもどしてほしい。」

カンダウレスはいった。

「王よ、この人を本当にアレクサンドロス王ご本人と思って、彼をお預かりしましょう。王にふさわしい贈り物といっしょにこの者はあなたのもとにきっとお返しいたしましょう。」

第二一節

こうしてカンダウレスはアレクサンドロスとそれ相当の護衛兵を引きつれて出発した。荷物を運ぶ動物、荷車、相当の量の贈り物もその一行のなかに含まれていた。道中、アレクサンドロスには驚くことがたくさんあった。天高く雲にまで達する、水晶を産出する地方に広がる山々の多彩なすがたに驚嘆した。また、背の高い樹木がいっぱいに果実をつけている様子などは、ギリシアにあるものとは異なり、その土地だけに限られるような珍しいものであった。りんごの木は黄金色に輝き、ギリシアのレモンのようにその実をたわわに実らせていた。ぶどうの房はたいへんに大きく、くるみはメロンと、猿は熊とまったく同じ大きさであった。そのほかにも、色あざやかで、見たこともないようなすがたの動物もいた。いくつかの土地には、深く岩だなのようになって谷を形成している岩山があった。カンダウレスはいった。

「アンティゴノス、この地は神々の住まいと呼ばれています。」

こうして旅をつづけて王宮に到着した。母親と弟が二人を出迎えた。母と弟がカンダウレスを両腕に抱こうとしたときに、彼はいった。

「わたしを助けてくれた人、妻に親切をしてくれた人、アレクサンドロスの王の使者であるこちらのアンティゴノスに挨拶をすませないうちに、わたしがあなた方の胸に迎えられるようなことはしないでください。」

「どのようなところを救ってくれたのですか」と二人はたずねた。

カンダウレスは、自分の身に起こったこと、妻がベブリュケス人の王に拉致された話と、アレクサンドロスによって助けられた話をした。こうして母と弟たちはカンダウレスをあたたかく抱擁した。宮殿でははなやかな宴がおこなわれた。

第二二節

その翌日、カンダケは女王の王冠をいただいて光りかがやくすがたをあらわした。その背格好はただの人間とは異なり、その容姿はまさに女神のようであった。アレクサンドロスはわが母オリュンピアスであるかのように思ったほどであった。宮殿が黄金を張られた天井と大理石の壁にまぶしく照りかがやいていた。黄金の足台を備えたベッドの上には、絹織りで、精妙な技によって金糸を織りこんだ寝具が置かれ、それを支えるマットは黄金の紐で結ばれていた。テーブルは象牙を象眼され、ペルシア風の柱は黒檀色の柱頭を輝かせていた。無数に青銅像があった。鎌を取りつけた戦車とその馬の像が斑岩で作られていて、まるで、それらが生きているかのように思われた。また、同じ石で、象のすがたが彫られていた。脚で敵を踏みつぶしたり、長い鼻で敵対する者を簀巻きにしていた。また、柱も含めて神殿全体がひとつの石で彫られていた。アレクサンドロスはこれを見て、驚嘆した。またカンダウレスの兄弟たちといっしょに食事をした。カンダウレスは母に頼み、アレクサンドロスの使者にその知恵にふさわしい贈り物を与えて彼を自由にしてやるように願った。

その翌日、カンダケはアンティゴノスの右手を取って、名も知らない石でできた透明な部屋を彼に見せた。なかにいてもその水晶のような石を透かして、太陽の昇るのを認めることができるのであった。さらに宮殿には、朽ちることのない材木でできた食卓があった。また、その土台は地面に固定されているのではなくて、巨大な角材に固定されていて、しかも車の上に建てられ、この家は、二十頭の象に牽引されることになっていた。王が町を攻めに出かける場合には、この家に滞在するのであった。アレクサンドロスはカンダケに言った。

「御当地にではなくて、われわれの国にあるのであれば、これはまったく驚嘆に値することでありましょう。というのは、ここには、このようなたくさんの種類の岩山がありますからね。」

「たしかにその通りですね、アレクサンドロスよ」とカンダケはむっとしていった。

彼は「アレクサンドロス」という名前で呼びかけられたので、抗議していった。

「女王よ、わたしの名はアンティゴノスでして、アレクサンドロスの使者であります。」

するとカンダケはいった。

「そう、たとえアンティゴノスと呼ばれるとしても、わたしには、そうではありません。あなたこそアレクサンドロス王です。いますぐにでも、アレクサンドロスであるしるしをお見せいたしましょう。」

こうしてアレクサンドロスの右手を取ると、ある部屋へ案内し、そっくりに似せて描いた肖像画を示した。

「ご自分のお顔がわかりますか」と、質問した。

アレクサンドロスは自分を描いた絵を見て、あわてふためき、体がぶるぶるとふるえはじめた。カンダケは彼にいった。

「アレクサンドロス、なぜ、あわてて、体をふるわせているのです。ペルシアを滅ぼし、インドを滅ぼし、メディア人やパルティア人の勝利の記念碑を倒し、オリエント全土を征服した者が、いまや戦争もせず軍勢も使わずに、カンダケの手中に落ちたのです。アレクサンドロス、ひとびとのなかでもとくに知恵にすぐれていると思われる人でも、知恵分別にかけてはその者よりももっと秀でた人物がほかにいるということを知るがよろしいぞ。すなわち、アレクサンドロス、カンダケの分別のほうがそなたの悪知恵を打ち負かしたのです。」

はらわたを煮えくりかえしながら、アレクサンドロスは歯ぎしりしていた。

カンダケは彼に言った。

「歯ぎしりしているのですね。でも、いったいなにがお出来になりますか。これほどまでに偉大な王がいまは、ただのひとりの女の捕われの身となったのです。」

アレクサンドロスは剣で自分を刺し殺し、同時に「カンダケも殺そうと思った。カンダケは彼に言った。」

「これはまた立派な王様らしいふるまいです。だが、アレクサンドロス坊や、心配しないがよい。そなたが、わたしの息子を助けベブリュケス人にとらわれたその妻を救いだしてくれたと同じように、わたしも、そなたをここの異国の者たちから守ってあげましょう。アンティゴノスと呼びつづけることにしましょう。というのは、アレクサンドロス本人であることがわかれば、インドの王ポロスを殺害したということで、ただちにそなたは殺されるでしょう。わたしの下の息子の妻はポロスの娘ですから。だからそなたをアンティゴノスと呼ぶことにしましょう。秘密はわたしが守りましょう。」

第二三節

カンダケはこういうとアレクサンドロスといっしょに部屋を出ると、このようにいった。

「息子カンダウレスと娘ハルピサ、おまえたちがちょうどよいときにアレクサンドロスの軍に出会うことがなければ、わたしがおまえたちを迎えることも、おまえは妻を取りもどすこともなかったのです。ですから、わたしたちはアレクサンドロスの使者に、ふさわしい贈り物を届けることにしましょう。」

もうひとりの下の息子が彼女にいった。

「たしかにアレクサンドロスは兄とその妻を助けてくれましたが、わたしの妻は、その父のポロスがアレクサンドロスに殺されたことを深く悲しんでいます。そこで、アレクサンドロスの使者はこのようにわれわれの勢力下にあるわけですから、妻はあのアンティゴノスを殺してしまいたいと思っているのです。」

「息子よ、それがおまえになんのためになろう。もしもあの男を殺したとして、アレクサンドロスに勝利を得ることになろうか」とカンダケは答えた。

さらにカンダウレスは弟に向かってこのようにいった。

「彼はわたしとわが妻の恩人なのだ。わたしも、この男を援助して、アレクサンドロスのもとに送りかえすつもりだ。あの人物のことで、われわれがまたこのように反目し、おたがい争いを始めるべきであろうか。」

弟がカンダウレスに言った。

「兄上、それはわたしの望むところではない。だが、兄上が望むなら、わたしのほうは兄上以上にこれがわたしの願う所なのだ。」こういうと、兄弟はおたがいの決闘に向かうべく出かけていった。

カンダケは息子たちが一騎打ちをするのではないかと、心配になって、アレクサンドロスをつかまえていった。

「そなたは賢くて、たくさんの困難を乗り越えてきたお人です。そなたのことで、わたしの子供たちがおたがいに戦うことのないように、知恵を働かせてなにか手立てを考えてくれませんか。」

「わたしが二人を和解するように試みてみましょう」とアレクサンドロスは言った。そして二人のあいだに割ってはいってアレクサンドロスはこのようにいった。

「トアスとカンダウレスよ、このままわたしを殺すとしても、アレクサンドロスはなにも気にはしないであろう。わたしはアンティゴノスなのだから。また派遣される使者がたとえ高貴な者でも、王たちのおこなう戦争にはいかなる利益もないものなのだ。ここでわたしが殺されても、アレクサンドロスにはたくさんの使者が用意されている。もしわたしを通して、君たちの敵であるアレクサンドロスを捕虜としてとらえようとするなら、贈り物の一部としてここの土地をすこしばかりわたしに与えるように約束してもらえまいか。そうすれば、わたしはここに残り、君たちが用意した贈り物をアレクサンドロスの目の前で渡したいと願っているという口実を設けて、彼をここに呼びだすように取りはからいたいと思う。そのときこそ、君たちの敵を掌中のものとすることによって、うらみを晴らし、十分に満足できるであろう。」

兄弟は彼の言葉に従った。二人は和解した。カンダケはアレクサンドロスの知恵のまわりの速さに感嘆して、このようにいった。

「アンティゴノスよ、そなたがわたしの息子であればよいのに。そうすれば、そなたを通して、ありとあらゆる種族を征服したであろうに。というのは、そなたは戦争によってではなく、その豊かな鋭い才能によって、多くの敵たちを、多くの町を平定したのだから。」

彼は、カンダケがアレクサンドロスの秘密を暴露しないで、しっかりと自分を守ってくれていることに満足を感じていた。

十日後の出発にさいして、カンダケからは王にふさわしい贈り物を受けとった。貴重なダイアモンドの王冠や、真珠やエメラルドをちりばめたよろい、縫いこまれた黄金の糸が天の星のように輝く紫のマントもそのなかに含まれていた。彼自身の部下のほかに、大勢の随行の者をつけて、アレクサンドロスを送りだした。

第二四節

予定の日数だけ行進すると、カンダウレスの話では神々の住んでいるという地方に到着した[22]。数人の兵士を連れてなかにはいって見たものは、まぼろしのような影と火のきらめきであった。アレクサンドロスははじめは驚き、不安になったが、いったいなにが起こるのかを見きわめようと待つことにした。幾人かの男たちが横になり、その目からは、まるでランプの灯りのように鋭い光を放っていた。そのなかのひとりが話しかけてきた。

「ご機嫌よう、アレクサンドロス。わたしがだれか知っているか。わたしは世界の支配者セソンコシスだ[23]。だが、君ほどにはわたしは好運には恵まれなかった。というのは、君のほうは、エジプトにアレクサンドレイアという世間の者の憧れる町を建設して、その名前を不滅のものにしたのだからね。」

アレクサンドロスはたずねた。

「わたしの命はどれくらいでしょうか。」

するといは答えた。

「いま生きている者は、死ぬときがいつかというようなことは知らないがよい。というのは、その時期がわかってしまえば、それを知ったときから、もうその男は死んだも同然なのだ。生きている者がこのことについて無知であることで、たとえまちがいなく死ぬとしても、死のことを考えないで、しばしのあいだ忘却を楽しむことができるというもの。たしかに君の建設した町はあらゆる人間に評判となっている。この町を破壊しようとして、たくさんの王侯が攻めてくるであろう。だが君は、死んだあとでも、あるいは、死ぬことはなくとも、この町に住むことになろう。自分の建設した町が君の墳墓の地となるのだから。」

彼はこの言葉を聞いてから、そこを離れた。

第二五節

アレクサンドロスは部下をつれて、軍の本部にもどった。諸侯が王を出迎え、彼に大王だけが身につける衣装を贈った。そこから、彼はアマゾネス女族[24]のもとへ出発した。そこへ着くと、彼女たちにこのような内容の手紙を送った。

「アレクサンドロス王よりアマゾネスの女性種族にご挨拶を。ダレイオスとの戦闘についてはお聞き及びのことと思う。そこからわれわれはインド人を攻め、天の摂理にもとづいて、彼らの王侯たちを打ち負かし、奴隷とした。そこからはだかの哲学者と呼ばれているブラグマネスの一族を訪ねた。その者たちから税を徴収したあと、彼らの願いでもあったので、そのままその土地に住まわせ、平和に暮らすように処置したのであった。そこから、われわれは諸侯の前に軍を進めてきたのである。諸侯はわれわれを暖かく迎えて頂きたい。というのは、当地へ来たのは、害を与えるためではなく、この国を視察し、同時に諸侯に親切をしようと思ってであるのだから。」

手紙を受けとり、これを読むと、アレクサンドロスにつぎの手紙を書いた。

「アマゾネス一族の権力者および指導者たちからアレクサンドロスにご挨拶を。われわれが返事をするのは、貴公がわれわれの土地に攻め寄せる前に、事情をよく知ってもらうためであり、不名誉な仕方で貴公がこの地から退去することのないようにするためである。この手紙を通して、われわれの国のことや、われわれ自身の生活の特異さについてお知らせしたい。アマゾネスの河を越えたこちら側に、しかもその中央部にわれわれは住んでいる。一年の期間の旅程を要するほどである。みなもとのわからない河がわれわれの土地の周辺を形成していて、ここに到着するには、ただひとつの侵入路しかない。われわれ住民は、二十七万人からなる、武装した乙女の軍団である。ここにはひとりの男もいない。男たちは、土地を耕しながら、河の向こうに住んでいる。毎年、われわれは民族の大祭を開き、ゼウスとポセイドンとヘパイストスとアレスに、三十日にわたって、馬を捧げる犠牲式を執りおこなう。われわれのなかで、一生のあいだを乙女で過ごしたくない者は男たちのもとに滞在することになる。その者たちから生まれた娘たちは、七歳になると、われわれのもとへ移り住むことになる。国を敵が攻撃してくれれば、騎兵十二万を用意して打ってでる。あとに残った者たちが島を守ることになる。国の境にまで合戦に出かけると、われわれの背後に配備された男たちが、ついてくる。もし戦争で負傷した者がだれかいれば、彼女は宴の席では深く敬われ、花冠を飾られ、永遠にその名が記憶されることになる。国を守るための戦争で倒れた者がいるならば、その身内の者が少なからざる金銀を受けとる。また、敵の死体を島に運んでくる者がいれば、このことの報酬として、その生涯にわたって金、そして食糧の公費支給が与えられる。このように、われわれが戦うのは、自分自身の名誉のためである。また、われわれが敵に勝ったり、敵が逃走したりするならば、敵の者には、末長く不名誉な恥辱が加えられるであろう。だが、もしもわれわれを打ち負かすとしても、ただ女の集団に勝利しただけとなるであろう。そこで、アレクサンドロス王よ、貴公の身に同じような事がふりかからないように気をつけてもらいたい。そこで、よく考えた上で、返事をいただきたい。国境近くにわが陣営を見るであろう。」

第二六節

アレクサンドロスは彼女たちの手紙を目にし、頬笑みを浮かべた。つぎのような手紙を書いた。

「アレクサンドロス王よりアマゾネスの者たちへご挨拶を。われわれは世界の三大陸[25]の支配者となり、あらゆるところに勝利の記念碑を立てることに失敗することはなかった。われわれが貴下に軍を向けなければ、われわれに恥辱が残されることになろう。もしも、一族の全滅を望み、先祖の土地がだれも住まないところとなることを願うのならば、国の境において待っているがよかろう。だが、自分の土地に住むことを願い、戦争を試みるつもりがないならば、国境の河を渡って、われわれの前にすがたを見せるようにしていただきたい。同様に、男たちも平原にすがたをあらわし待機しているように。これを実行するならば、わが父とわが母オリュンピアスにかけて、けっして害を加えることはしないと誓うであろう。かわりに、貴下の願い出るだけの税を受けることにしよう、そして貴国へは侵入しないであろう。さらに、選ばれた騎兵をこちらへ派遣していただきたい。月ごとに、貴下から派遣された者各々に、報酬として、黄金一スタテルを給付し、同時に食糧の無償支給をおこなうであろう。一年後には、その者たちは国へ帰らせよう。かわりの兵を派遣していただきたい。よく考えた上で返事をいただきたい。ご健勝を祈る。」

アマゾネスの女たちはアレクサンドロスの手紙を受けとり、これを読むと、集会を開き、議論した上で、つぎの返事を彼に書いた。

「アマゾネス一族の権力者および指導者よりアレクサンドロス王へご挨拶を。われわれは当地に来て、わが国を視察することの許可を貴公に認めるものとする。また、毎年、黄金百タラントンを贈ることを取りきめた。さらに、われわれのなかでも力のすぐれた者五百名を、黄金と百頭の血筋のよい馬を持たせて、貴公との会見のために派遣した。この者たちは貴公のもとに一年間滞在することになろう。そのうちのだれかが、よそ者の男によって処女を破られることがあったならば、貴国にとどまらせていただきたい。貴国にどれだけの数の者が残ることになるか知らせていただけるならば、そして、残りの者をわれわれのもとに送り返していただけるならば、それにかわる他の者たちを貴公のもとに受けいれることになるであろう。貴公にたいしては、近くにいても遠くにいても、われわれは忠実に従うものである。というのは、われわれはその武勇と人間としての徳について耳にしたことがあるのだから。世界のなかでも辺境に住んでいるわれわれのところに支配者として登場したのである。返書をしたため、われわれがわが先祖の地に住むことを選び、支配者としての貴公に従うことを決定したものである。ご健勝を祈る。」

第二七節

このような手紙のやりとりのあとで、アレクサンドロスは母オリュンピアスに自分の成し遂げた事績についてつぎのように書き送った。

「アレクサンドロス王より、わがやさしき母オリュンピアスへ一筆啓上。

アマゾネスの女性種族にたいする戦闘準備のあと、プリュタニス河[26]に行軍しました。町のはずれに到着したときに、その河には恐ろしいけものの多いことがわかりました。兵はまったく意気阻喪してしまったのです。というのは夏はもう盛りであるというのに、この地方では雨が降りやまず、歩兵の多くは足の痛みに苦しんでいました。雷の音もたいへんに大きく、雷鳴とその閃光が地上にふりそそいでいました。プリュタニスと呼ばれている河をわれわれが渡ろうとしたとき、その地の者たちの大半をわが兵が殺害しました。

豊かな平野のなかを流れている、テルモドンと呼ばれる河[27]にたどり着きました。その流域にはアマゾネスの女の一族が住んでいて、他の女たちよりは、はるかに立派な体格をしており、容姿の美しさと力強さでひときわすぐれています。花のような衣装を身に着け、銀製の武器と斧を使っています。彼女たちのところでは鉄と青銅は存在していません。だが、理性と鋭い判断力では秀でています。アマゾネス族の住んでいるあの河にわれわれが近づくと、——その河は広くて渡ることがむつかしく、また恐ろしいけものがたくさんいたのですが——彼女たちは河を渡ってわれわれの前に整列しました。こうして、手紙を通じて、われわれへの服属を説得したのであります。

第二八節

女性種族から税を徴収したあと、エリュトラ海のテノン河に向かって進みました。さらにそこからアントラス河[28]へ出ましたが、そこでは、大地も空も見ることができ、たくさんの雑多な種族が住んでいます。そこでは、犬の頭をした人間、頭がなくて、胸にあたるところに目と口をつけた人間に出会いました。また別の六本腕の人間、牛の頭をした者、穴にもぐって生活する者、鞭のような脚をした気性の荒々しい人間などにも会いました。ほかにも、山羊のように毛深い者やライオンの頭をした者もいました。[29]その上、あらゆる種類の、見た目にはまったく奇妙なけものも住んでいました。

あの河から船出して、陸から百二十スタディオン離れたところの、大きな島に着きました。[30]そこには太陽の都があります。黄金とエメラルドで建てられた十二棟の塔があり、町を囲む壁はインド産の石でできています。中央には黄金とエメラルドで作られ、六十段の階段を備えた祭壇があり、その上には、黄金とエメラルドからできた馬車とその御者の像が置かれています。しかし霧のためにこれを見ることは容易ではありませんでした。太陽の神を祭る神官は、純白の麻のころもを身にまとったエティオピア人です。この場所を立退くようにと、彼はわれわれに異国の言葉で叫んでいました。そこをしりぞいて、七日間、行進しましたが、われわれの目には闇の世界が広がっていました。この地方では火も燃えなかったのです。

そこを去って、到着したのはリュッソス[31]の港です。そこには見上げるように高い山があって、山を登ると、金銀の充満している立派な家々がありました。サファイアで作られた大きな壁に取り囲まれ、その周壁には百八段の階段が取りつけられています。さらに上には、円形の神殿が建てられ、そのまわりには、サファイアの柱が百本めぐらされています。内と外には、人間が彫ったとは思われないような彫像が並んでいます。たとえば、バッカイ、サテュロスたち、笛を吹き踊り狂うマイナデスたちの群れなどです。さらにラバにまたがるマロン老人のすがたもあります。神殿の内部には金で細工されたベッドが置かれ、マットも延べられています。そこにひとりの男が綿の衣装に身を包み、全身をおおっていたので、男の姿形を見ることはできなかったのですが、その男の力強さとその肉体のおよその輪郭は知ることができました。さらに、神殿の内部には、百リトロンばかりの黄金の鎖と黄金の冠が吊りさげられます。松明の明かりに代わって、その部屋全体はなにか高貴な石で明るく照らしだされていました。また天井からは黄金製の鳥籠がかけられ、そのなかに鳩と同じ大きさの鳥が一羽いて、人間の声と同じように、ギリシア語でわたしの名を呼び、話しかけてきました。

『アレクサンドロス、もうこれからは、神々に対抗するのはやめて、自分の家に帰るがよい。天の道を登りつめようと、懸命にならないようにするがよい。』

わたしは鳥と吊りさげられている明かりを、母上に送ろうと思い、手にいれようとしたのですが、そのとき、ベッドにいたあの男が、起きあがろうとするかのように身動きするのに気がつきました。わたしの仲間がいったのです。

『王よ、おやめなさい。これは神聖なものですから。』

神殿のそとに出ると、そこには、金製の酒壺〔混酒器〕が二つ置かれていました。宴会のときに大きさを測って見ると、それぞれが、およそ六十メトロンの容量であった。兵にここへ全員集まり宴を開くように命じた。そこには一軒の大きな家があり、設備がよく整っています。そこには、宝石類で作られ、その美しさは称賛しても称賛しようがないほどの立派な杯がしつらえられています。われわれも兵士たちも宴を楽しもうと、横になったときに、突然まるで強力な雷が落ちたかのように、アウロス、シンバル、シュリンクス、トランペット、太鼓、キタラの大合奏が起こってきました。そうして、山全体が、雷が頭上に落ちてきたかのように、煙となって燃えだしました。

こわくなってあの地から退却したあと、キュロス王の宮殿[32]に行きました。無人の町を無数に占領しましたが、そのなかには、堂々とした都も含められています。そこには、王が仕事をしていた豪壮な邸宅がありました。さらに、そこに人間の声で話す鳥がいると教える者がいたので、屋敷にはいって見ると、びっくりするのも当然なほどに不思議なものがたくさんそろっていました。家がすべて黄金でできていて、天井の中心に、先にもお話しした籠と似たような黄金製の鳥籠が吊りさげられ、そのなかには、黄金色の鳩のような鳥が一羽いました。この鳥は、自分の耳に届いた言葉を用いて王たちに話しかけると言われています。そこにはまた、金製の大きな酒壺がひとつありました。──これはキュロス王の宮殿のなかにあった──百六十メトロンの容量です。器そのものがまったく不思議きわまる作りでした。というのは、縁には彫像が並べられ、胴の上段の帯には、海戦の様子が彫られています。中段には称賛の言葉が刻まれて、外側は金箔を塗られています。これはエジプトのメンフィス製のもので、ペルシア人が征服したさいに、当地から運ばれてきたものであると伝えられています。王自身が仕事をすることにしていた屋敷はギリシア式スタイルで建築されていて、屋敷には、クセルクセスのおこなった海戦の模様が描かれていました。さらにこの家には、黄金と高貴な石とを張り合わせて作られた玉座や、ひとりでに音を響かせるリュラもありました。そのまわりには、八段の階段の上には黄金製の食器棚が置かれ、その長さは十六ペーキュスもありました。その上には鷲がすわり、まわり全体をその広げた翼で囲んでいます。七本の枝をのばしたぶどうの木は、すべて黄金で作られていました。だが、このほかの一見の値打ちのあるものについて、あれだけの量のものをどのようにして、語りつくすことができましょうか。たくさんあるがために、ひときわすぐれた品物の良ささえ語ることができないほどでした。ご健勝をお祈りします。」

第三〇節

大バビュロンに滞在していたころで、まもなく人としての生涯を終えようとしているころのことでしたが、アレクサンドロスは母オリュンピアスにさらに別の手紙を書きました[33]。内容は以下のようなものでした。

神々の将来を見る力は偉大であるといわれる。というのは、当地の女のひとりが赤ん坊を産んだが、その上体から胴まではすべて人間の姿形をしているが、腰から下は、けものの頭部であった。この子はスキュッラによく似ていたのである。ライオンの頭と野生の犬の頭がついていたのである。この下の部分にあるものは動いていて、だれにも、それぞれの形態を区別することができるほどはっきりとわかった。しかし子供の頭部はすでに死んでいた。女は子供を産むやいなや、赤ん坊を布にくるんで、こっそりとアレクサンドロス王の宮殿にあらわれた。そこの召使にいった。

「なにか不思議なことがありますので、わたしをアレクサンドロス王に取りついでください。王さまにお見せしたいものがあります[34]。」

アレクサンドロスはちょうど、真昼であったが、寝室で休んでいるところであった。王は起こされて、女のことを聞き、なかにいれるように命じた。女がやって来ると、その場にいた者たちに立ちさるように王は命令した。みんなが出てゆくと、女は、自分が産んだといって、生まれたばかりの奇怪な赤ん坊を王に見せた。

アレクサンドロスはこれを見ておどろいた。ただちに練達の占い師やマゴスたちを呼びよせた。彼らがやって来ると、生まれたばかりのこの不思議なしるしについて、もしも真実を彼に言わなければ、彼らを死刑にすると脅迫して、彼らの判断を下すように命じた。カルダイオイ人[35]のなかでもっとも評判がよく、もっとも経験を積んだ占い師たちが五人いた。しかしそのうちで、その技にかけてはだれよりも抜きんでていたひとりは、たまたま町にはいなかった。残っていた者たちは、アレクサンドロスが戦争において万人のだれよりも力が強いであろう、つまり彼があらゆる人間を征服するであろうと語ったのである。たいへんに気性のはげしいこれらのけものたちは、人間の姿形をしている部分の下に組みこまれているので、これは征服された諸民族であると話して、以上の解釈を示したのである。

これらの者につづいて、もうひとり別のカルダイオイ人の占い師も、アレクサンドロスを訪ねてきた。その男はしるしの示している形態を見て、涙を流しながら大声でわめきはじめ、不幸に苦しむ様子で自分の衣服をかき破った。アレクサンドロスは苦痛にあえぐ様子のひどいのを見て、ひとかたならず不安を感じた。そこで、このしるしから観察されることがらについて、遠慮せずに話すように命じた。すると占い師はこのように語った。

「王よ、もはや、生きている者のなかに加えられることはありません。」

アレクサンドロスがしるしの意味することについてたずねると、このような返事がかえってきた。

「万人のなかで最強の王であられる方よ、しるしのなかで、人間のすがたをしている部分は御自身であります。けもののかたちをしている部分は、王のまわりにいる人間たちでありますもしも、上体の部分が生きていて、下半身のけものたちと同様に動いているのならば、あなたはずっと、万人を支配することができたでありましょう。ところで、この部分が生命を捨ててしまったように、あなたもまたそうなりましょう。また、この下側のけものたちが生きていると同様に、まわりにいる者たちも元気でいることになりましょう。これらのけものには分別がありません、そしてまた、人間にたいして敵意を抱いています。あなたのまわりにいる者たちも、あなたにたいしてこれと同じであります。」

カルダイオイ人はこういって立ちさった。カルダイオイ人は赤ん坊をすぐに焼いてしまうように言った。アレクサンドロスはこれを聞いて、毎日、自分にかかわる問題を整理していった。

第三一節

アンティパトロスがアレクサンドロスの母オリュンピアスに謀反を起こし、彼女にたいして自分の思う通りにふるまった。アレクサンドロスの母親はしばしばアレクサンドロスにアンティパトロスのことで手紙を書き、——というのは、アレクサンドロスの母として彼女はこのことを不満に思っていたからである――また、エペイロスへ移りたいと望んでいたが、アンティパトロスがそれを妨害していた。アレクサンドロスは母オリュンピアスの手紙を受けとり、その手紙から母の苦労の多い身の上を知るや、マケドニアの国の政治の責任者たるべく、カルテロスという名前の者をマケドニアのアンティパトロスのもとに派遣した。アンティパトロスはアレクサンドロスの意図に気づき、カルテロスの到着を知り、同時に兵士たちがアレクサンドロスのもとからマケドニアとテッサリアに帰って来たのは自分のせいであると知ると、彼は恐怖におそわれた。自分がオリュンピアスにはたらいたさまざまな無礼のことで、自分が牢にいれられるのではないかと不安になり、アレクサンドロスの殺害を考えるようになった[36]。というのは、アレクサンドロスがこれまでなしとげた実績のことで、あまりにも思いあがった行動に走ることがあることを話に聞いていたからである。いろいろと考えた末に、殺傷能力のある毒薬を用意した。この毒薬は青銅でもガラスでも陶器でもそれらのいかなる器に保管してもすぐに壊してしまうほどのものであった。そこで鉛の箱に毒薬を収めてから、別の鉄の箱にこれを包んだ上で、息子にこれを渡した。息子をバビュロンに送りだし、アレクサンドロスの小姓であるイオラスのもとを訪ねさせた。毒薬の恐ろしさとその致命的な効果については前もって彼に話を聞かせており、もし戦争で敵軍のためになんらかのわざわいがふりかかってくる場合は、この毒薬を口にして最後を全うするようにと言い含めていた。

アンティパトロスの息子がバビュロンに到着すると、アレクサンドロスの小姓イオラスとひそかに会って、毒薬の処方について相談した。つまり、イオラスはアレクサンドロスに恨みを抱いていたので——というのは数日前に彼の取るにたらない失敗のことでアレクサンドロスがイオラスの頭に杖をふるい、ひどい傷を負わせたからである——アレクサンドロスに腹を立てていたから、アンティパトロスの息子と意気投合して、道を踏みはずした行動へ向かうことになった。イオラスは自分と同じようにアレクサンドロスからひどい扱いを受けたひとりのメディア人を仲間に引きいれた。彼らは、どのようにしてアレクサンドロスに毒薬を飲ませるかをおたがいに相談した。ある日、アレクサンドロスが華やかな饗宴のあと休憩していた。その翌日にメディア人が彼に近づき、自分の家に客として訪問してくれるように頼んだ。王はメディア人の招待に同意して、宴に出席した。アレクサンドロス王とともに何人かの者がテーブルについた。ペルディッカス、プトレマイオス、オルキオス、リュシマコス、エウメニオス、カサンドロス、以上の者たちはこれから起こるであろう、毒薬による殺害計画については知らなかった。ほかの残りのアレクサンドロスと席をともにしていた者たち全員は、アレクサンドロスの小姓イオラスと示しあわせ、おたがいに誓約を交わし、毒薬を用いた不法な行為に関与することになった。彼らはみないまやアレクサンドロスの行動に怒りを向けていたのである。アレクサンドロスが彼らといっしょに横になると、イオラスが彼に毒のはいっていない盃を差しだした。酒席で座興の話題がつづいたあと、すでに時間も十分に経過したころ、イオラスは毒をいれた別の盃を渡した。アレクサンドロスは不幸なことにこれを受けとり、飲み干すや、突然に、弓で肝臓を射抜かれたかのように、叫び声をあげた。しばらくじっと待ったあと、宴に列席している者たちには、その場に残っているように命じてから、苦痛を抑えつつ帰宅した。

第一一二節

ひとびとは不安に駆られてただちに宴会を解散した。外に出て、これから先がどうなるのか心配していた。一方、アレクサンドロスはわれにもなくいった。

「ロクサネよ、どうか、すこしばかり助けてくれないか。」

妻に支えられて宮殿にもどると、横になった。

その日一日が過ぎると、彼はペルディッカス、プトレマイオス、リュシマコスの三人に自分のもとに来るように命じた。遺言書の作成の終るまでは、ほかのだれも自分たちのところへは来ないようにいった。突然にマケドニアの兵士たちのなかから、叫び声がわきあがり、アレクサンドロスの宮殿の庭に兵士たちの駆けよってくる騒ぎが起こった。兵士たちは、王のすがたを見せてくれなければ、王の護衛の兵士たちを殺そうとしていたのである。アレクサンドロスがこの物音を聞きつけると、ペルディッカスが王に近づきマケドニア兵の語っていることを伝えた。アレクサンドロスは、兵士全員がそばを通って王のすがたを見たあと、別のドアから外に出ることのできるような場所へベッドを運ぶように命じた[37]。ペルディッカスはアレクサンドロス王の指示した通りにした。王宮のなかを歩いて、王のすがたを見ることができたのはマケドニアの兵だけであった。これほどの偉大な王アレクサンドロスが死に瀕してベッドに横たわっている様子を見て涙を流さない者はだれもいなかった。彼らのなかの、堂々たる風采をした、一兵卒にすぎない者が、アレクサンドロスのベッドに近よっていった。

「アレクサンドロス王よ、お父上のピリッポス殿の治世のすばらしかったと同様に、殿の治世もご立派でした。いまわれわれを見捨てていこうとなされていますが、マケドニアの国を自由にしてくださった殿のあとを追って、われわれも死んで行くことができればよいのですが。」

アレクサンドロスは涙を流しながら、右手を伸ばして、励ますような仕草を見せた。

第三三節

つぎに、書記にはいって来るように命じて、自分の妻ロクサネのことでこのようなことを述べた。

「妻ロクサネとのあいだに男の子が生まれるなら、その子がマケドニアの王になるがよい。もし女の子であれば、ひとびとは王と望む者を選ぶがよい。」

母にはつぎのような手紙を書くようにいいつけた。

「アレクサンドロス王よりわが最愛の母にご挨拶を。わたしのこの最後の手紙を受けとったならば、天の摂理にもとづいてこのような息子が母上から生まれましたことを感謝するしるしとして、豪華な宴を開いてください。ただし、わたしのためを思ってくださるならば、ご自身で出かけて、すぐれた者もそうでない者も、富める者も貧しい者も、あらゆる人たちを宴に招き、つぎのような挨拶を述べてください。『さあ、宴の準備ができました。ここでお楽しみください。ただし、みなさんのなかで、現在でも過去でも悲しみを胸に抱いている人は出席なさいませんように。』というのは、宴を用意いたしましたのは、悲しみのためではなく喜びのためなのですから。

母上の御健勝を祈ります。」

オリュンピアスはこのとおりに実行した。宴にはだれも出席しなかった。立派な者もそうでない者も、富める者も貧しい者も、悲しみのない者はだれもいなかったからである。アレクサンドロスの母は息子の賢明な意図を認めた。そしてアレクサンドロスがあの地で生者の世界を離れていったことを知り、息子の身に起こったことがけっして不思議なものではなく、これまでも万人に起こったことであり、これからも起こるであろうことを悟るようにと、慰めのためにこのようなことを書いてよこしたことを知ったのである。

アレクサンドロスがこのこと以外にもそのほかのあれこれとたくさん語ったあとで、空中に霧があらわれ、天から海へ大きな星が落ちてき、それとともに一羽の鷲が舞いおりた。バビュロンにある、ゼウスの像と呼ばれている像が振動した。星はまた天の方角へ昇っていった。［それに従って鷲も舞いあがった。星が天に隠れると］ただちにアレクサンドロスは永遠の眠りについた。[38]

第三四節

ペルシア人は、アレクサンドロスの遺体をペルシアに運び、彼を神ミトラス[39]と讃えようとして、マケドニア人と論争になった。マケドニア人は、遺体をマケドニアに運ぼうとして反対した。プトレマイオスは彼らにいった。

「バビュロンにゼウスの神託所があるので、そこで、アレクサンドロスの遺体について、どこにこれを移せばよいのか神託をうかがうことにしたい。」

ゼウスの神託は彼らにこのような神託を述べた。

「万人に有益なことをわたしは語ろう。エジプトにメンフィスという名前の町がある。あの地に王を祀るがよい。」

神託が与えられると、だれもこれに反対しなかった。こうしてプトレマイオスには、エジプトの町メンフィスに移動し、保存処置を施した遺体を鉛の棺に収めて運ぶことが認められた。プトレマイオスは車に遺体を乗せ、バビュロンからエジプトに行軍した。メンフイスのひとびとは、これを聞くと、アレクサンドロスの遺体を迎え、メンフィスの町に受けいれた。だが、メンフィスの神殿にいた最高の神官はいった。

「この地に遺体を埋葬することはやめて、ラコティスにある王が建設した町に弔うがよい。遺体がたとえどの町に安置されようと、その町は戦いと争いに混乱させられ、安定することはないであろう。」

そこでただちに、プトレマイオスはアレクサンドレイアに遺体を運び、「アレクサンドロスの遺体」と呼ばれる神域に墳墓を築き、そこにアレクサンドロスの遺体を埋葬したのである。[40]

第三五節

アレクサンドロスの生涯は三十二年であった。以下のような生涯であった。十二年間、戦争で過ごし、戦争をしては勝利を得た。二十二の異国の民を、ギリシアの十四の部族を支配下に治めた。彼はつぎの十二の町を建設した。エジプトのアレクサンドレイア、ホルパイのアレクサンドレイア、クラティストスのアレクサンドレイア、スキュティアのアレクサンドレイア、クレピス河畔のアレクサンドレイア、トロイアのアレクサンドレイア、バビュロンのアレクサンドレイア、ペリアのアレクサンドレイア、ブケパロス・ヒッポス〔馬〕のアレクサンドレイア、ポロスのアレクサンドレイア、ティグリス河畔のアレクサンドレイア、マッサゲタイのアレクサンドレイアである。

アレクサンドロスは正月の新月の日、太陽の昇ろうとするときに生まれ、四月の新月の日、太陽の沈もうとするときに死んだ。アレクサンドロスが若くして死んだことから、その最後の日はネオマガと呼ばれている。アレクサンドロスは世界歴五一七六年に、第百十三オリュンピア紀の最後の年に死んだ。一オリュンピア紀は四年で、アカズ王の治世の四年目に第一オリュンピア紀が始まった。アレクサンドロスの死から、乙女マリアを通して神の言葉が肉となるときまで三百二十四年であった[41]。

補遺

クロル版　第一巻

第一二節

　受胎から分娩までの時が満ちて、オリュンピアスがお産のための椅子にすわると、陣痛が始まった。ネクテナボンは、天球の黄道帯における星座の天体運動を観察し、妃のそばに立つと、つぎのようにいった。

「さあ、すこし椅子から立ちあがって歩きまわってご覧なさい。いまは誕生星はさそり座となっています。すべてを照らすヘリオス〔太陽〕が、あとを追いかける天の動物たちのくびきにかけられた様子を見て、このときに生まれた者を天球から完全に振りすててしまう。つぎの星座のもとでも、お妃よ、ご自分にうち勝ってください。すなわち、誕生星はかに座となっています。クロノスが、二人の子供の陰謀によって自分の陽物を〔穂先まで〕切り取られ、これを海の支配者ポセイドンと地下の神プルトンに向けて、……ゼウスの天の支配の座へ……。このときに生まれる者は……。このときを少し……。というのは、角をつけたセレネが牛に引かせた車に乗って天頂をあとにして、地上におりてきて、美しき牛飼いの青年エンデュミオンを胸に抱いたのです。そのために、……火に焼かれて命を落とすでしょう。そのつぎの誕生の時もよくはありません。寝室を好むアプロディテ、弓の名手エロスの母は、いのししに突かれたアドニスを失うことになりましょう。このときに生まれた者はビュブロスの女たちの栄華を受けて……身のまわりに騒動をひきおこし、……獅子アレスの怒りを……。というのは、この神は乗馬を愛す戦士ではありますが、へリオスによって、不義のベッドのうえで武具も着けず裸体のままのところを皆の目に供したのです。だから、このときに生まれた者は皆から嘲笑を受ける身となりましょう。いましばらく、王妃よ、不吉な名前をもつアレスのそばの山羊の角のある、あのヘルメスをやりすごしてください。もし生まれるなら、ご自分の子供は……博識ではあるが、争いごとを好む飛んでもない心の持ち主となりましょう。このときの子は世にも不思議な人間となります。いまこそ、王妃よ、安心して、苦痛から解放してくれる椅子におすわりください。出産のためにもっと大きな苦しみを、もっと力いっぱいに味わうようにしてください。というのは乙女を愛でるゼウスが、自分の太腿に縫いこんだエウオイのディオニュソスを世にあらわし、おだやかに天の中央に座し、山羊座のアンモンとなって水がめ座と魚座のうえにきているので、エジプト人の血を引く者を世界の支配者の地位につけるでありましょう。さあ、いまのこのときに子供を生まなければなりません。」

こういうと同時に、この世に赤ん坊が生まれおち、稲妻が光り、大地が揺れ、全宇宙が振動した。

第三一節

（本文の末尾に以下の文がつづく）

アレクサンドレイア以上に大きい他の町はない。というのはあらゆる町の測量がおこなわれ図面が引かれたのである。シュリアの最大の町アンティオケイアは、八スタディオンと五十二プース、アフリカのカルケドンは十六スタディオンと二・五プース、ペルシア人のバビュロンは十二スタディオンと二百八プース、ローマは十四スタディオンと二十プース、アレクサンドレイアは十六スタディオンと三百九十五プースであった。[1]

第三二節

（十五行目以下挿入）[2]

ひとびとはアレクサンドレイアの建設をメソスという平地から始めた。だからその地区は都市建設がそこから始まったことからメソペディオンと呼ばれている。建設にかかわった者たちのまえにつねに大蛇があらわれ、仕事をしている者たちがこれをこわがった。大蛇の出現のために仕事がはかどらなかったのである。このことがアレクサンドロスに報告されると、蛇をみつけたところでこれを倒すように命じた。この生き物がストアとよばれているあたりにすがたを見せたときに、任にあたった者たちはまわりを取りかこみ殺害した。アレクサンドロスはその殺された場所を大蛇のための聖域とするように指示し、これを埋葬した。「アガトス・ダイモン」があらわれた記念にこの地に花冠をささげるように命じた。

基礎の土木工事に掘り出された土砂はひとつの場所以外にどこにも廃棄しないように指示した。こうして現在でも残っているが、巨大な丘となっている。この丘はコプリア〔ゴミの山〕と呼ばれている。（以下十六行目につづく）

第三三節

（八十六頁二行目の「内臓は祭壇のうえに置かれていた」につづく）

この神域は大昔に作られ、木製の神像がなかに祀られていたが、人間の身でこれを説明することはできなかった。口外禁止となっているこの木像に並んで巨大なコレの像が立っていた。この地に住んでいる者に、この神はどの神であるかをたずねた。自分たちは知らないのであるが、先祖からの聞き伝えによると、ゼウスとヘラの神域であるということであった。そこにはオベリスクもあった。現在の周壁の外側のサラピス神殿のなかにいまでも残っている。オベリスクには神聖文字が刻まれていた。

アレクサンドロスは、

「オベリスクはだれのものか」とたずねた。

「世界の支配者セソンコシス王[3]のものです」と彼らは答えた。

碑には、「世界の支配者、エジプトのセソンコシス王、だれの目にも明らかな宇宙の神サラピスにこれを捧げる」と、神聖文字で書かれていた。

「偉大なるサラピスよ、あなたが宇宙の神であるかどうか、わたしにお示しください」と、アレクサンドロスは神の像を見ながらいった。

眠っているときに神があらわれて、彼にいった。

「アレクサンドロスよ、いけにえの儀式のときにおまえがなにをいったか、忘れたのか。『この地を見守り、限りのない宇宙を見そなわしているあなたがどんな神であれ、このいけにえをご嘉納くださって、戦闘においてはわたしの守護者となってくださるように』と、いいはしなかったか。すると突然に鷲が舞いおりて祭壇の内臓を奪いとった。あらゆるものを見守る神であることを覚るべきでなかったか。」

それからアレクサンドロスは神に夢のなかで呼びかけて、いった。

「この、わたしの名をつけて建設されたアレクサンドレイアの町が永遠に存続するものかどうか、また、わたしの名前が別の王の名前にかわることがあるかどうか、お知らせください[4]。」

夢で、神はその手を取り、大きな山のふもとへ連れて行き、いった。

「アレクサンドロス、おまえはこの山を別の場所へ移動させることができるか。」

「神よ、わたしにはできません」答えたように思った。

すると神はいった。

「このように、おまえの名前も別の王の名前にかわることはないであろう。むしろ、アレクサンドレイアは富に恵まれて繁栄し、この町よりも以前からあったどんな町よりも、もっともっと大きく栄えるであろう。」

「神よ、いつ、また、どのようにして、わたしが死ぬことになるか、このこともお知らせください。」

神は夢のなかでつぎのようにいったのである。

死すべき者は、生涯の終わりの
時がいつであるかを前もって知らないことこそ、
うれいもなく、かつ美しく、尊いもの。
というのは、人であれば、不幸の経験のない場合には、
目もあやなこの世界が不死なものではないと、
心に思っているものだから。

将来のことを前もって知らないことがおまえによいことであれば、
まさにこれと同じことこそ最善であると思うがよい。
それでも、おまえみずから知りたいとたずねているから、
教えてやろう。手みじかに以下のことを聞いておくがよい。
わが采配によって、おまえは若くして、
蛮人のあらゆる種族を征服することになろう。……
世界中の人の憧れる都を、神の息吹を受けたみごとな華として……。
数えきれない好機にめぐまれ、時代も進むにつれて、
この都も富を貯え、たくさんの神々の社や
美しい神々の杜がたえることなくつらなり、
美と荘厳さと、ひとびとの賑わいとに満ちあふれるであろう。
この地に来るものはすべて、
自分の生まれ育った土地を忘れ、ここに定住するであろう。
わたしはこの都を守護する神となり、……
……
……ように定め、中心となる……。
凹凸をならし、炎を鼓吹し、

穏やかならざる南風の吹きこまないように押さえつけて、
悪しき神々のいかなるわざわいも
この都をかき乱すことのないようにしよう。
地震も、飢饉もまた疫病も、同様に、ほんのしばらくのあいだだけに
とどまるであろう。戦争も、大がかりな殺戮ではなくて、
夢のようにあっという間に都をかけ抜けるであろう。
おまえは一生を通じて、あらゆる地域のひとびとから、つねに、
まるで神となった者のように、崇拝されるであろう。
死後は、神格化され、崇められ、
王族から奉納を捧げられるであろう。どんなときも、
死んだあとも、死んでいないときも、この町に存在するであろう。
というのは、建設されたこの町こそおまえの墳墓の地となるからである。
アレクサンドロスよ、わたしが何者であるかわかるであろう。
二百と一の数に、
さらに百と一を、八十と十を加えて、
最初の文字を取って最後に加えよ。[5]
そのとき、わたしがなんという神であるか覚るであろう。

神は神託を述べると、自分の住まいにもどって行った。アレクサンドロスは目を覚まし、神託をあれこれと思いめぐらして、万物の神、偉大なるサラピスであることを認めた。立派な祭壇を築き、神にいけにえを持ってきて、これを殺害し、祭壇に捧げさせた。香木と香料を山のように、祭壇につむと、全員に宴会を催すように指示した。さらにアレクサンドロスはパルメニオンに命じて、神の木像を作らせ、ホメロスの歌った詩にあるような神殿を建てさせた。詩人ホメロスはつぎのように歌っている。

クロノスの子ゼウスは黒い眉をつかってうなずいた。
はたして主なる神のこうべから、聖なる黒髪を
なびかせるや、大いなるオリュンポスをふるわせた。[6]

こうしてパルメニオンはパルメニオンの神殿と呼ばれるサラピス神殿を建築したのである。アレクサンドレイアの町の建設については以上の通りである。[7]

第四五節[8]

兵士たちをなだめながら、その先の行軍を続けた。ほかの町々は通り過ごしてロクリス

人の町にやってきた。その地に軍を待たせたまま、一日の行程だけその地から離れると、アクラガスの町に着いた。アポロンの神殿にはいると、そこの巫女から自分について神託が与えられるようにと巫女に頼んだ。しかし彼には予言の神託を与えることはできないと巫女が答えると、アレクサンドロスは怒っていった。

「神託を語る気がないのなら、三脚のかなえを持ちさろう。ちょうど、あのヘラクレスが、リュディア王クロイソスの奉納したアポロンの三脚台を奪ったときのように。」

すると、彼にむかって、神殿の奥の聖所から声がはなたれた。

「アレクサンドロス、ヘラクレスは神として神にたいしてこのようなことをおこなったのだ。だがおまえは人間であるから、神々に対抗することはやめるがよい。というのは、おまえのうちたてた業績については神々のもとにまでその噂が届いている。」

アポロンの巫女はこの声が発せられたあとでいった。

「神みずからが、あなたを権威ある名でお呼びになって、神託をくだされたのです。すなわち、奥の聖所から神は、『アレクサンドロス、ヘラクレス』と叫ばれました。[9] これによって、神は、あなたが他のだれよりも、大事業においてすぐれていることを、そして永遠にわたってひとびとの記憶に残るであろうことをお示しになられたのです。」

第四六節[10]

三日のあいだ、テバイの町はすべて火に包まれた。まず、アレクサンドロスの指揮していたカドメイアと呼ばれる門が破られた。ただちに王は、わずかの隙間を通って単身、町なかに侵入した。敵対していたテバイ軍の大半は怖れて逃げ散った。ある者たちにはアレクサンドロスは手傷を与え、ある者たちには恐怖を吹きこんだ。そのほかの市門からも残りの兵士たちが騎兵もろともに攻めいってきた。あわせて三千の兵がテバイのすべての者を倒した。いまや市壁は破壊され陥落した。マケドニア軍はアレクサンドロスの命令には忠実に従ったからである。カドモスの最初に建設された都の基礎は人間の流した多量の血のりでぬれ、多数のテバイ人の遺体を見守る大地は窮屈そうであった。キタイロンの山は同胞の悲しみの声に歓声をあげ、その不幸に耐えているすがたに踊り狂っていた。家々はすべて倒壊し、テバイの都すべてが火に焼かれた。マケドニア兵は、その手を、殺戮の剣を真っ赤な血で染めるのを嫌がらなかった。テバイ人はもはやいかなる救いもなくなり、狂気のようになって、アレクサンドロスによって滅ぼされた。

第四六節[11]

「アレクサンドロスよ、わが身で経験して、あなたの力の神にも等しいことがわかって、あらためてうやまい申しあげる。しかし、テバイからその常勝不敗の手を遠ざけて……、ほまれ広き神々と、先祖の交わりから生まれた最初の子が……。ゼウスとセメレの子ディオニュソスはテバイで稲妻の炎から生まれた。ゼウスとアルクメネからヘラクレスが生まれた。この二人はあらゆる人間のための恩恵者となり、救済をもたらす平和の守護者となった。そしてアレクサンドロスよ、この二人はあなたの先祖でもある。あなたは二人を模範として善行を施さねばならない。神々から生まれた者として、ディオニュソスとヘラクレスの養い親であるテバイの滅びるのをそのまま見すごさないでいただきたい。牡牛によって築かれた町[12]を廃墟にさせないでいただきたい。というのは、マケドニア人には将来、非難が加えられよう。アレクサンドロスよ、自分がペラの者ではなくテバイの者であることを知らないのか。あなたの先祖の神々、歓びと舞踊の一団の長リュアイオス・ディオニュソスと、大事業を達成した正義の神、人類への恩恵の神ヘラクレスを招請しつつ、わが言葉を通じて、テバイの国全体は、懇願している。いまこそ、先祖たち——大半は立派で正しいものであるが——の手本をみならって、怒りの気持ちを恵みのほうに向けていただきたい。懲らしめよりも、あわれみの気持ちをもって対応するように。

あなたを生んだ神々を無人の砂漠にはしないでください。
ご先祖の都を破壊しないでください。
わけもわからないままご自分の祖国を廃墟にしないでください。
この市壁をご覧になっていますか。これはゼウスの息子たち、羊飼いのゼトスとアンピオンが築いたもの。
踊りに夢中になっていたニュクテウスの娘の
ニュンペが、こっそりと生みおとしたもの。
この町のいしずえ、ぜいたくな作りの家屋敷は
カドモスの手の加わったもの。ここでカドモスはニュンペの
ハルモニアを妻にした。泡から生まれたキュプリスと
トラキアの神との密通によって彼女は生まれたのであった。
見境なくご自分の土地を荒地に変えないでください。
テバイの市壁をすっかり火に包み焼きつくさないでください。
[これはラブダコスの館。] ……悪しき定めの、
不幸な母親は父殺しオイディプスを……
ここは、以前はアンピトリュオンの住まいであったが、
ヘラクレスの神域。ここでゼウスは一夜のうちに
三夜分を過ごして休んだのであった。[13]
いきおい烈しく燃えているあの家並みが
なおも、天の怒りをしたたらせているのが目にとまるであろうか。
そこは、ゼウスが、恋い焦がれた娘セメレを

雷火で打ったところ。こうして炎に包まれたなかで
彼女はエイラピオテス・レナイオス[14]を生んだ。
ここはヘラクレスが狂気におそわれ、
乱心のあまり、妻のメガラに矢を放って殺害したところ。
ご覧になっているこの祭壇はヘラのもの。
ひときわ高く……昔の祭壇を築き……。
ここで、ヘラクレスがまとったころもにわが身を食ませながら、
ピロクテテスの手で灰となった。

……

これはポイボスの神託所、テイレシアスの館。
トリトニス・アテナによって女のすがたにかえられたこともある、
この予言者は、この地で三代にわたって長生きをした。
狂気にとらえられたアタマスは、仔鹿にすがたをかえられていた
息子のレアルコスを弓矢で殺害してしまった。
イノは狂乱のあまり、生まれたばかりのメリケルテスとともに、
海原の底へ飛びこんだのであった。
この地から、盲目となったオイディプスは

クレオンの命令により追放された。その杖となったのは娘イスメネ。
これに因んだイスメノス河はキタイロンの中腹から
バッコスの水を運んでくる。
枝を天高く伸ばしているもみの木が見えるであろうか。
ペンテウスがこの木に登って踊り狂う女たちの一団を
のぞきみようとして、不運にも、生みの母によって八つ裂きにされた。
血の色をした水の湧き出ている泉が見えるであろうか。
そこからは、おそろしい牛の鳴声が響きわたっている。
これこそは、引きずられて死んでいったディルケの血。
道の向こうに突き出ている
あの丘の上が見えるであろうか。
そこは、あの怪物のスピンクスがすわり、
市民に難問を課していたところ。
オイディプスがいろいろと苦心した末に、彼女を倒したのであった。
これは神々の泉、聖なる流れ、
ここから、白銀のニュンペがほとばしり出る。
アルテミスはこの水面におりたって

肌をみがいた。かの不敬の輩アクタイオンは、許されないものを目にした。レトの娘神の水浴のすがたを見たのだった。みっともないことに、鹿にすがたを変えられ、水浴を見たことで、生肉を食らう犬どもに追いつめられて死んだ。……テバイを相手に戦争をした。

そこでは武具を輝かせたポリュネイケスが、七つの門の寄せ手、アルゴスの軍勢を指揮した。ここでカパネウスは市壁のほとりで黒く焼けこげてしまった。この門はエレクトラ門と呼ばれている。

「プロイトス門が破られると、そこで大地がおおきな口を開き、無敵のアンピアラオスを呑みこんだ。ヒッポステノスの息子が第三番目のオギュギア門のあたりで閉じこめられたヒッポメドンを倒した。ネイストス門では、無数の人間の殺戮者としてこの地に攻め寄せてきたパルテノパイオスが倒れた。ホモロイア門ではカリュドンの人テュデウスが猛々しくも立ちはだかっていた。ここは、ポリュネイケスとエテオクレスがおたがいに打ちあいをし倒れたところ。ここはアドラストスが逃げて、……。（アルメニア語版による）」

アルゴス軍を率いて戦死した将軍を埋葬した。
あわれみをかけてください。神聖なるカドメイアの都が懇願しています。
……
……
これらをあなたは根こそぎ破壊するように命じているのだ。
ご先祖であり父ピリッポスの先祖でもある
ヘラクレスの神殿が燃えあがっているのが目にみえるであろうか。
なにも知らないまま、ご自分の聖域を焼き滅ぼそうとなさるのか。
ヘラクレスの子孫であり、名高いバッコスの血筋のあなたは、
自分を生み育てた両親に、なぜ、無礼を働くのか。」
イスメニアスは以上のことを嘆願すると、アレクサンドロス王の足元にひれふした。
だが、マケドニア人は彼のほうに目をじっとそそぎ、
歯をきしらせながら、
怒りを満面にあらわして、つぎのような言葉をはなった。
「カドモスの民の、もっとも邪悪なる子孫よ、

もっともよこしまなる生きものにして、神々に嫌われたものよ、
蛮族の筋を引いた町の者たちよ、
イスメネに加えられた苦しみの残りかすである汝よ、
さかしらな作り話を神話にして語って、
アレクサンドロスたる者をたぶらかそうと謀らんでいるのか。
わたしが町全体を破壊しつくし
炎で灰にし……、
おまえたち全員をその先祖以来の祖国もろともに
滅ぼしつくさんとしているときに、……、
もしも、おまえが、わが祖先はどこか、だれであるか、
わたしの血筋のすべてを知っていたのなら、
テバイの者につぎのように伝えるべきではなかったか。
『同じ市民に抵抗することはやめようではないか。
彼に指揮権を与えて、われわれはその同盟軍となろうではないか。
われわれはアレクサンドロスと同族の市民なのだ。
もしも、マケドニア人がテバイ人と結びつけば、
太古に源をもつわれわれの血筋にほまれが加えられよう』と。

自分の身を守ることに無力であったし、
戦闘ではおまえたちの蛮勇は汚辱となったのであるから、
態度の変化も懇願も意味をなさなくなったのだ。
……
アレクサンドロスとの戦いではいかなる力も示さなかったからには。
テバイ人にもおまえにも、……
……近づく最後を……
……テバイを焼きつくそう。
笛の名人のイスメニアスにわたしは命じる。
なかば焼けおちた館の上に立って、
ダブル・リードのアウロスの音によって。」
このように彼は兵士たちに命じて、七つの門のある
テバイの市壁と町を破壊させた。
またもキタイロンはテバイ人のために踊り狂った。
イスメノスの河みずから血ぬられた流れとなった。
テバイ人の市壁と町は打ち倒された。
大地全体が、殺戮にうんざりし、

家々の引きたおされるたびごとに、ひとびとのわめき騒ぐなか、
苦しくも呻きつつ、悲鳴をあげた。
阿鼻叫喚の混乱のさなかに、
イスメニアスはダブル・リードの笛の調べを和した。
マケドニアのアレクサンドロスの命じた通りにおこなった。
カドモスの町の城壁すべてが、リュコスの屋敷が、
ラブダコスの館が廃墟となったあと、
かつて受けた教育にたいする感謝のために、
……ピンダロスの墓を……、
……子供のときに、そこにはいって、
年老いた大詩人を訪問し、ムーサの技にかかわったことがあった。[16]
無数の人間をその祖国で殺害した。
なおも生存している者はわずかしか残らなかった。
さらに彼らの部族の名すら消しさってしまった。
というのは、この地の人間が無法な者であるといって、
テバイは今後はテバイという名前を持たないよう、
そして、彼らの町が町とならないように命じた。

テバイ人の身に起こったことは……であった。というのは、さきに市壁を築き完成するさいには、アンピオンの竪琴が調べを奏でつつ城壁を作りおえたのであるが、これが破壊されるときには、イスメニアスが伴奏したのであった。楽の音によって建設されたものは、また、楽の音によって壊された。

こうしてテバイ人すべてがその町とともに滅亡した。生き残ったわずかのテバイ人には、もし町にやってこようとする者がいれば、その者は国を失った者であると宣言した。そこからほかの町々に行軍した。

第四七節

生き残ったテバイ人は、いつかまたテバイをとりもどせるかどうか、デルポイに神託をうかがうための人を送った。アポロンは彼らにつぎのような予言をした。

ヘルメスとアルケイデスと拳闘士のポリュデウケス[17]の三柱の
神々が戦った〔競技者となった〕あと、テバイよ、おまえは再建されるであろう。

このような神託が与えられたので、テバイ人はその結果を期待していた。

アレクサンドロスはコリントスに到着すると、そこでイストミア競技会の開かれているところであった。コリントス人は彼に、競技会を主催してくれるように頼んだ。これに同意するとアレクサンドロスは着席した。選手たちが入場し、勝者にはアレクサンドロスから冠を授けられたほかに、なおまた、優秀な競技者には贈り物を授与されたのであるが、選手のひとりで、クレイトマコスという名前でたいへんに立派なテバイ出身の者がいた。その者がレスリング、パンクラティオン、ボクシングの三種目に選手登録していた。レスリングのおこなわれる競技場では、彼は多彩で器用な技を駆使して対戦相手を破り、アレクサンドロスから称賛をかちとった。彼がレスリング部門の優勝の冠を受けようと、近くにきたときに、アレクサンドロスはいった。

「登録した他の二つの競技にも優勝すれば、わたしは君に三度も勝利の冠を授与することになる。そのときには、君の求めるものがなんであれ、その要求には応じよう。」

すると、彼はボクシングにもパンクラティオンにも、さらにまたレスリングにも優勝したので、アレクサンドロスのそばに行き、三つの冠を授与された。

「君のことを皆に告知しようと思うが、名前はなんというか、いずこの町の出身であるか」と、触れ役の者が彼にたずねた。

「わたしの名はクレイトマコス、しかし国はない」と、彼は答えた。

するとアレクサンドロス王がいった。

「おお、これぞ、あっぱれな勇者。ひとつの競技場で三度の優勝を、レスリング、ボクシング、パンクラティオンで勝利を獲得し、わたしからオリーブの冠を授与され、このような栄誉に輝く競技者にして、祖国がないというのか。」

「アレクサンドロスが王となる以前は、わたしにも国はありました。しかし、アレクサンドロスが王となってからは、わが祖国は失われたのです」と、彼は答えた。

アレクサンドロスは、あの男がなにをいおうとし、なにを求めているのか、気がつくと、つぎのようにいった。

「ヘルメス、ヘラクレス、ポリュデウケスの三柱の神々の名誉のためにテバイを再建させるとしよう。これは君の要求したことではなくて、わたしからのプレゼントとして受けるがよい。」

こうしてこのアポロンの神託が成就した。

「ヘルメスとアルケイデスと拳闘士のポリュデウケスの三柱の神々が戦ったあと、テバイよ、おまえは再建されるであろう。」

クロル版　第二巻

第一節

アレクサンドロスはコリントスからアテナイの町であるプラタイアに進んだ。[1] そこではコレの女神が崇拝されていた。女神の神域にはいると、神聖なる衣装が織られて……。その女祭司はいった。

「偉大なる王よ、ちょうどよい時にはいって来られた。町中の評判となって、輝かしいほまれを受けるでしょう。」

アレクサンドロスは祭司に黄金を褒美にさしだした。プラタイアの将軍スタサゴラスは数日して、女神の神域にはいった。

「スタサゴラス、いまの地位をはずされましょう」と祭司はいった。

「予言の術にも値しない者よ、アレクサンドロスがやって来たときには彼を祝福し、わたしには破滅が待っているとは」と腹を立てていった。

すると祭司がいった。

「このことで怒るのはお止めください。というのは、神々はしるしを通してあらゆることを人間に、とくに目立ったひとびとにお示しになります。アレクサンドロスがここに来たときには、わたしはたまたま女神の衣装に紫の[2]模様を織りこんでいました。ですからこのように彼には予言しました。しかし、衣装も完成し、その機から取りはずそうとしたときにあなたがはいってこられたのです。ですから、現在の境遇からはずされることがあなたには明らかとなるはずであります。」

すると彼はこの女を祭司の役からはずすように命じて、このようにいった。

「おまえは自分自身にしるしを解釈して見せたのだ。」

アレクサンドロスはこれを聞いて、すぐに彼を将軍の職から解任し、女祭司をもとの同じ地位にもどした。

スタサゴラスはアレクサンドロスには秘密にしてアテナイに出発した〔というのは、アテナイ人によって将軍に任命されていたからである〕。涙ながらにアテナイ人に向けて自分の解任の事情を説明した。彼らはすくなからず憤激し、アレクサンドロスにたいして無礼な暴言を吐いた。アレクサンドロスはこれを知って、つぎの内容の手紙を彼らに送った。

「アレクサンドロス王よりアテナイ人に告ぐ[3]。わたしは父の死後、王国を相続し、西方の諸都市やたくさんの地方を手紙をとおして平定したあと、これらの市民がわが同盟軍となる用意をしていた場合でも、その意図を認めた上で、彼らには現在住んでいる地にとどまるようにすすめて来た。熱心にわたしを王としてむかえようとする者たちの勇気によってわたしはヨーロッパ一帯を平定し、わたしにたいして反抗したテバイ人を、その町をまったくの土台からくつがえした上、滅亡させたのである。さて、アジアに攻めのぼろうと考えているわたしは、アテナイ人にこころよく迎えられるようにと伝えるものである。自分からはじめて諸君に手紙を書いているが、その中身は不器用な諸君のやるように、多くの言葉や文字を要するものではなく、簡単明瞭なことである。命令し行動することは、征服された者にではなく征服した者にこそふさわしい。すなわちわたしアレクサンドロスに従順であることが諸君の守るべきことである。まさに諸君がより強大になるか、または強大な者に屈服し、年間千タラントンの税を支払うかいずれかの道しかない。」

第二節

アテナイ人は手紙を読んでから、返事を書いた。

「アテナイ人の町と、そこから選ばれた十人[4]の弁論家がアレクサンドロスに告ぐ。われわれは汝の父の存命中は塗炭の苦しみを味わってきた。悪鬼のごときピリッポスを思いおこしてその死んだことに狂喜したのである。ピリッポスの大胆不敵の子よ、汝についても同じことをわれわれは考えている。アテナイ人に一年間千タラントンの税を要求しているが、これは勇気あるこころざしをもってわれわれと戦争をしようということであろう。とにかくそのようなことを考えているのなら、来るがよい。われわれには準備はできている。」

アレクサンドロスもアテナイ人に返事を書いた。

「わたしは先にすみやかにわが部下レオンを派遣して、諸君の舌[5]を切り取りこれを持ってこさせ、諸君の無思慮な弁論家たちを……連行させることにした。そして諸君とその同志の町アテナイを、命令されたことを実行しないがゆえに、火攻めによって破壊するつもりである。諸君との意見のちがいについて熟慮したうえで、諸君の町にあわれみをかけることができるかどうかを見たいと思うから、代表たる十人の弁論家をこちらに引きわたしてほしい。」

「そうはしない」とアテナイ人は返事をした。

数日後、なにをなすべきか、アテナイ人は集会を開いて審議した。議論の途中、弁論家アイスキネス[6]が立ちあがっていった。

「アテナイ人諸君、なぜ審議を遅らせているのか。諸君がわれわれを送ることを良しとするならば、われわれは元気よく出かけるであろう。というのはアレクサンドロスはピリッポスとは別の人間であるからだ。ピリッポスのほうは戦争を趣味としてきたが、アレクサンドロスはアリストテレスの教育を受けて育ち、知識を身に着けることに努力をかたむけてきた。であるから、教師たちと顔をあわせれば、その気持ちも変わるだろうし、王権について教えてもらった先生のまえでは恥じて赤面するであろう。いまわれわれにたいして抱いている考えを柔軟なほうに向けるかもしれない。」

アイスキネスが話しているときに、こころざしのある弁論家デマデス[7]が立ちあがり、アイスキネスをさえぎってつぎのように演説を始めた。

「アイスキネス、いつまで、君は、アレクサンドロスとは戦争で対決しないようにと、優柔で臆病な議論をわれわれに吹っかけつづけるのか。このようなことを口にしてもよいと、どの神が君のなかにはいりこんで来たのか。おおげさな大義名分を唱えて、ペルシア王との戦争をしかけるようにアテナイ人をけしかけた君が、いまは、アテナイ人に臆病風を吹きこませ、傲慢不敵な父親のあとをついだ、あの向こう見ずな若造の王に恐怖を覚えるようにさせるのか。なぜ彼と一戦を交えることを恐れることがあろうか。ペルシア人を撃退し、ラケダイモン人を打ち負かし、コリントス人に勝利し、メガラ人をけちらかし、ポキス人を征服し、ザキュントス人を滅亡させたこのわれわれがアレクサンドロスと戦うことを恐れるのか。しかしアイスキネスはいう、アレクサンドロスはわれわれ教師たちを思い出し、われわれの顔を見て恥を感じるであろうと。滑稽千万なことだ。われわれの任命したスタサゴラスを解任してわれわれ全員に侮辱を加えたのである。さらにプラタイアがわれわれの町であるのに、わが敵……キトンを軍の統師者に任命してしまった。すでにプラタイアにたいして応報を加えたのは、自分のためであった。それでも君は、彼がわれわれの顔を見れば、恥を思うであろうというのか。いやむしろわれわれをはだかにして鞭うつであろう。だから、無分別なアレクサンドロスと戦おうではないか。そしてあの男にたとえ若さがあるとしても、そんなものに値打ちがあるなどと思わないでおこう。というのは、若さは頼りにできるものではないのだ。勇敢に戦うにはそれで十分であるが、正しく判断することはできない。テュロスを攻め落としたと君はいう。これは彼らに力が不足していたからである。テバイは滅びたが、これはテバイ人がけっして無力であったからではなく、幾多の戦争で疲労困憊していたからである。ペロポンネソスの者たちを征服したが、これは彼本人がやったことではない、疫病と飢饉のために彼らは倒れたのである。さらにクセルクセスは海を船でつなぎ、地上全部を軍勢で覆い、武具のたぐいで天をふさぎ、ペルシアの国を捕虜でいっぱいにさせた。それでもわれわれは彼を撃退しその船隊を焼きはらった。キュナイゲイロスやアンティポンやムネソカレスやその他の優秀な戦士が戦いに参加したからである。[8]だがいまは、無謀な青二才のアレクサンドロスやそのまわりにいる太守たち、彼よりももっと知恵のない警護の兵たちと戦うことを恐れているのか。それでは彼の要求してきたわれわれ十人の弁論家を送りだすつもりであろうか。それが有益なことかどうか、よく思いめぐらしてほしい。アテナイ人諸君、とにかく、けなげにも吠えたてる十四の犬がしばしば、狼を見て臆病になった家畜の群れを救うことを、諸君に前もって知らせておこう。」

第三節

このようにデマデスが演説を終えると、アテナイ人はデモステネス[9]に演壇に立って町全体の安全について意見を述べるように頼んだ。彼は立ちあがって話した。

「市民諸君、――ここではアテナイ人諸君とは言わないでおこう。つまりわたしが諸君の外国からきた友人であるならば、アテナイ人と呼びかけたであろう。だがいまは、……アレクサンドロスと戦うかあるいは屈服するかをめぐって、……われわれすべての者に共通している運命が問題になっている。アイスキネスはすでに数多くの集会で演説をしてきた老練の人であるが、諸君には、われわれに戦争をするように仕向けるでもなく、またそれに反対するでもなく、混乱した議論を展開したのであった。そしてデマデスは若くもあるせいか、若者らしい見方に沿うてこのように述べた。つまりキュナイゲイロスその他の勇敢な者のいたおかげでわれわれはクセルクセスを追い返した。しかし、デマデス、われわれにいまもこのような者を与えてほしい。そうすれば、われわれもふたたび戦うであろう。名前を挙げられた者たちの能力にわれわれは信頼して自分たちを任せようではないか。しかしもうこのような人物がわれわれのもとにはいないのであれば、戦うのは止めにしようではないか。というのはそれぞれのチャンスにはそれ独自の力の躍動と条件とが備わっているものである。われわれ弁論家は集会で演説することによって力を示すことができる。

だが武器を取ることにかけては無力である。たしかにクセルクセスは数においては巨大であったが、異国者であった。彼はギリシア人のもつ知恵に敗れたのである。しかしアレクサンドロスはギリシア人であり、十三度の戦争をおこない、いずれにも敗れることはなかった。かわりに大半の町が戦争もしないで彼を受けいれたのである。しかしデマデスはいう。

『テュロスの町は弱体であった』と。

しかしテュロス人はクセルクセスを相手に海戦をおこない勝利を得てその船隊を焼きはらった。しかしテバイ人もまた無力であったとはどういうわけか。彼らは、その建国以来、戦争に従事し、けっして敗北を味わうことはなかったが、現在はアレクサンドロスによって隷属化された。彼は言う。

『ペロポンネソスの者たちが敗北を喫したのはアレクサンドロスのいたためではなく、飢饉のためである』と。

しかしこのときは、アレクサンドロスはマケドニアから食糧を彼らに届けていたのである。

『戦争をしようとする相手に食糧を送るつもりですか』と太守のアンティゴノスがたずねると、あのマケドニア人が答えたという。

『その通りなのだ。戦いによって彼らを負かすためなのだ。けっして彼らが飢えのために滅びることがないようにしたいのだ。』

　さて、スタサゴラスがアレクサンドロスのために解任されたことでいま諸君は立腹している。しかし最初はスタサゴラスのほうから争いごとを起こしたのだ。祭司にこのようなことをいったからである。

『さあ、前兆にもとづいて、わたしがおまえを予言者の職から引きはなしてやろう。』

　こうして、アレクサンドロスはその愚かさを認めて、将軍職を解いたのであった。あの王が腹を立てるのも当然ではなかったか。

『いや、しかし』とデマデスはいう。

『スタサゴラスはアレクサンドロス王と張りあったのだ。というのは王と将軍とは同等の地位でもあるから』と。

　それでは諸君はアレクサンドロスがスタサゴラスを解任したことで、なぜ彼を非難するのであろうか。

『彼はアテナイ人であるから』とデマデスはいうのであろう。

　スタサゴラスによって役を解かれたあの予言者の女はアテナイ人ではなかったか。アレクサンドロスは、アテナイ人の正義を求めて仕返しをしようと、あのような処置を取ったのである。その日のうちに、予言者の女を巫女の地位にもどしてやったではないか。」

第四節

このようにデモステネスがいうと、アテナイ人のあいだで大きな称賛の声がわきあがり、途方もないようなどよめきが起こった。デマデスは沈黙し、アイスキネスはこれを讃え、リュシアスはこれに証拠をつけくわえ、プラトン[10]はこれに同意した。アンピクテュオニア同盟の者たちはこれに賛成の投票をし、……のひとびとからは反対は出なかった。そこに集まった者すべてが、デモステネスの話したことがらを承認した。

　デモステネスはさらにつづけていった。

「さらになお議論をつづけよう。デマデスのいうには、クセルクセスは海を船隊によって砦とし、大地を軍勢で埋めつくし、空を武具のたぐいでおおい隠し、ペルシアの国をギリシア人の捕虜でいっぱいにさせたと。現在では、あの異国者が、ギリシア人を捕虜にしたことで、アテナイ人から称賛を得るのも当然である。だがアレクサンドロスはギリシア人であり、自分に抵抗するギリシア人を配下に収めると、これを奴隷ではなく兵士に変えるのである。おのれにたいして敵対する者が同盟者となるように求めている。彼はつぎのようにはっきりと公言しているところでは、彼は、友人には親切をし、敵には友人となるよう、万人の支配者となるつもりである。さて、アテナイ人諸君、諸君はアレクサンドロスの友人であり、かつその教師でもあるのだから、アレクサンドロスの敵といわれることはありえないのだ。教師である諸君のほうが無知蒙昧で、諸君の弟子である者が教師の諸君よりも思慮判断にすぐれていると思われるとは恥ずかしい。

　ただひとりアレクサンドロスを除いて、ギリシアの王のいかなる者といえどもエジプトに向かった者はいない。しかも戦争をしようとしてではなく、自分の名を永遠に記念する町をどこに建設するか、神託を求めてであった。神託を受けると、もう基礎を起こし、建築が始まった。あらゆる都市建設の事業の土台が集中的に始まるや、たちまち、完成に到達することは目に見えて明らかである。彼が訪ねたエジプトはペルシア人に支配されていた。エジプト人が彼にともにペルシア人と戦うように求めたときに、あの賢明な若者[11]はこのように答えたという。

『諸君はエジプト人であるのだから、アレスの暴虐に対する準備に武装するよりは、ナイル河の洪水や土地の測量に注意をむけるのが得策であろう。』

　こうして彼は説得によってエジプトを服属させたのである。……というのは、富を生む土地がなければ、王といえどもなんの値打ちもない。ギリシア人のなかではじめてアレクサンドロスはエジプトを征服し、ギリシア人とエジプト人の王と呼ばれる最初の人となった。あの国土はどれだけの兵を養うことができるであろうか。その近くに配置された者ばかりでなく、遠征に出かけて戦っている者も十分に養える。どれだけの無人の町を定住するひとびとで満ちあふれさせるであろうか。小麦の豊富であるだけ人口も豊かとなる。王が要求するだけのものを、よろこんで補給するであろう。……諸君は、軍の必要とするあらゆるものにかんしこれほどの供給先を持っているアレクサンドロスと戦う意志があるであろうか。たとえ諸君が戦争を願い望んでいるとしても、いまの時機はこれを許さないのである。」

第五節

このようにデモステネスが弁じると、全員一致で、アレクサンドロスに祝意を示す決議文と名の知られたそのほかの使節につけて、勝利を記念する、五十リトロンの王冠を送ることに同意した。そのほかのというのは、弁論家たちを彼のもとに派遣しなかったからである。使節団はプラタイアに到着すると、王に決議の文を差し出した。彼はこれを読み、アイスキネスの擁護の説、デモステネスの集会〔の演説の主旨〕、アンピクテュオニア同盟諸国による諮問を知って、つぎのような手紙をアテナイ人に書いた。

「ピリッポスとオリュンピアスの子アレクサンドロスより——異国人すべてをギリシア人に従属させるまでは、わたしは自分を王とは呼ばないつもりである。わたしが諸君のもとに、十人の弁論家をここへ派遣するようにと手紙を送ったのは、その者たちを懲らしめるためではなく、わが師として歓迎するためであった。諸君からわたしが敵と見られることのないように、軍を率いて諸君を訪ねようとは思ってもいなかったからである。逆に、軍にかわって弁論家たちを連れていくことによって、諸君の胸中からあらゆる不安を取り除こうと考えていた。だが諸君はわたしには別の態度を取ってきた。時機をとらえてはマケドニア人にたいして取ってきた行動については、諸君みずからの無思慮のゆえに非難されているところである。すなわち、わが父ピリッポスがザキュントス人と戦争をしているときに、諸君はザキュントス人の味方となった。一方、諸君がコリントス人と戦っているときには、われわれマケドニア人は諸君の同盟軍となってコリントス軍を撃退した。そしてアテナ女神の像を……[12]諸君は破壊してしまった。われわれが諸君のためにおこなったことにたいしては、諸君のほうからわれわれはその正当な見返りを受け取ったことになるわけだ。諸君の犯したあやまちにたいして見せた寛容なわたしの気持ちに付け込んで思いあがった行動は取らないがよい。そしてわたしが王の大権をもった地位にのぼり、諸君から報復を求めることになりはしないかと戦戦兢兢となることのないように気をつけるがよい。このようなことでも、わたしもアテナイ人でさえなければ、実行したい気持ちに駆られる。……いったい諸君のあいだで評判となった市民のことで諸君が正しい判断を示したときはいつであったろうか。諸君に最善の方策を進言したエウクレイデスは牢獄にいれられた。諸君には有利な話をキュロスに伝える使節であったデモステネスは追放された。諸君の有能な将軍であるアルキビアデスには無礼を加えた。ギリシア文化の育ての親であるソクラテスを殺害した。[13]三度の戦争で諸君の同盟者となったピリッポスには忘恩のふるまいをした。将軍スタサゴラスがわたしと諸君に不正を働いたということでアレクサンドロスを非難している。アテナイの女である女神の祭司を解任したのは彼のほうなのである。彼女に巫女の職を贈ったのはわたしである。諸君にむけられた弁論家たちの弁舌をわたしは是認しよう。アイスキネスは諸君にとって有利なことを進言した。もう一度諸君はアテナイ人となるであろう。というのは、わたしから不幸な目を受けることになるのではないかと心配しないがよい。というのは、自由のために異国の者を相手に戦っているわたしが、自由の殿堂であるアテナイを破壊することは不合理なことであろう。」

第六節

手紙を送ったあと、軍を率いてラケダイモンに到着した。ラケダイモン人は、アレクサンドロスに怖れをなしたアテナイ人に恥をかかせようとして、自分たちの勇気あるところを見せ、市門を閉め、船隊には乗員を配置した。彼らは陸戦の勇士というよりは、海戦に抜きんでていたのである。彼らの陣容を知って、まず手紙を送った。

「アレクサンドロスからラケダイモン人に送る。とりあえず、諸君には、先祖から受けついでいる評判を守るようにわたしは忠告しておく。挨拶は、諸君がそれにふさわしいものであれば、あとから送られるであろう。……常勝をほこる勇敢な戦士諸君、その名声を奪われないように気を付けることだ。アテナイ人に力あるところを見せようとするあまり、アレクサンドロスに敗北を喫して、彼らから嘲笑されないようにするがよい。であるから、諸君が火に包まれることのないように、みずから進んで船からおりるがよい。」

このような手紙を読んでも彼らは納得しなかった。彼らは戦闘に打ってでたが、武装して市壁で戦っている者たちは倒され、船陣にいた者は火に焼きつくされた。生き残った者たちは嘆願者となり、捕虜にしないように懇願して来た。アレクサンドロスは答えた。「わたしが諸君に妥協的な態度で臨んだときには、わたしの言うことには従わなかった。船隊が燃えつきたいま、諸君はわたしのもとにきて願いごとをしている。しかしわたしは諸君を非難しない。クセルクセスを撃退したことを記憶にとどめている諸君はアレクサンドロスにもこれと同じことをしようと考えていたのであろうから。しかし、われわれの進撃に持ちこたえることはなかった。」

このような意見を述べたあと、将軍たちはいっしょになっていけにえを捧げた。ラケダイモン人にはその町が戦争のできないようにさせると同時に、税の免除を与えた。

第九節

ティグリス河とエウプラテス河はメソポタミアとバビュロンのなかを流れ、ナイル河に注いでいる。すなわちひとびとの言うところでは、ナイル河がエジプトに達するときには、両河は乾燥し、エジプトから出るときに氾濫を起こすそうである。[14]

第一四節15

アレクサンドロスは、王に勝利し大権を握ったというしるしを手にいれたと思った。彼はダレイオスの宮殿にはいり、ただちに宴会の場へと案内された。

第一の寝椅子はダレイオスのものであった。第二はその弟のオクシュアレス、第三はオクシュドラケス人の太守オコスのものであった。つぎには、スーサのアドゥリテスとプラオルテス、彼につづいて、六人目にミトリダテスが横になり、つぎに弓兵隊の長のティリダテス、それから黒い皮膚のカンダウレス……、それからエティオピア人の王とそのとなりには大将軍のポリュアレスが横になった。……彼らの正面に、すべてに長じているマケドニアのアレクサンドロスがただひとり、ひとつの寝椅子に横になった。

第一九節16

アレクサンドロスは、ダレイオスの名前を散々に愚弄するのでなければ、アジアの王とはなれないと思っていた。彼がカスピアの門の方角に逃走したことが報告された。ダレイオスが付近にいるという報告を聞いて、威勢よく追跡を始めた。宦官のバギスタノスが逃亡してきて、真実に沿ったことすべてを知らせたので、より一層大胆に追跡をおこなった。

第二一節　アレクサンドロスの布令の補遺[17]

さて、ダレイオスの当時すでに問題となっていた、道路に課せられることになっている税については、神々の、とくにサラピスとゼウスの神殿に納めることにする。さらに、キュロスの誕生祝いにかわって、しかるべくわたしの誕生祝いを開催したいと望んでいるので、両方の誕生祝いを祝祭と競技祭とあわせおこなうように、太守モスキュロスに指示を与えた。競技祭ではペルシア人が観客となり、賞品は諸君の希望するようなものがペルシア人に提供されることになろう。栄冠を与えられた乙女は、もしも彼女がわが同胞の娘であれば、死ぬまで、年々その栄誉のために栄冠と同じだけのものを受け、最後まで祭司にとどまるように希望する。しかし人間の本性にとらえられ、乙女であることをやめるときは、彼女には持参金のかわりにそれだけの額のものを与えよ。このことは、祭司の職を受けついだ少女たちにも適用されることにせよ。体育場をペラにあるような人目を引く場所に建設せよ。わたしの生存中は、自分でその選定をおこなうであろう。だがわたしの死後は、この国を委任した十二人の統治者がこれをおこなうであろう。戦車競技には、……スタテルの黄金の皿のほかに銀の皿が賞品にだされるであろう。それぞれには、まともな人間ならば酩酊できるほどの、一メトロンの容量がある。競走馬の競技では同じ重さの皿とペルシア風の衣装一式が……一生にわたってアレクサンドロスの宴席に……。ペルシアのおきてにならって勝利を得た者は、黄金の冠を手にいれるであろう……。ペルシア風の衣装一式、黄金の帯、百五十スタテルのふたつの皿……。王ではないが統治者であるペルシアの太守たち全員はこれらの神域に……。競技の監督はわがアレクサンドロスの神官が務めるがよい。アレクサンドロスの神域を築いたモスキュロスが、とくに顕著な祭日には、黄金の冠と紫の衣装を身につけるべし。娼婦はわが神域には足を踏みいれてはならない。メディア人の種族はどんな方法においてもそこから遠ざけること。諸君のなかで他人となにかもめごとがある場合、どんなことでも、とくに重要な問題においては、自分たちのあいだで決着を図ることのないように。もしも議会の外でだれかが、太守なり……をしていることが明らかになれば、その者は敵として葬りさるべし。」

以上のことを書きおえてから、またアレクサンドロスはつぎの言葉を加えた。

「わが敵にして偉大なる権力者、諸君の主なるダレイオスが殺された。……

第二二節[18]

それからロクサネに手紙を書いた。

「アレクサンドロスからわが妹ロクサネにご挨拶を。わが母オリュンピアスに、われわれのことでほかのいろいろな点について書き送ったさいに、女性の装飾品と、ダレイオスの母ロドグネとその妻スタテイラの衣装一式をこちらへ送ってくれるようにお願いした。オリュンピアスにもスタテイラにも装飾品として贈り物にしないのであるから、これらを届ける者としてカラノスを送った。万物を見守るネメシスを畏れうやまい、あの強力にして大いなる嫉妬をわが身からはねつけよ。というのは、定めをこえようとはしないことが、神々にも人間にも正しいことであるのだから。自分でも、アレクサンドロスの名前にふさわしい考え方をし、オリュンピアスへの畏敬の気持ちを忘れないように。これを守れば、君自身にもわたしにもすばらしい輝きをもたらすであろう。ご健勝を祈る。」

クロル版　第三巻

第四節

アレクサンドロスはインドの王国のなかでこれ以外の地方をも支配下に治めた。パウサニアス治下のインド人を征服した。アオルネ[1]と呼ばれている場所が五スタディオンの標高であるのを――その高さのために鳥でさえも近づくことができないことからアオルネといわれるのだが、――見て……、ディオニュソスもまたこのアオルネに軍を進めたが、これを占領することはできなかったし、ヘラクレスもその高さと険しさのために同様であった。アレクサンドロスはその地をつぎの手段を用いて落としいれた。鉄のくぎを用意させ、これを断崖に打ちつけるように命じ、マケドニア軍はこれを伝ってよじ登り、インド兵を攻めて、優位に立ち、岩山を手に入れたのである。このようにしてアオルネを彼は陥落させた。これを征服したあと、太陽の昇るあたりの、ヒュダスペス河の流域に、兵士と象の大群を率いてその地方を支配している人物のいるのを聞くと、彼らのほうにも遠征したいと望んだ。マケドニア軍を呼びよせて、自分に従って、あの王の攻略に進軍してくれるように頼んだ。アレクサンドロスはこれまでとはちがって、大胆であり思い切った行動をとる人間であった。彼のほかに例を見ないような勇敢さを聞きつけると、ほかの町々からも逃れてきて、ひとつの町に多くのひとびとが集まって来て、これが、インドでは最大で、もっとも堅固な町となった。[2] そこでアレクサンドロスはこの町を攻撃し戦闘を始めた。はしごを掛けたあと、マケドニア軍は敵に破られ、市壁を越えて城内に攻め入ることができなくなった。アレクサンドロスの部隊だけが抵抗していた。アレクサンドロスはこの状況を見て、二人の友人ペウケステスとプトレマイオスをつれて町に侵入した。町でこれを見張っていた者たちはアレクサンドロスのほうに攻撃をしかけた。このさいには、ペウケステスとプトレマイオスはそのかたわらにいて援護し、敵の攻撃から守り抜いた。自分たちのいのちよりは王の安全を第一に考えていたのである。だが、アレクサンドロスは華々しく戦ったが、胸の下に傷を受けた。マケドニア軍はこのことに気づくや、いきおいをつけて市門をうち破った。市内に乱入し、手あたりしだい、女といわず子供といわず容赦なく、あらゆる者たちを殺害した。こうして王にたいするかたきを取ったのである。このようにして町を占領すると、マケドニア軍はアレクサンドロスにたいして、向こうみずな闘争心は持たず、危険な行動はとらないように忠告した。

第一七節

自分の身にふりかかったできごとについてアリストテレスに手紙を書いた。

「アレクサンドロス王よりアリストテレスにご挨拶を。インドの地でわれわれの経験した不思議なことを報告しなければなりません。インドの国の母なる都と考えられているプラシアケ[3]の町に到着すると、町のそばに海に突きでた岬があります。わずかの供をつれて、いま述べた場所へ行くと、そこには女の様子をした、魚を食する人間[4]がすんでいました。数人の者を呼びよせると、その者たちの言葉から異国の者であることがわかりました。その地についてたずねると、海のまんなかにある島を示して、この島が大昔の王の墓であって、多量の黄金が奉納されているといいます。……異国の者たちは乗ってきた小舟を置き去りにしてすがたを消してしまいました。船は十五艘ありました。もっとも信頼のおけるペイドンやヘパイスティオンやカルテロスその他の友人はわたしが島へ渡るのを許さず、――というのは、ペイドンはこのようにいったのです。

『殿のかわりにわたしが島へ渡るようお認めください。なにか都合の悪いことがあれば、殿にかわってわたしが危険を引きうけることにいたしましょう。わざわいがなければ、あとで船をとどけさせましょう。わたしペイドンひとりが死ぬようなことがあっても、ほかにも殿の友人は探しだせましょうから。殿のアレクサンドロスがもしも死ぬことがあれば、世界全体が不幸な目にあうことになります』――

友人たちの言葉に説得されて、彼らに海を渡らせることに同意した。当の島に上陸し、しばらく時の経つうちに、突然、その島はけものとなって海の底にもぐってしまった。けものがすがたを消し、われわれが泣き叫んでいたあいだに、彼らは不幸にも、あの信頼のおける友人もろとも死んでしまった。わたしの悲しみはたえがたいほどでした。異国の者たちを探したがみつかりませんでした。

　われわれは八日間その岬に滞在し、七日目に、あのけものの背中に象の乗っているところを目にしました。われわれはかなりの日数を旅してプラシアケの都にのぼって行きました。

……たくさんの不思議なことがらを観察したので、先生に明らかにする必要があります。いろいろな種類の動物や、……の地域や、爬虫類を見てきたのですから。どんなものよりも不思議なもの、これは太陽と月の食であり[5]、……つらい嵐〔冬〕であります。ペルシア人の王ダレイオスとそれにつかえる者たちに勝利して、その地域全土を従えたあと、行軍して、さまざまなすぐれたものを目にしました。すなわち、黄金の品物、宝石で飾られた混酒器、しかもそれぞれの混酒器は……の量を擁し、別のものは八コテュレもの大きさの器でした。その他たくさんの珍しいものもあります。

　行軍の出発点をカスピアの門から始めて、旅にでました。ベッドで就寝する……十の刻になると同時に、食事の合図のラッパが鳴り、日の出と同時に……四の刻までにラッパの合図が鳴ります。兵士たちはつぎのような支度をしなければならない。ひとりひとりが靴、脛当て、皮製の腰当てを着け、胸当てをまとわねばなりません。というのは土地の者たちが、道中、蛇におそわれる危険を教えてくれたからです。わたしはいかなる者もこの装備なしには行軍しないように布令をだしていました。

　十二日間の行軍をすると、町に到着しました。その町は河のなかにあり、町には……周囲三十ペーキュスの葦が成育し、町もこの葦でおおわれていました。町は地面にあるのではなく、いま述べた葦の群れの上に建てられていたのです。その地に軍勢を駐屯させるように命令をだし、その地には昼の三の刻に着いたのですが、河に近寄って見ると、水がヘレボロスより苦いことがわかりました。泳いで町にはいろうとしたのですが、河馬があらわれて部下たちを奪っていきました。そこでわれわれには、まったくどうしてもその地から退くしか手がありませんでした。ラッパの合図が鳴り……六の刻から十一の刻までわれわれは水のために苦労して、兵士たちが自分の尿を飲む様子を見るほどのありさまでした。たまたま、われわれはあらゆるものをもたらす湖と森のある場所にでて、そこに集まって、蜂蜜よりももっと美味であると思われるような甘い水を手にいれることができました。[6]

　喜びにわいていたときに、岬の上に石でできた柱が立てられているのに気づきました。柱にはこのような言葉が刻まれていました。

『わたし世界の支配者セソンコシスがエリュトラ海を航海する者たちのために水路を開い

た。』

そこで野営を命じ、眠るための用意をし、火をともすようにさせた。夜の三の刻のころ、月が中空にあかるく輝くと同時に、森のあらゆるけものたちが水を飲むために当の湖へ集まってきたのです。一ペーキュスもあるさそり、白、赤とりどりの砂もぐり〔蛇〕が……います。われわれの不安な気持ちはなまやさしいものではありません。すでに死者となった者〔すでに何人かの者たちが死んでいて〕の、かりそめとはいえない嘆きや悲しみの声がわき起こっていたときに、四つ足のけものたちが水飲み場にあらわれたのです。けもののなかには、わが国の牛よりも大きいライオンや、犀もいます。これらはすべて葦の森のなかから出てきたのです。いのししはライオンよりも大きく、その牙の長さは一ペーキュスもあります。山猫、豹、虎、さそりの尾をしたけもの、象、牛羊、牛象、六本の腕の人間、鞭の脚をした人間、犬うずら、その他さまざまのけもののすがたをした動物がいます。けっして不安の止むことはありません。われわれはこれらの動物を鉄の剣を用いて追いはらいました。〔アルメニア語版――そしてわれわれは森に火を付けた。蛇のたぐいは火のなかに逃げこんだ。足でこれらを踏みつぶし剣で殺した。月が夜の六の刻になるまでには、火の手はもっと広がっていった。このような恐怖を呼びおこすような恐ろしい目に会いながら、いろいろな種類のけもののすがた格好に驚いていたのであった。突然に象よりも大きいけものがあらわれた。このオドントテュランノス〔歯の王〕と呼ばれたけものがわれわれのほうに突進してきた。わたしはあちらこちらへと逃げまわり、勇気ある仲間に言いつけて、火を放ち、われわれが死ぬことのないように身を守るように命令しました。そのけものは、いきおいよく人間に害をあたえようとして、火のなかにとびこみ、そこから軍勢に向かってきたときに二十六人の兵士を殺した。勇敢な者たちに一本角のけものが打ち殺された。千三百人の兵士たちでやっとこのけものをその場所から引きずりだすことができた。月の沈むころになると、」砂のなかから十ペーキュスもあるような夜行性のけものがあらわれ、八ペーキュスのものもいます。森からはわにがあらわれ、われわれの駄獣が殺されました。はとよりも大きい〔人間と同じような歯を持つ〕こうもりもいます。また湖のかたわらにふくろうがとまっていたのを、われわれはつかまえてこれを食糧にしました。〔アルメニア語版――ふくろうは人間をおそわず、火に近づくこともしなかった。夜が明けると、これらのけものはすべて立ちのいた。われわれをこのような不幸な事態へと導いた、五十人の案内人を、このとき、そこで殺害し、死体を河に運んですてるように命令した。〕

これらすべてを済ませてから、われわれはプラシアケに通じる自然にできた道を進みました。出発の用意ができたころ、ゼウスの月の第三の日の、六の刻に、空中につぎのような現象があらわれました。最初に突然、テントをたおし、立っているわれわれを地面に叩きたおすような風が起こりました。テントを起こしその他のものをもとに直すように命じ、その仕事にとりかかった途端、雲と闇が、おたがいのすがたを見わけることができないほどに広がり、雲が消えて、空は闇におおわれ、それもさらに太陽も見えなくなるほど濃くなったときに、空に激しい風が起こり、さまざまな異象があらわれたのです。十スタディオンほど離れた空中で、雲がおたがいにぶつかりあい、はげしく赤い火花をだしていました。この状態が三日間つづいた。太陽が消えた五日間に、たくさんの雪におおわれてしまい、兵士たちは、雪をかきわけ地上に出ようとしたが、そのまま閉じこめられることになりました。こののち、七十人を越える死者が出たことがわかりました。太陽があらわれたときは、たくさんのものを失い、仲間を多数失ったことを知りました。土地は、雪が地面から三ペーキュスも積もったがために、歩くこともできません。」

第二六節

以上のことを片付けてから、プラシアケの国へ行軍したが、兵士たちはしかし、ひどく意気も消沈していた。というのは、夏のさかりになって、ゼウスは四十日間も雨を降らせつづけたのである。楯をささえる紐も、さらになお馬のたづなも、水のために腐食してきて、歩兵の多数は足をぬかるみにとられ、靴をはいていないことから怪我をするのもいた。雨が止むか止まないうちにまた、我慢することのできないような焦熱地獄がやってきた。大音響の雷鳴がとどろき、ひっきりなしに稲妻がひらめき、兵士たちのあいだに阿鼻叫喚が広がった。ヒュパニス河[7]を渡ろうとするときには、向こう岸のプラシアケの国にいる王の権力の大きさについて、土地の者から話を聞いたが、この町はオケアノスのほとりにあり、土地の者たちは、王のもとには五千頭の象が飼育され、一万の戦車隊、数万の兵隊が用意されていると、アレクサンドロスにいった。これを聞くと、賢いアレクサンドロスは河の流域とインドのそのほかの地方を掠奪した。そのあと、いけにえを焼くための祭壇を築き、わが征旅のために神々にいけにえの儀式をおこなった。

賢人のアリストテレスからつぎのような内容の手紙を受けとった。

「アリストテレスからアレクサンドロス王へご挨拶を。はじめにはなにを、つぎにはなにを、最後にはなにを語るべきかを考えあぐねているところであります。というのは、わたしが好運に恵まれ、だれの目にも明らかな、ひろく知られた貴君の達成した業績にたいして男神といわず女神といわずあらゆる神々に感謝の念を抱いていることをゼウスとポセイドンもあかしをしてくださるからであります。すなわち、貴君はあらゆる試練、いくさ、危険を引きうけたにもかかわらず、いかなる場合でも敗北することはなかったのです。インドの地方では、二度三度と何度となく冬に軍を進めて、しかも生きのびてきました。あの地方にだれかあえて攻めいろうとすれば、赫々とした驚嘆措くあたわざる大事業をなしたという名声を手にいれるでありましょう。戦略にすぐれた将であると容易に認められましょう。知謀にかけてはネストルと、そして戦闘においては、『数多くの人間のすむ町を見、そのこころを見抜く』オデュッセウスのような人物と周知されるであろう。貴君の三十歳のころになされた事績について、お伝えしましょう。ひとびとの噂しているところでは、マケドニアのアレクサンドロスは西から東へ進んだ。ヒュペリオンの沈む方角に住むエティオピア人とヒュペリオンの昇る方角に住むスキュティア人は彼を喜んで迎えた。さらに貴君に抵抗しようとしたほかの者たちは彼らみずから懇願して、自分たちの同盟者となってくれるように人を送ってきたのであると。神にも等しい王よ、ご健勝をお祈りします。」

第二七節

これらの手紙の交換のあったあと、母オリュンピアスに自分の身に起こったことを自分自身の手でつぎのように手紙を書いた。

「わたしの遠征の最初から、アジアでおこなわれたことがらについては、お送りした手紙から母上もすでにご存じのことと思います。天の摂理についてもっとはっきりとお知らせするのがよいと思われました。というのは、バビュロンに行軍したあと、軍のなかからとくに七万二千の兵を率いてさらに行軍を続けたのです。数パラサンゲスほど進んだところで……九十五日目にヘラクレスの柱に到着しました。ひとびとのいうところでは、ヘラクレスが、自分のやってきた地方に、境界として、金と銀からなる高さ十三ペーキュス、幅二ペーキュスの二本の柱を建立したといわれています。わたしは、この柱が正真正銘の金銀であるか疑問に思っていたので、ヘラクレスにいけにえを捧げたあと、柱のひとつに穴をあけることにしました。するとこれがすべて金であることがはっきりしたので、もういちど穴を埋めることにしました。そして黄金千五百タラントンが使われていることがわかった。そこから砂漠や断崖絶壁の地を進みましたが、霧のために、そばにいる者がだれであるかを見分けることもできないほどでした。その地方については以上の通りです。さらに数パラサンゲス進み、七日目に、豊かに平野をうるおしているテルモドンといわれる河に到着しました。

第三〇節　補遺

アレクサンドロスはこれを聞いていった。

「ゼウスよ、わたしを死へと導くような試みを与えたまえ。そしてわたしを死すべき第三番目のものとして受けいれたまえ。」

このようなことをいおうと思ったのは、ディオニュソスも、また彼自身のなしとげたことがらも、あまりにも顕著であることから、神々とともにあり、ヘラクレスも同様であること、つぎに第三番目に自分もまた、全世界に示した自分の業績のゆえに、神々と食卓をともにする資格があると判断したからである。

第三二節　本文冒頭から三行目

アレクサンドロスは多量のワインを吐きだそうとして一枚の羽根をもとめた。こうするのが彼の習慣であった。イオラスは毒薬を塗ったものを彼に渡した。このために、毒はからだのなかをめぐり、おさえることのできないほどに効き目をあらわしてきた。アレクサンドロスはただわけもなく苦しみ、耐えきれないほどの苦痛にとらえられながら、気丈にこれを耐え一夜を過ごした。翌日、彼は、様態の悪いのを知り、また、舌が腫れたために言葉をはっきりと話すことができないのを知って、全員を立ちさらせた。ひとりきりの孤独を見いだして、自分自身とだけで、話したいことを対話することができるようにと思ってであった。カサンドロスは兄弟と示しあわせて夜に出奔した。キリキアの山中にたどりつき、そこでイオラスの到着を待った。というのは、アレクサンドロスが死んだならば、まったくその責めをまぬがれるようにイオラスと約束していたのである。計画が目的を達したことを暗号で書き著した手紙を持たせて、……、この男をマケドニアの父親のもとへ海上の道を経て送りかえした。

アレクサンドロスは夜になると、みんなを、そばにつかえる子供たちや少年たちも含めて、宮殿から出て行くように命じた。そのなかにまじって、カンボバペ[8]や妻のロクサネも出ていった。家には、バビュロンの中央を流れているエウプラテスといわれる河に通じている出口があった。この入り口を開き、いつもと同じように、そこに防備のための守衛を配置しないように命じた。全員が立ちのき、深夜になると、ベッドから立ちあがり、明かりを消した。その出口から出て、よつんばいになって河のほうへと向かった。河近くに来ると、妻のロクサネが自分のほうに走りよってくるのを見た。彼女は自分をはじめとしてあらゆる者を退去させたことについて、アレクサンドロスがおのれの勇敢さにふさわしい行動をとろうと考えていると気づいて、闇にまぎれて、アレクサンドロスの苦痛の声をたよりに、――もちろん彼はほとんど呻き声はあげることはなかったが、しかしその声によって、あとを追っていたロクサネを道案内していたことになるが、――彼のひそかな脱出行のあとをつけていたのである。彼が落ち着きを取りもどすと、妻は彼を抱きしめていった……。

「ロクサネ、わが〔不死であるという〕名声を奪うことは碌でもない親切というものだ。このことはだれにも知らせないがよいぞ。」

こうしてふたたび彼は妻に支えられながら、ひそかに家に帰った。

朝になると、ペルディッカス、プトレマイオス、リュシマコスの三人を呼び寄せた。当面の問題について遺書を書きあげるまではほかのだれも近づくことのないように彼ら三人に伝えた。いまだ成人に達していないコンバレスとヘルモゲネスを自分のそばに召し寄せて、遺書の作成を任せた。ペルディッカスは、アレクサンドロスがプトレマイオスの出生のゆえに、さらになおピリッポスの子であるとオリュンピアスもまた明らかにしていることもあって、プトレマイオスにその遺産を残すであろうと考えていた。[9] そこでペルディッカスは、プトレマイオスとのあいだで単独に、もしも彼がアレクサンドロスの遺産の相続人となれば、その遺産をふたりで分け合いそれを一部自分に渡すことを誓約したのである。プトレマイオスは、ペルディッカスの考えていることについてはなにも関知することなく、その誓約を守っていたが、彼自身のほうも、アレクサンドロスのもとにあってはだれよりも、ペルディッカスのほうが勇気と思慮の点でずっとすぐれているがゆえに遺産の相続人であるとみなしていたので、同じ誓約を相互にかわしたのであった。

第二三節

マケドニアの兵士たちが〔別れの挨拶をして〕出ていったあとで、ふたたびペルディッカスの部下たちを呼びよせた。オルキアスをつかまえて遺書を読みあげるように命じた。以下のものは、遺言書の一部の写しで、アレクサンドロスからオルキアスが受けとったものである。

アレクサンドロスの遺言書[10]

アンモンとオリュンピアスの子、アレクサンドロス王より、ロドス人を統治し、思慮をもって民衆を支配する者たちに。

わが先祖ヘラクレスによって建立された柱を［越えたうえに］、さらに神々の先々の知恵にみちびかれた定めに到達しようとしているときにあたって、考えてきめたことがらを諸君につたえることに決心した。諸君はギリシア人のなかでもとくに、わたしの果たした苦労の数々の成果をまもり維持していく者として適任であると判断したからでもあり、同時にまた、諸君の町を愛してもいるからでもある。それゆえにまた、町が自由な言論を享受し、永遠に自由を守るようにと、また同時に、諸君のもとでわれわれの名誉も守られることを望んで、町からは警護の兵の撤退するように書きおくる。諸君の町が感謝に厚い町であり記憶に値する町であることを承知しているからである。それゆえに、われわれがその町を自分の祖国と同じように、またわれわれと同じように大切なものと考えていることがはっきりとするであろう。というのは、遺産の配分をつぎのように決定したのである。自分が生まれて、このような名声を得る位置にまで達したその誕生の地から始めて、それぞれの者に土地を思う存分に分けあたえるつもりである。

それぞれの地方の統治にあたっている者には、その領地から黄金貨幣千タラントンをエジプトの神殿に送るように手配した。わが遺体がそこへ運ばれるように指示をだした。わが葬儀については、エジプトの神官の判断の示す通りにおこなうことをわたしもまた同意している。さらにテバイについては、この町が十二分にわざわいを経験し、われわれにたいするあやまちに相応した分別を身につけたと判断したので、王宮の財源によって再建するように命令する。[11] マケドニアからテバイに帰国するテバイ人には、国土が繁栄するまで、食糧を給付するように。さらに諸君には町の復興のために、黄金三百五タラントン、今後安全に自由独立を維持するために七十七艘の三段櫂船、エジプトからの贈与として年間、小麦二千メディムノス、アジアからはその管理者の手で、そして諸君の近隣の国々から小麦二千メディムノスを送ることに決めた。諸君が将来、食糧の自給のできるように、なにひとつ不足することのないように、諸君の町にふさわしい者となるように、土地の測量をしなければならない。

マケドニアの統治者カルテロス、エジプトの太守プトレマイオス、アジアの太守ペルディッカスとアンティゴノスに以上のことを命じる。さらにまた、諸君には、手紙をわたしから託されたオルキアスからこれを受けとったならば各自の利益をよく考量した上で、諸君の町を繁栄に導くための管理の仕事が諸君の手に委ねられていることを十分に認識するように願っておく。とくに、諸君はわたしの言葉を忠実にまもってくれることと信じている。わが遺体を世話するプトレマイオスが諸君の面倒を見るであろう。諸君にとってなにが利益になるのか、内心ではわたしは心配している。しかしこの遺言は当てもなく諸君に差し出されたのではないと考えるように。統治者たちの……配分の問題があるのならば、王国の統治者がこれを決定しなければならない。

アンモンとオリュンピアスの子、アレクサンドロス王は、現在のところはマケドニア王にはピリッポスの息子アリダイオスを任命する。だがアレクサンドロスとロクサネのあいだに息子が生まれたなら、その子を王とし、マケドニア人のよいと思う名前を彼につけるがよい。だが娘がロクサネから生まれたならば、ピリッポスの息子アリダイオスを王に望まないのであれば、王にふさわしい人物をマケドニア人が選挙してきめるがよい。選ばれた者はアルゲイアダイ一族[12]の家訓を守らなければならない。王とともにマケドニア人は決められたものを租税としてアルゲイアダイ一族に納めなければならない。アレクサンドロスの母オリュンピアスには、ロドス人の同意があれば、ロドスに住むように取りはからうがよい。というのは、ロドス人を無視してはなにごとも実行することは許されないからである。だが、彼女がロドスに定住することを望まなければ、自分の好きな土地に住めばよい。ただし、息子アレクサンドロスの存命中に彼女の受けとっていたと同じ収入を保証されねばならない。

マケドニア人が王の任命を決定するまでは、アンモンとオリュンピアスの子アレクサンドロス王が全マケドニアのわが王国の統治は、クラテロスとその妻であり、マケドニア王ピリッポスの娘であるキュナネに、トラキアの統治は、リュシマコスとその妻であり、マケドニア王ピリッポスの娘であるテッサロニケに、委任する。ヘレスポントスの領土は、レオンナトスとその妻であり、オルキアスの妹であるクレオディケに、パプラゴニアとカッパドキアは書記のエウメネスに譲渡する。大小の島々の島民は自由にさせ、彼らの統治はロドス人に任せる。パンピュリアとキリキアはアンティゴノスに……、そしてハリュス河の手前までのすべての地域は彼が支配するがよい。ポイニキアとコイレといわれるシュリアはメレアグロスが支配するがよい。エジプトはペルディッカスに、リビュアはプトレマイオスとその妻であり、アレクサンドロスの妹であるクレオパトラに譲渡する。バビュロンの向こう側の地域は軍の統帥であり統治者としてパノクラテスとバクトリア出身のその妻ロクサネが治めるがよい。

王国の統治者には、マケドニア王アレクサンドロスの遺体を収めるひつぎを黄金に百タラントンを用いて用意するように命じる。マケドニア人のなかで老人や傷病者をマケドニアに送りかえすがよい。テッサリア人についても同様の者たちをそうさせよ。黄金三タラントンを与えよ。アルゴスにはアレクサンドロスの武具一式と黄金五十タラントンの貨幣を戦争の成果としてヘラクレスのために送付せよ。デルポイには象牙、蛇皮、十三個の黄金の杯を送付せよ。ミレトス人には町の復興のために黄金百五十タラントンの貨幣を、クニドス人には……送付せよ。

建設されたアレクサンドレイアとともにエジプトの王として残されるペルディッカスには、この町が万物の主である偉大なるサラピス神の守護を受ける祝福された町となるように……することを願うものである。この町の統治者を任命し、彼はアレクサンドロスの神官と呼ばれ町の重要な栄誉ある行事に出席し、黄金の冠と紫のころもで身をかざり、年間一タラントンを受けるものとする。彼は神聖不可侵の存在であってあらゆる義務を免除されるものとする。生まれにおいてほかのだれよりもすぐれている者がこの役職に就くことになろう。この栄誉はその者とその一族につたわるものとなろう。

アレクサンドロス王はヒュダスペス河の流域にひろがるインドの地の王にはタクシレスを、ヒュダスペス河からインドにかこまれている地方の王にはポロスを、パロパニサダイ人の地の王にはアレクサンドロスの妻ロクサネの父バクトリアのオクシュドラケスを任命する。[13]アラコシア……ドランゲネ……バクトリア、スーサ、パルテュアイア、ヒュルカニア地方にはプラタペルネスを、カルマニアにはトレポレモスを、ペルシアにはペウケステスを王として任命する。メディア人の地にはオクシュンテスが移るように……。

アレクサンドロス王はイリュリアの王にオルキアスを任命し、アジアから五百頭の馬三千タラントンを受け取り、これらから、神殿を建て、アンモン、ヘラクレス、アテナ、オリュンピアス、ピリッポスの像を奉納せよ。王国の統治者たちも……の像と黄金の彫像をデルポイに奉納せよ。ペルディッカスもアレクサンドロス、アンモン、ヘラクレス、オリュンピアス、ピリッポスの青銅像を奉納せよ。

オリュンポスの神々、アレクサンドロス王の最初の祖であるヘラクレスが以上のすべてのことがらの実現をご照覧あるように。」

プトレマイオスは彼に近づいていった。

「アレクサンドロス、王国はだれに譲るのですか。」

「力あるものに、欲するものに、救う者に、ことをなしとげる者に」といった。

彼がこう言うとすぐに、空に霧がかかり闇がひろがった。天から海におおきな星が落ちた。それと同時に一羽の鷲がおりてきた。バビュロンにあるゼウスの青銅の像が揺れた。ふたたび星が天にのぼり、鷲も同時に輝く星を連れて天に昇った。星が天のなかに隠れるやいなや、アレクサンドロスもその目を閉じた。

ガンマ版　第一巻

第一九節　途中から補遺[1]

〔……一度、二度、三度、四度とコーナーをまわった。〕から。改行せず。

ニコラオスは神々しい衣装に身を包んでいた。コリントスのキモンもまた、彼と同じような衣装をつけていた。彼らのあいだに神々しいラオメドンと、日の昇るような勢いのアレクサンドロスがいた。たいへんな騒ぎのなかで、オリュンピア地方に住むひとびとはラオメドンにむかって話しかけた。

「ラオメドン、なぜ、命を捨てる気になったのか。若者を相手に戦う気になったのか。戦車を走らせるようなことは止めるがよい。」

するとラオメドンは彼らに答えた。

「オリュンピア出身の君たちはここから出ていってくれ。わたしはこの若者を通して、ゼウス・メイリキオスの好意で王冠を受けることになっているのだ。この競技によって、わたしの父の王国が与えられると予言されているからだ。」

このように言うと、アレクサンドロスはその手を取り接吻して、

「さあ、この男こそオイノマオスの再来だ」と、言った。

このあいだに、それぞれの者は各自の戦車の用意を整えた。アレクサンドロスは栗毛の二頭を内側につなぎ、先頭には赤毛の馬を、右にはブケパロスを、左にはペタシオスをつないだ。アレクサンドロスの馬はオリュンポスで生まれたと噂するばかりに立派なすがたで立っていた。旗持ちが立ちあがり、観衆は並び、応援の者は声援を送り、ゼウスは天で見まもっていた。ゼウスの神官は競技の主催者としてカピトリウムの丘にすわっていた。群衆は競技を見ようと興奮していたが、オリュンピア出身者ではなくてアレクサンドロスの試合の模様に興味を持っていた。数万の観衆の目がひとつになってアレクサンドロスの立ち居振る舞いにそそがれていた。

このあいだにアレクサンドロスは合図を投げた。旗持ちは手で群衆に合図した。

群衆は、「がんばれ」とわれがちに叫んでいた。ののしり声と争いがひとびとのあいだに起こっていたが、沈黙がみな一様にひろがった。旗持ちが、「がんばれ」と叫んでいる群衆に手で合図すると、出走のゲイトが上に開かれると、驚きが観衆のあいだにひろがった。ニコラオスとカリステネスが同時に出て、そのあいだにアレクサンドロスをはさんで、

彼らは、どこで彼を殺そうかとそのチャンスを狙っていた。

第二〇節　冒頭補遺

アレクサンドロスは予言の言葉を聞いたあと、勝利者としてローマから帰国した。[2] 民衆が、ほとんどすべての市民が町に出てきて、あとに従った。また戦車の御者役のラオメドンもこれにつづいた。立派な若者であり、神々にも匹敵するアレクサンドロスは御者を無視するつもりはなかった。とにかくふたたび故国に帰ってきた。ひとびとはアレクサンドロスの知恵と勇気に讃嘆して、王を讃えるこのような詩を作った。

ピリッポスよ、誇りにするがよい。マケドニアよ、喜ぶがよい。
一方は、アレクサンドロスを息子としている父親、
一方は、あっぱれな若者を育てている祖国。
栄光の冠を授けられた、無敗の勝者、
偉大なる統治者である彼を出迎えよ。
天高く昇ってローマの町を輝かせ、
――スタディオンで競技をして、天高く昇った者――
彼はすべての残りの星々を闇に沈めた。

光に輝くマケドニアよ、彼を迎えよ。
敵たちを、復讐のために、その手に渡すがよい。
というのは、アレクサンドロスこそは、世界の支配者となるのだから。

このように歌いながら、手に手に月桂樹の枝をもって町を練り歩いた。

第二三節　最後の補遺

このような状態のうちに数日が経過すると、スキュティア人はマケドニア人にたいして戦争の準備を始めた[3]。ピリッポスはこれを聞いて、軍勢を検分したが、彼らに対抗するには自軍が十分ではないことを認めた。ピリッポスは困難な状態にあった。スキュティア軍の兵は四十万を数えていたからである。そのためにピリッポスは困難な状態にあった。そこで全員を呼び集め、その指揮官や友人に、戦争について、いかに完遂するかといった問題を議論させた。そして運命の指示に従って、「ピリッポス王よ、戦争はアレクサンドロスに任せなさい。そして運命の指示に従って、彼のなすがままにさせなさい」と、アリストテレスがいった。

すぐにピリッポスはアレクサンドロスを呼んで、命じた。

「よいか、アレクサンドロス、祖国の存亡をかけて戦う絶好の好機だ。運命のままに、戦争の行方はおまえの手に握られている。さあ、事態がどうなっているか考えて見よ。というのは、『戦争の問題を頭に入れておけ』ということわざがあるが、おまえの好運を告げる幸先よい前ぶれである。」

アレクサンドロスが立ちあがると、全員いっしょに立ちあがった。頬笑みを浮かべて、やさしい表情となり、父にいった。

「なぜ、もっと以前にわたしにこのことをおっしゃってくださらなかったのですか。アリの大群を見て、これほどまでに意気阻喪し、不安に駆られているのでしょうか。わたしが出陣し、敵軍を討伐し、その主だった者たちを亡き者にしてさしあげましょう。勝利は数にあるのではなく、天にある摂理によってさずけられるからです。」

これを聞いて、万座のひとびとの中央に輝く星のように立っていたアレクサンドロスに、みんなの驚嘆の目が注がれた。ピリッポスはいった。

「息子よ、さあ、行け、そして、摂理を通しておまえの心にひらめいたことを実践してみよ。」

アレクサンドロスは三万もの若武者をひきいて出陣し、スキュティア人と決戦するべく向かった。スキュティア軍の陣立ては数えきれないほどの兵数からなっていた。だが、アレクサンドロスの強運はけっして引けをとるものではなかった。少数の兵をつれて出て、丘を占領した。ここはスキュティア人にも知られていず、適当な要害となっていると見て、これを砦にしようと思った。全軍を引きつれて向きをかえ、夜の闇に乗じて、スキュティア軍の砦をとり囲んだ。人の踏みいることのできないような場所に、兵士派遣の許可を与えると、およそ二千の選り抜きの兵にそこに潜んでいるように指示した。一方、砦を囲む兵には、それぞれ三十あるいはそれ以上のかがり火を焚くように命じた。このように整備しおえるや、たくさんのかがり火を見たスキュティア人が、夜のあいだに、その地から逃走して、自軍を救おうとするであろうと彼は考えたのである。案の定、ただちに彼らはすべての装備をあとに残して逃走を始めた。アレクサンドロスはこれを見て、音もたてずに全軍を率いてそのあとを追った。スキュティア軍がその砦のある場所に到着しその丘に押し入った。その背後でアレクサンドロスが合図のラッパを鳴らし、マケドニア兵が鬨の声を挙げた。するとスキュティア軍は右往左往し、なかにいた者はわれがちに出ようとし、さらに外にいた者はだれよりも先に砦のなかにはいろうとした。こうしてスキュティア人は死を受けいれる以外にほかのなにも手の施しようがなく、ただ命乞いの声をはりあげるだけであった。全軍が手あたり次第にマケドニア兵に殺されるだけであった。アレクサンドロスは自軍を包囲陣形に組み、戦闘を中止するように命じた。全員を縛り、捕虜の処置を考えているかのように、わが砦に連れていかせた。命じられた場所に来ると、アレクサンドロスはその指揮官たちを立ちあがらせた。彼らは体をふるわせながら立ちあがった。

アレクサンドロスは彼らに向かっていった。

「諸君はわれわれマケドニア軍の進攻の歩みに抵抗できず、摂理によってわれわれの手中に陥ったことは十分に承知しているであろうな。諸君はわたしの奴隷であるのかどうか。」

「殿よ、われわれは殿の奴隷であります。一生にわたって殿の望み通りにその奴隷となりましょう」と、恐る恐る話すと、体を投げだして、アレクサンドロスの前に拝跪した。彼は自分が彼らに好意を持っていることをわからせてやるために、その縛めを解かせてやった。勝利の凱旋を飾ろうと、彼らを引きつれて父ピリッポスの住む都[4]に行進した。

第二四節

都に到着すると、たいへんな混乱と騒音に包まれていた。アレクサンドロスを出迎えたひとびとが事情を説明した。事件とは以下のような内容であった。[5]

テッサロニケ[6]の王でアナクサルコスという人物がかつて訪問先のピリッポスのもとから帰って来たことがある。お客に招待された場でオリュンピアスを見て、それ以来、妃に好意を寄せていた。マケドニア人に対するスキュティア人の攻撃を知ると、およそ一万二千の兵を率いてマケドニアにやって来た。心中には、同盟国の名目できたということにして、もしできれば、オリュンピアスを奪い取ろうという魂胆であった。もしできなければ、同盟者の仲間に加わって帰国しようと思っていた。オリュンピアスを簡単に捕らえる好機がやってきた。というのは、ピリッポスがスキュティア人にたいしてアレクサンドロスが勝利したのを知って、オリュンピアスといっしょにアレクサンドロスの歓迎に外出したからである。ピリッポスは引きつれてきた軍とともに彼女を郊外に残したまま、興奮のあまり外に出て行った。アナクサルコスはこれを知ると、そこへ侵入し、オリュンピアスを奪うや、国にとってかえした。ピリッポスはこれを知ると、連れていたわずかの軍勢でもって彼を追跡していったのである。

アレクサンドロスはこれを知ると、ただちに陣を整え、八千の騎兵を率いてアナクサルコスを追った。一方ピリッポスのほうはアナクサルコスに追いつき、戦闘になったが、胸を強打されて落馬した。アレクサンドロスは父親が倒れているのを見つけたが、まだ生命のあるのを認めるや、そのままにして、戦場に出た。敵をぐるりと囲んで、容赦なく切り倒しはじめた。アナクサルコスの陣は総くずれとなった。こうしてオリュンピアスを取りもどした。アレクサンドロスはアナクサルコス軍のひとりを捕まえていった。

「アナクサルコスがどこにいるかわたしに教えるがよい。そうすればおまえの命は、天の摂理にかけて、保証しよう。」

するとその者はこのようにいってアナクサルコスのいる場所を示した。

「陣の中央をご覧なさい。白の衣装を着て、黄金の冠をかぶり、着飾った馬に乗っている者のすがたが目にはいりましょう。彼がアナクサルコスです。」

アレクサンドロスが見当をつけて見ると、そのすがたが目に映った。四百の騎兵を連れて敵陣の中央に攻めいった。あらゆる者がその場で死に追いやられ、アナクサルコスはただひとり取り残された。アレクサンドロスは彼を捕虜にした。その目標は彼ひとりを捕まえて父親に差しだすことであった。だがピリッポスのほうは息も絶え絶えになっていた。

「父上、さあ、立ちあがって、ご自分の手で敵に復讐を加えてください」と、
アレクサンドロスは父にいうと、その前に、捕縛されたアナクサルコスを差しだした。ピリッポスはまだ息をしながら、両手をついてから立ちあがり、剣をつかむと、アナクサルコスを殺した。その血をアレクサンドロスにふりかけたあと、マケドニアの軍勢に向かって言った。

「アレクサンドロスとマケドニア人に反抗する者はすべてこのような事態になるのだ。」

オリュンピアスは悲しみにひたって、王の近くにいた。やっとのことで彼女のほうを見て言った。

「このような子を生んだとは、おまえもなんとすばらしい女であろうか。」

アレクサンドロスに目をやると、その肩に腕を投げ、顔を胸に埋めて息を引きとった。マケドニア人はその死を悲しみ、黄金のひつぎに安置してピリッポスの都に運んだ。そしていつものやり方にならって王を埋葬した。

スキュティア人は服喪の時の終わったあとで、アレクサンドロスを訪ね、彼によいと思われる通りにしてほしいといって来た。つぎのように言って、彼らをその故郷へ送り帰し

た。

「さあ、帰国すれば、同盟のしるしに、評判のよい三万の、しかも全員弓兵を用意しなければならぬ。諸君に人を派遣するよりも早く、こちらへ兵を送り届けることだ。もし、このようなことをする気がなくても、わたしが諸君の領土を攻めて劫略するときに、いずれわれわれとの同盟下にはいるであろう。」

スキュティア人はこれを聞いて、アレクサンドロスに拝跪し、彼を神と呼びあげた。故国に帰ると、いろいろと整理して彼に従属する体制を生み出し、これがその後、五世代までつづいた。

第二六節　補遺

このような状況のときに、東方から、ペルシア王ダレイオスが、毎年の租税のことで、徴収の上、迅速に王のもとに送り届けさせるように、使者団をマケドニアに派遣してきた。[7] 彼らがピリッポスの都に到着すると、王みずからが出迎えに出て、ペルシアからの手紙には臣下として恭順を表わし、使者はこれにふさわしい栄誉をもって迎えられるのがこれまでのならわしであったが、アレクサンドロスはこれを一向におこなわず、かわりに使者のもとにアンティオコスという名前の者と幾人かの将軍を送った。彼はアレクサンドロスの近くに仕えて、まだ十三歳になるかならないかの少年であった。将軍たちは全員、黄金のよろいを身に着け、アンティオコスのほうは、両手にアレクサンドロスの槍を携えていた。ペルシアからきた使者が都にあらわれると、アンティオコスは彼らのもとにひとりの使いの者を送りこのようにいわせた。

「ダレイオスの使者たちよ、われわれのもとに来るには、これが挨拶のしるしとなるように。つまり、ひれふして、アレクサンドロスの槍に拝跪することだ。もしこれをしようとはしないならば、早速に諸君を死刑でもって亡き者にして見せよう。」

ダレイオスの使者は、いつもとはちがった、予想外の言葉を聞いて、びっくりしてしまい、意志に反したことではあるが、指示された通りのことをおこなった。アレクサンドロスの槍に近づいてそれに拝跪し、アンティオコスの足に接吻した。彼らがこうしたのは類推にもとづいてであった。というのは、ダレイオスの使者は自分たちのおこなったと同じことをマケドニアの王からも受けるものと信じていたのである。一方、アレクサンドロスは高い位置に席を占め、そのまわりには黄金の帯を結び絹のころもをまとったマケドニアの少年たちがならんでいた。アレクサンドロスは日の出の太陽のような衣装に身を包み、頭の上には勝利のしるしをつけた黄金と宝石と真珠の王冠をかぶっていた。これはまるでゼウスのようであった。ゼウス以外に彼をたとえることはできなかった。まわりにいる者は天の星のように光り輝いていた。王宮の門からアレクサンドロスのすわる席まで、全員武装した兵士たちが立ちならんでいた。あたりいっぱいに、ざわめき、物の触れあう音、らっぱのひびき、歓呼の声、群衆のどよめきが広がっていた。ダレイオスの使者たちがなかにはいろうとしたときに、アンティオコスは市民に、アレクサンドロスのもとに行けるように道を開けるように命じた。ひとびとは指示されたようにした。しかし使者たちはたいへんな恐怖と困惑にとらわれた。というのは、予想とは外れたことが起きると、経験のない者には恐怖と映るからである。町のなかを通るときは、はじめはなにも観察することができなかった。彼らにはすべてが不思議なものばかりであったからである。

アレクサンドロスのところに来て、彼に目を向けると、まるで神を見ているかのように思われた。ひれふしてアレクサンドロスに拝跪した。起きあがると、王から目を離そうとはしなかった。そうしようと思ってもできなかった。すなわち、彼らの目がしいて地面のほうにむけられても、王の魅力に引き寄せられて、アレクサンドロスのほうを見るようにしむけられるのであった。彼らの目は満ち足りることを知らなかった。三度、拝跪して、ダレイオスの手紙をアレクサンドロスに差しだした。アンティオコスが受けとり……。手紙は以下のような内容であった。

「わが王国の権力はダレイオスただひとりに、神によって与えられたけれども、――ダレイオスのほかにどのような神がいるであろうか――、限りのないわが権力のもとに天の下にあるものすべての支配者となった。王や領主も支配している。これにもとづき、マケドニアにおいてもわれわれの権力の網の目を逃れることはできないと承知いただきたい。これまで知らなかったとすれば、派遣されて当地にある、天の神にも似た者たちが、われわれについてのすべてを明らかにするであろう。われわれの天の摂理にはずれてマケドニアを支配しようとしたけれども、臣下としてわが権力に心服を誓うがよい。すなわちわが使者に毎年の貢納の税を払い、われわれの神の意に沿い、これまでのような支配のやり方を放棄するがよい。」

（以下一二三節と重複）

アレクサンドロスは手紙を読むと、手に取るやこれを使者たちの目の前で破り地面に投げすてた。

「なんのために諸君は税を要求するのか」と、アレクサンドロスはいった。

「ダレイオス王の国のためである」と、ダレイオスの太守たちが答えた。

……

……黄金の玉百個分である」と……

（続き）

アレクサンドロスはつぎのように答えた。
「帰って、ダレイオスに伝えるがよい。できるだけ早く、無知ゆえに書き送ってきたことにたいしては、贈り物によってわたしの気持ちをなだめるつもりがないのならば、戦争の準備をしておくがよいと、ピリッポスの子アレクサンドロスがダレイオスにははっきりと明言していると。さらにダレイオスにこのことも承知していてもらいたい。アレクサンドロスが王として支配しているのでマケドニアは税を納めるつもりはないし、以前に汝が奪っていった税をわたしが汝のもとに行って取りもどすつもりであると。さあ、出発し、伝えるがよかろう。諸君の神であるダレイオスといっしょに事のよしあしをよく考えるがよい。」

このように言って彼らを送りだした。使者を派遣したダレイオス王には返事を書くに値しないと判断した。使者たちはひれふしてアレクサンドロスに拝跪したあと、出発してダレイオスのもとへと帰国の旅をつづけた。

アレクサンドロスは父ピリッポスのこれまでの軍勢を糾合しこれを閲兵した。マケドニア兵の歩兵二万五千、騎兵七千とトラキアの騎兵五千、アンピクテュオニア同盟、ラケダイモン、コリントスの兵は合わせて四万であった。王の手持ちの兵全員と父ピリッポスから受けついだ兵とを合わせると、七万七千の兵と五十八万の弓兵になった。スキュティア人にも使者を送り、望むなら、自分との同盟に加わるように指示した。スキュティア人は彼のもとに、歩兵、騎兵、弓兵のすべて精鋭の若者ばかり七万を送った。こうしてアレクサンドロスの全軍勢は十四万七千となった。[8]

これらの軍を起こして彼はテッサロニケに向けて出発した。当地のそのころの王は、アレクサンドロスが近づく前に、国境まで、和平を求めて彼のもとに使者を派遣してきた。同時に、黄金と銀、自分の息子を、つぎの手紙を添えて送ってきた。

「世界の支配者、神にも匹敵するアレクサンドロスに、ポリュクラトス[9]がなんの取り柄もない嘆願者としてご挨拶を。天の摂理にあっては不可能ということはなにもないのですから、万事を運というものに委ねなければなりません。神の摂理によって殿がわれわれの神にも等しい王となったことをたしかに承知しています。――運が、やすやすと、殿のこうと決めたことを成就してきたのですから、――たとえ意志に反してでも、天のもとにいる者はすべて、臣下として殿の権力のまえに敬意を払う必要がありましょう。わたしもまた、殿の恵まれた成功への道を如実に知っているがゆえに、この取るにたらない手紙を通じて臣下の礼を示すことにもなりました。殿の権力にたいして正直に服従のしるしを示そうと願って、好運によってわたしに恵まれたただひとりの息子をも、ほかのつまらない贈り物とともに、送り届けることにしました。殿の目に喜ばれる場合には、わたしの嘆願の言葉を十分に聞き入れていただきたい。われわれの主人にご健勝あれ。殿の臣下であるわれわれにたいして、よいと思われる事をやっていただきたい。」

アレクサンドロスは手紙を受けとり読むと、ポリュクラトスの願いに応じた。使者たちを親切にもてなした上、ポリュクラトスに手紙を書いて、彼のもとに送り帰した。

「われわれの権力は神の摂理によって授与されたからには、運というものに従わねばならないとは、正しくも述べてくださった。というのはわたしもまた、天にある摂理の教えを信じているからである。これに加えて、われわれの思っている気持ちを貴下はなだめてくれた。そして、汝の父アナクサルコスによって増大していた怒りを消したのは、手紙による懇願と息子の人質であった。けっして送られてきた贈り物によるのではない。汝の子カリメデスはわれわれのかたわらにあって、汝のわたしに対する忠誠心を思い起こしてくれるものとなろう。ご健勝あれ。」

テッサロニケを服属させたあと、上部スキュティアに向けて行軍した。三日間行進したあとで、スキュティアから使節が送られてきて、アレクサンドロスに服従するので、これ以上攻めよせて来ないようにと頼んできた。そこでアレクサンドロスは彼らにこのように語った。

「諸君の土地に帰るがよい。しかし、同盟軍に、諸君の望むだけの、数千の熟練した弓兵を派遣してこなければならない。わたしはこれからラケダイモンに向かうつもりである。六十日のあいだに諸君の兵は同盟軍に参加してもらわねばならない。期限をすぎても、予想していた者たちが到着しない場合は、諸君に兵を向けよう。けっして方針をかえることはあるまい。」

スキュティア人は、指示された通りのことを臣下として実行するように取りはからった。こうして使者たちを親切にもてなした上で、祖国に送り帰した。

第二七節[10]

アレクサンドロスはラケダイモンに向かった。このことはひとびとに噂を通じて伝えられていった。恐怖とおののきにおそわれ、どのように対処するべきか、困りきっていた。そこでいろいろな町の指導者たち全員がアテナイに——つまりアテナイがその中心の都となっていたからであるが——やってきた。十二人の弁論家がこの機会にギリシア全体の主権について話しあった。全員、ひとつ所に集まって、アレクサンドロスにたいしてどのような態度を取るか、相談を始めた。三日間にわたって、善後策を検討したが、いい知恵も浮かばないので、結局、皆の同意を得るような名案を見つけることができなかった。ある者はアレクサンドロスに抵抗しようと主張し、ある者は反対の意見を述べた。しかし彼らの運命は時の利を得ていないものであった。みなの考えはアレクサンドロスと戦うことに傾いていった。

「アレクサンドロスに屈伏しない場合、われわれに勝利の希望がどこにあるのであろうか」と、ディオゲネスが反対した。

アンティステネスやパルメニデスの見方に立つ者はつぎのようにいった。[11]

「先祖から伝えられている話がある。ディオニュソスがわれわれの町に攻め寄せ、全土を平定したさいのことであるが、アテナイ人はディオニュソスに反抗して、大きな勝利の記念碑を立てた。まるで臆病者のように、神は退却し、無駄足を踏んだのであった。アレクサンドロスはディオニュソスより強力な者ではないのだ。[12]」

ディオゲネスがこの言葉を聞くと、ふりむいていった。

「アテナイの指導者諸君、あのとき、テバイのために力を尽くしてくれた者はだれであったか、そのときの将軍たちはだれであったか、答えてほしい。」

「第一の勇士はアトレウス、将軍のなかでも……、さらにラケダイモン人の最初の王として登場したのはあの驚嘆すべきヒュッロス。」

ディオゲネスはこれを聞いて笑いながら言った。

「なんというわざわいか、先祖のなかでもヒュッロスひとりを味方にするがよい。そうであれば、アレクサンドロスに対抗するように諸君に忠告しよう。諸君がこれさえも実行しないのであれば、アレクサンドロスを相手に戦争するばかりでなく、テバイさえも滅亡させてやればよい。」

ディオゲネスはこういうと退出した。しかしひとびとの同意を得るようには説得できなかった。彼らの審議は戦争の準備をするという結論に終わった。

このような状態のときにアレクサンドロスが近づいて、戦陣を広げた上で、平和的な解決を求めてきた。しかしギリシア人のほうはますます大胆になり、アレクサンドロスの使者たちを、散々に侮辱したうえで追いかえした。アレクサンドロスは、このようにいって、そこから、彼らの町から少しばかりしりぞいた。

「諸君、最後になって後悔しても、諸君のためにはならないだろう。」

十二スタディオン離れた位置に陣地を築くと、アレクサンドロスは、スキュティア軍の合流するのを待っていた。数日して、期待していた軍が全員、きらびやかな武具に身を包み到着した。鎖模様の白い楯、弓、えびら、剣、槍を用意していた。その兵を数えると、八万五千であった。ちょうどそのころ、彼はアテナイに戦陣を張りその町を攻め、包囲しようとしていた。弓兵の数は数えきれなかった。というのは、その射られた弓で太陽の光もかすんで見えたほどである。

ちょうどそのころテバイ人に将来起こるべきわざわいのしるしがあらわれた。デメテルの神殿が蜘蛛の巣でおおわれ、いわゆるディルケの泉が血の色に染まった。さらにもっと不思議なことが見られた。すなわち戦闘のために城壁に配置されていた者たちがまるで木の葉のように城壁から投降してきた。アレクサンドロスに対抗する者はいなかったのである。王はこの町を占領すると、ピンダロスの家だけは保存したが、他は全部を破壊した。

戦闘が終わると、アレクサンドロスは立ちあがり、奉納の品々を見てまわったが、日当たりの良い場所にディオゲネスのすわっているのに出会った。

「この者はだれか」と、アレクサンドロスはたずねた。

「この者は、殿、ディオゲネスと言って、哲学者です。しばしば、殿の力に抵抗することのないようにアテナイ人に進言してきました」とまわりの者が答えた。

アレクサンドロスはこれを聞いたときにちょうど、ディオゲネスのすわっていた日だまりにやって来た。ディオゲネスは朝も早いうちだったので、寒さに閉口していた。

「ディオゲネス、褒美を取らすがなにがよいか」とアレクサンドロスはいった。

「なにもいらない。だが、いますこし体を暖めていたいので、ここから離れて日の光があたるようにしてくれればよいのだが」と、ディオゲネスはいった[13]。

これを聞いて、ひとびとは、ディオゲネスがこの世のことには執着を持っていないのだと不思議に思った。


(以下はクロル(A)版一巻四六節のテバイ攻略の物語に近い)

そこからテバイへ行って、彼らから兵を募集しようと求めたが、テバイ人は市壁の門を閉ざしてしまった。アレクサンドロスに使節さえも送ろうとはしなかった。かわりに陣容を整えアレクサンドロスと交戦するべく準備した。王に五百人の兵を送り、つぎのように告知した。
「戦うか、さもなくば、わがテバイの都から立ちされ。われわれはアテナイ人とは違うのだ」といった。

アレクサンドロスは微笑を浮かべて彼らにいった。
「意気軒昂なるテバイ人諸君、城壁の門のなかに自分たちを閉じこめてアレクサンドロス王と決戦をおこなおうとするのはいったいなぜか。わたしが諸君と戦うとしても、勇敢にして戦争の経験も豊富な者が相手ではなく、知恵も勇気もない女どもなのだ。というのは、城壁のなかに自分たちをまるで女のやるように閉じこめて、われわれに宣戦布告しているのだから。」

こう言うと、アレクサンドロス王は千の騎兵に城壁の外側を走らせ、城壁内に弓を射るように命じた、さらにほかの数千の兵には、両刃の斧と長い鉄の棒とでテバイの都の城壁の礎石を掘りくつがえし門には火を放ち、クリオス〔山羊〕と呼ばれる突貫用の台を力いっぱい押しあてるように指示した。兵士たちの力を用いて車輪つきの道具を遠方から押してきて城壁にぶつけ、ぴったりと組みあわされた壁を突き破った。アレクサンドロスはさらに残りの数千の投石兵や投槍兵をまわりに配置した。まわりに火が焚かれ、石、矢、槍のたぐいがはなたれた。テバイ軍は城壁から墜落し負傷を負い、アレクサンドロスを相手に戦いをつづけることができなくなった。三日間にわたってテバイの町全部が火に包まれた。アレクサンドロスの陣取っていたカルミアといわれる門が最初に破られた。ただちに戦陣を切ってアレクサンドロスが突入し、傷つけ、追い払い、混乱に落としいれたのである。その他の門からもたくさんの兵士が突入した。全軍あわせて四千の数であった。城壁を破壊し兵士を殺戮した。マケドニア軍がもっとも正確にアレクサンドロスの命令を実行した。大地はたくさんの人間たちの……で濡れていた。城壁もろとも、たくさんのテバイ人が地面に倒れた。マケドニア軍の手でテバイ人の都がはげしく火に焼かれているときに、テバイ人でアウロスの技のたしなみを持ち、ものの考え方でも賢明な男が、テバイの炎上するなか、あらゆる年齢の者が殺害されるのを見て、祖国のために嘆き悲しんでいた。自分がアウロスの技にすぐれていると思っていたので、アレクサンドロスの前に倒れふし懇願を始めた。その足元に膝を折って、哀切で嫋々とした、涙誘う調べを奏でたのであった。このようなアウロスの訴えと悲しみの調べにもアレクサンドロスの心を動かし涙を流すようにすることもできなかった。そこでつぎのように語りはじめた。

「アレクサンドロス大王、取るにたらないわたしたちですから、どうかご容赦ください。この危機に直面してわたしたちの都が跡形もないようになりませんように。いまこそ経験でわかりましたが、神にも等しい殿のお力を拝し奉り申しあげます。」

ギリシア人たる者のすべてが恐怖して、アレクサンドロスを指導者として推挙し、ギリシアの主権をアレクサンドロスに譲渡した。

アレクサンドロスはそこを出発して、ローマ占領に向かった。ほとんどあらゆる部族から、王のもとに使節が派遣されてきて、王の前にひれふした。[14] 数えきれない金銀を贈り物にして、すべて同盟軍に加わった。ローマに来ると、ローマ人は舞踊団と太鼓、手には月桂樹の枝を持って出迎えた。アレクサンドロスに近づくと、世界の支配者と呼びかけた。町のなかにはいると、カピトリウムのゼウスの神殿に参詣すると、神官は王を迎え、王から客遇の礼をするという約束をもらった。

ローマで時を過ごしていたころに、アレクサンドロスといっしょに戦車競技に出たこともあるラオメドンも、金、銀、真珠の贈り物を携えて五万の兵を率いて同盟軍に加わった。アレクサンドロスは彼を迎えて心から歓迎していった。

「おお、勇気ある者よ、ダレイオスと戦おうとするわたしの同盟者として来てくれたのか。」

西方に向けてローマを出発した。王に抵抗する者はいなかった。西方のあらゆる王国が彼を歓待し、贈り物でその気持ちをなだめ、自分たちの所を訪問してくれるように申しこんでいた。贈り物を受け取ると、ラオメドンを彼らの首長として残し、踵を返したのである。そして、これらの国々の王が今後十二年間にわたってアレクサンドロスに税を払うように手配した。

そこから向きを変えて、南方の端にまで進み、多種多様な部族を平定した。人間の住む世界を通過し、人間の住んでいない地にやってきた。オケアノスまで到着した。その地では頭の二つある人間がいて、彼らと戦争をした。打ち負かされると、アレクサンドロスから逃げていった。さらに進むと、たいへん醜い大柄の女たちがいた。この女たちはアレクサンドロスたちが出会ったどんな人間よりも手ごわい敵であった。女たちは走るときには、乳房をその両肩に載せるのである。髪の毛を集めたものが彼女たちの着るものであった。攻撃のときには、翼を使って空を飛んできたのである。このように空を飛びながら戦闘を仕掛けてくるのを見てマケドニア勢はまったく手も足も出なかった。アレクサンドロスはこれを見て、火をつけて上空を勢力下に置いた。女たちは火の性質を知らず、軽率にも地面に落ちてきたが、羽根を焼かれてしまい、もはや飛びたつ力を失ってしまった。落ちてきた者たちは兵士たちの剣で殺戮されたが、女たちのほうも爪を使って百人の兵士を倒したのである。このような方法を用いてやっとのことで女たちの土地を通り抜けた。オケアノスが侵入を妨げていて、あの地から先を通ることができなかったので、オケアノスの左手の岸辺の地を征服したのち、北方に向いて、そのあたりの地域を占領した。こうして夷狄の部族を相手に数えきれないほどの戦闘をして、西方の世界全土を支配下に置いた。[15]

第三五節　補遺

将軍セレウコスはこれらの町の反対側に、ニカトリアと呼ばれる自分の町を建設した。

アンティオコスはアジアの地にアンティオケイアを築いた。これに腹を立てたアレクサンドロスは彼らに言った。

「マケドニアをあとにして世界中を歩きまわったのではないか。アジアに来ると、戦士としての心意気を忘れて、われわれマケドニア人が町の創設者となることを学ぶ必要がどこにあるのであろうか。」

第三六節　冒頭から補遺

それからアレクサンドロスは陣を畳んで、シュリアに出発した。東方に遠征をおこなった。彼の道中に出会う者たちは許しを乞うことになった。一方、あえて抵抗しようとした者には、彼らの町を根こそぎ破壊した。彼の剣がひとびとのなかをひらめき通った。恐怖と戦慄が東方の地全土に走り、町々を捨てて逃亡することになった。ダレイオスのもとに故郷へ逃げのびた者たちからこのような噂が届いた。

「王よ、マケドニアの軍勢から逃げおおせる見込みはわれわれにはありません。まったく見捨てられてしまいました。この地にも彼は急いでやってきましょう。」

ダレイオスはこれを聞くや、アレクサンドロスのもとに使節を派遣し、つぎの手紙を託した。

手紙の途中から補遺

（……同じ年の小僧どもと遊んでもらいたいからだ。）以下

というのは、聞いたところでは、足下はギリシア全土を席巻し、完全にその地を烏有に帰し、ローマまでも、また、西方の内陸の王国にまで攻めいったばかりでなく、南方のオケアノスにまで進軍し、多量の富を集めたという。さらに、このことに満足せず、アジアとプリュギアにまで進攻してきた。足下がこのようなことをしたとしても、ギリシア征服のことでは、まともには相手にする気にもなれないほどに、われわれから軽蔑を受けるだけである。だが足下としては、さらに一層増長して、あえて東方の国々を攻撃するようなことをしてきた。諸地方を掠奪してまわり、町々を破壊している。ペルシアの王権にあらゆる者が隷属し、これに反対する者はいないことも忘れて、わが身が奴隷の境遇になることも知らずにいるのだ。そこで、足下の愚かさゆえにつれてこられたマケドニア生まれの者を送り帰すが、ギリシアだけを支配することに満足するがよい。届けた小箱に年々の租税を収め、きちんとこちらに送り返すがよい。これまでの無思慮な行為にたいして許しを乞うがよい。この意志が足下にないとすれば、反乱分子に向かってペルシア軍がすると同様に、わたしが攻撃を加えることになろう。わたしの剣が足下を探しだすであろう。逃げのびる所はどこにもなくなるであろう。」

ガンマ版　第二巻

第一一節[1]

インドの王ポロスにも手紙を書いた。

「神々のなかでも偉大なる神であるポロス王に不幸なるダレイオスがご挨拶を。われわれの経験したわざわいについては書きしるすこともできない。思うにわが主人である貴殿もいくらかはお聞きになっていることであろう。あのマケドニアの若造が、これまでの隷属的な境遇を忘れて、われわれを攻めてきて、掠奪をほしいままにして住みなれた土地から住人を強制的に引きはらわせた。あの男はわれわれを奴隷のごとく処遇しようとし、西方の支配権を東方にまで拡大しようと努めているのである。ペルシア人は彼にたいする恐怖から、——なぜであるかわたしには不明であるが——戦闘によって彼に対抗することができないでいる。このために、このような状態を看過せずに、貴殿の配下であるダレイオスのもとに援助の手を差しのべてくれるように、貴殿の寛大なるご処置をお願い申しあげる。

いま一度、神々の意に反して戦争を起こさないことをマケドニア人が弁えるように、彼らと戦いを交えたいと思っている。というのは、インドの軍勢には向かうところ敵のいないことをわたしは承知しているからである。どうか、この手紙に心動かし、わたしの衷心からの嘆願を聞きとどけていただきたい。わたしを圧迫しているマケドニア軍を撃退するように図っていただきたい。当方の窮状のご明察を願うとともに、貴殿のご健勝をお祈り申しあげる。」

第一二節[2]

ポロスはダレイオスの手紙を受けとり読むと、頭をふっていった。

「かつては神々にも等しかったあのダレイオスが、いまはマケドニア軍に追われる身となったか。」

配下の将軍と部隊長を呼び集めていった。

「各自、五万の騎兵を引きつれて、ダレイオスのもとに駆けつけ同盟を結ぶがよい。そしてマケドニア軍に勝利してアレクサンドロスを捕まえることができたならば、あの男に会えるように、生きたまま彼をここへ連れてこい。あいつがどんな人物であるか見たいものだ。」

そこで彼はダレイオスにこのような内容の手紙を書いた。（本文に続く）

第一四節[3]

アレクサンドロスはダレイオスのすがたを見たとき、すこしばかり恐怖を感じた。しかし、神託を思いおこしてふたたび力を振るいおこした。（本文に続く）

第一五節[4]

（「ひそかに逃げだした。」以下補遺）

アレクサンドロスはどこかの場所に身を隠してからも、皮のころもを脱ぎすて頭巾を取りのけた。かわってペルシア風の衣装を身に着けた。ダレイオスの部下のひとりであるかのような様子になった。実際にそのようにも思われたのである。当地のダレイオスの配下の者たちのあいだを通るさい、門衛に近づき、関所の出口にすわると、松明をかざして、出入りする者を調べている門衛にアレクサンドロスは言った。

「松明を渡せ。わたしはダレイオスの使いで派遣される者だ。」

しかし門衛は彼に松明を渡そうとはしなかった。そこでアレクサンドロスは松明を手につかむと、守衛の顔面を叩き、こうしてペルシア兵から離れることができた。追っ手の者たちを散々に迷わせてから、懐中には黄金の杯を忍ばせて、すぐに自分の馬に乗って走りさった。

　ダレイオスはアレクサンドロスであることに気がつき、彼の知恵のすばしこさを知って、部下のひとりをつかまえていった。

「あの小僧を引っ捕らえろ。われわれをこけにしたアレクサンドロスが逃げのびることのないように、またわれわれから助かる見込みのないように、守備を固めろ。」

　アレクサンドロスをこうして探しはじめたが、見つけることはできなかった。彼の宿泊していた家に駆けつけたが、だれも見あたらなかった。大騒ぎして門衛のもとに駆けつけてたずねた。門衛は答えた。

「これはまたなんということ。アレクサンドロスはみなさんを騙したんですよ。彼の出ていく様子をご覧なされればよかったのに。急いで、彼を捕まえてください。というのは、わたしの手から松明を奪いとって、顔をぶちのめして逃げたのです。」

　ダレイオスはこれを聞くと、アレクサンドロス捕縛のために武装したペルシア兵を送りだした。（本文一二九頁一四行目に続く）

（「……ことのほか苦しみ悩んでいた。」[5] 以下補遺）

ダレイオスは打つ手もなくなってしまい、このようにいった。

「おお、なんということだ。あのマケドニアの生意気な小僧め。自分の命の安全を惜しむことなく、われわれの武力を探るために命を賭けようとしたとは。」

このあと、ペルシア兵は臆病心にとらわれ、各自が近くの者にこのように話しあっていた。

「いったいだれがアレクサンドロスを相手に戦うことができようか。だれがこのような軍勢に対抗することができようか。ダレイオスがわれわれを必要としているのはマケドニア人の進攻を妨害するためなのだ。彼から逃げようではないか。勝利を得る見込みはこちらにはないのだから。」

第一六節[6]

(「……マケドニア軍に滅ぼされた。」以下補遺)

残りのペルシア軍はマケドニア軍の殺戮の餌食となっていた。

「どうか、あわれみを、ゼウスの子よ、われわれにあわれみを。あなたの剣がわたしたちを食いちぎって死を加えることのないように。あわれみの心をむけて、どうか家畜のように殺さないでください。これまで水のように流されたペルシア人の血でもう十分に満足してください」と、泣き叫ぶばかりであった。

アレクサンドロスはあわれを感じて、もはやマケドニア兵に殺害をしないように指示した。そして、ペルシア兵を集めてつぎのようにいって釈放した。

「大軍に捕らえられる前に逃げるがよい。わたしといえどもマケドニア軍からおまえたちを救いだすことはできないであろう。」

アレクサンドロスからこの言葉を聞くと、まるで神であるかのように、彼の前にひざまずいた。こうしてうしろをふりかえりもせず、一目散に逃げていった。

第二二節 7

アレクサンドロスとロクサネとの結婚式の準備をとどこおりなく済ませ、宮殿ではきらびやかに式がおこなわれた。ペルシア全土にこのことが通知されると、ペルシア人とマケドニア人とのあいだに一致協力の精神が芽生え、おたがいに兄弟であるかのように交際するようになった。

第二三節

このあいだにアレクサンドロスは将軍セレウコスに命じて、ペルシア軍を糾合させた。迅速に兵を集めてみると、騎兵百三万、歩兵四百万を数えた。これ以外は戦闘で倒れた者であった。アレクサンドロスはマケドニア全軍にこの兵を加えてひとつにして、エジプト遠征をおこなった。[8]

第二四節

彼はユダヤに到着した。ユダヤ人は抵抗しようと思い、使節であるかのように、スパイを送った。だがアレクサンドロスがこのことに気づかないはずはなかった。そこで彼はマケドニア軍のなかでももっとも戦闘的な若者たちに、近くの峡谷で彼らを攻撃するように命令した。若者たちはアレクサンドロスの命令を忠実に実行した。マケドニア軍はアレクサンドロスから命令されたことにはきわめて熱心であったからである。こうしてアレクサンドロスは様子を探ろうとしていたスパイたちにむかっていった。

「ユダヤの民である使節の諸君、見るがよい。マケドニア軍には死は取るに足らぬものなのだ。帰って、諸君のためになることをおこなうがよい。明日、わたしは諸君を訪ねよう。そして天の摂理に認められた通りのことを実行しよう。」

使節は国へ帰ると、指導者に伝えた。

「アレクサンドロスに譲歩して、われわれを救わねばなりません。救済の希望はまったくありません。マケドニアの軍は人間の本性からはずれた者ばかりです。われわれには死の恐怖がありますが、マケドニア人にはこのようなものがないばかりでなく、むしろ死を軽蔑さえしています。彼らには死とはおたがいに争って手にいれるもののように思えます。

たとえばある定められた目的へむかって行くようなものといってもよいでしょう。というのは、マケドニアの兵は雲の上にいるごとくにして、大峡谷にいるわれわれを急襲したのです。アレクサンドロスの命令と同時に作戦がおこなわれました。われわれを恐れさせたのは、彼らの死を賭しての大胆さというよりも、彼らがこれによってなにも手にいれようと期待していないところであります。これほどに死をやすやすと受けいれる向こう見ずな態度を取っています。もしもなにか利益になるものを期待していたとしても、だれもそれほど無茶には抵抗できないでしょう。さて、自分たちの目に見たままを皆さんにお話ししました。アレクサンドロスがやって来るまえに、すべて頼りにならない考えは捨てて、われわれによいと思われることを決めていただきたい。」

このようなことを聞いたので、アレクサンドロスに降伏する命令が出されることになった。民衆といっしょに、神官団が聖なる衣装を着て、アレクサンドロスと会見した。アレクサンドロスは彼らを見て、そのすがた格好に恐怖を感じて、これ以上自分に近づかず、町に引きかえすように命じた。そのうちのひとりを呼んでいった。

「諸君は神々にも似た格好をしているが、いったいどのような神を崇拝しているのか、教えてくれ。われわれの神々に対する信仰と比べて、神官たちのこのような整然とした様子を見たことがないから。」

するど彼は答えた。

「われわれはただひとつの神の奴隷であります。神は天、大地、星宿と、目に見えないものとをお造りになりました。いかなる人間といえども神について説明することはできないのです。」

アレクサンドロスはこれに答えていった。

「本当の神にふさわしいように神に奉仕する者たちであるから、平和のうちに立ちさるがよい。というのは諸君の神はわたしにも神であり、そしてわたしの平和は諸君とともにあるのだから。生きている神に仕えているがゆえに、ほかの民族の場合と同じようには諸君を扱うことはしない。[9]」

ユダヤ人の神官団は多量の金銀を携えてアレクサンドロスを訪ねたが、これを受けとろうとはしないで、かわりにつぎのようにいった。

「この贈り物と、わたしの取り決めた税は主なる神に捧げることにしよう。諸君からなにも受けとるつもりはない。」

第二五節

このあと、アレクサンドロスはユダヤの地を通過して、エジプトに着いた。エジプト人はアレクサンドロスに降伏しないことに決定し、自分たちの町の守りを強化し、戦争の準備を始めた。アレクサンドロスは部隊の配置を指示し、町を包囲した。壕を掘ると、兵士たちに休養を取らせた。熱風が吹いてきたので、彼はわずかの騎兵を連れて涼を取りに出かけた。澄んだ水をたたえた見事な泉につくと、馬から下りてそこで水浴した。だが、水の冷たいためにアレクサンドロスは病気になった[10]。病気が長引いたので、マケドニア人もペルシア人も同じように気に病んでいた。アレクサンドロスの病気がエジプト人にもはっきりとわかってきた。町の何人かの者が医者のピリッポスのもとに人を遣ってつぎのようにいわせた。

「もしもアレクサンドロスを薬で殺すことができれば、おまえをわれわれの王にしてやろう。」

　するとピリッポスは答えた。

「おお、アレクサンドロスについてあなたがたはなんということを口にするのです。この世界全体といえども、彼の髪の毛一筋の値打ちもないのに。」

　ピリッポスが協力する意志のないことを知り、自分たちの要求を実現することに失敗したので、おたがいに相談した結果、つぎのような計画を思いついた。アレクサンドロスに好意を抱いているような手紙を書いて、これをひそかに、すばやくアンティオコスに手渡したのである。アンティオコスにはつぎのようなことをいい含めていた。

「この手紙をアレクサンドロスに渡してください。」

　手紙には、ピリッポスがエジプト人と結託してアレクサンドロスを暗殺しようとしているといった悪意の誹謗がちりばめられていた。アンティオコスは手紙を受けとるとアレクサンドロスのもとに持っていった。アレクサンドロスはこれを読むと枕もとにおいた。ピリッポスは治療の用意をして、明け方、両手にコップを持ってやってきた。

「さあ、殿、起きあがってください。この調合した薬を飲んで、早く病気をなおしていただきとう存じます。」

アレクサンドロスは起きあがると、コップを手にして、涙を浮かべていった。

「ピリッポス、飲もう。」

「さあ、お飲みください、殿。早く病気から回復してください」と彼はいった。

アレクサンドロスはもう一度、医者のほうを見ていった。

「飲むことにしよう。」

「殿、先にも言いました。飲んで元気になってください」というと、
アレクサンドロスはすぐに飲みほした。手紙を手に取ると、ピリッポスにつぎのようにいいながら渡した。

「わたしはピリッポスがアレクサンドロスにたくらみを抱いていないことはよく承知していたのだ。」

ピリッポスは手紙を受けとって読むと、このようにいった。

「殿、全世界の人間を合わせても、殿の抜けおちた髪の毛一本にも値しないと思っていま

す。いったい世界のどこにアレクサンドロスにかわる人がいましょうか。このわたしが殿の命を狙っているですと。飛んでもないことです。このようなことをお聞き遊ばすな。けれども、エジプト人がこうと計画したあとで、殿は薬をお飲みになったのです。立ちあがって、彼らに、一度、証拠を見せてやってください。そしてマケドニア人を馬鹿にはできないことを知らせてやりましょう。」

このようにいうと、ピリッポスは、沈黙を守るように指示して立ちさった。

このことがあったあと、アレクサンドロスは快適な眠りに落ち、その日一日中眠りつづけた。夕暮れが近づくころ、目をさますと完全に健康になっていた。アンティオコスを呼んで言った。

「アンティオコス、ピリッポスの薬がどんなものかよくわかった。彼は信頼できる男で、ひとりで多くの人間の働きをする人物だ。彼を呼んでくれ。」

アンティオコスは出て行ってピリッポスを呼んだ。アレクサンドロスは彼にいった。

「ピリッポス、わたしはすっかりよくなった。」

その肩に手をまわし接吻した。

第二六節

起きあがると、軍に戦争の準備をするように命じた。ちょうど太陽が昇り、山並みに真っ赤な光線を放ち始めると、マケドニアとペルシア軍はすべて黄金のよろいで武装し、町のまわりをぐるりと取りかこんだ。太陽の光がよろいに反射して真昼の明るさを一層加えたようであった。しかしたくさんの矢のために日光もさえぎられた。槍を構えて立ちあがった兵士たちの偉容はさながら山全体が動いているようであった。兵士たちが喚声をあげるときは、天がくずれ落ちてくるさまにもたとえることができた。このためにエジプト人はものを考える力をすべて奪われてしまった。

エジプト人はこれを見て、どうすればよいか困惑していたので、アポロンの神託所を訪れ、自分たちを救う道はなにか、どうすれば危険から逃れることができるかと相談した。するとつぎの神託が与えられた。

「やれやれ、人間の心というのはなんとかわりやすいものか。以前には青年であったおまえたちが老人に従順であったように、いまは青年である者に老人であるおまえたちが従うことになるのだ。わが家に帰るがよい。そして昔のことを思いおこすがよい。アレクサンドロスに従うようにわたしは命令する。[11]」

ネクテナボンがエジプトから逃亡したときに言われた、昔の神託をひとびとは思い出し、アレクサンドロスがネクテナボンの子であることに気がついた。隊長に率いられた兵士たちが市壁に接近すると、内側から声が漏れきこえてきた。アレクサンドロスを讃える声であった。「アレクサンドロス王万歳」と言い合っていた。市壁をこえてその声が聞こえてきた。

都のなかにいるもののだれひとりとして、顔をのぞかせる者はいなかった。空からふってくる飛び道具があまりにも多いためであった。マケドニア軍はこれを聞くとすぐに笑いはじめた。笑いは部隊中に広まり、戦闘のひびきと笑いがまじりあった。町のなかでアレクサンドロスを讃えているという報告が彼のもとに届けられた。アレクサンドロスは考えをかえて、戦闘の中止を命じた。こうして戦闘が一時休止になると、エジプト人は城壁からすこしばかり顔をだして、同情を誘う声で、

「どうか、王よ、あなたのかつての祖国をあわれんでください。殿の奴隷にたいして最後まで腹立ちを持ちつづけることはしないでください」

と、アレクサンドロスに嘆願した。

アレクサンドロスは祖国という言葉を聞いて、思いあたることがあったので、完全に戦闘をやめさせたうえ、われと思わん者は都から出てきて、このことについて説明するように求めた。

「というのはわたしの祖国はエジプトではなくてマケドニアなのだ。どうして諸君はわたしの祖国がエジプトであるというのか。」

エジプト人は前にひれふしたまま、神託に述べられた事を説明し、また、ネクテナボンが自分たちの王であったこと、彼の治世中のエジプトは幸福であったことなどを語った。

「いまもまた、われわれに定められたとおりに、エジプトは部族ごとに統治されています。そこで、ご自分の町を手にいれて、よいと思われる政治をわれわれのためにおこなっていただきたい。」

アレクサンドロスは神託の内容を知らされるや、たちまち自分自身にかかわることに気がついて、部隊の引き上げを命じた。そのうえで、町の責任ある者を出頭させ、自分をネクテナボンの宮殿に案内するように指示した。この通りにただちに実行された。

第二七節

エジプト人はとび出してきて、アレクサンドロスの前にまるで奴隷のように倒れふした。彼らはネクテナボンの宮殿にはいって行った。彼らはむしろ悲しむよりも喜んでいた。というのは、都が包囲されて占領される場合には、その地に住む者には、祖国が敵に蹂躙されることを予測して、測りがたい悲しみにとらわれていたのであったが、エジプト人はこの事態を知って悲しみから喜びにかわったのである。マケドニア人を敵とは思わず、自分たちの王を戴いたと考えて、「またもエジプトが支配するのだ」と歓呼の声をあげていた。

アレクサンドロスが王宮に入ると、扉のまえにネクテナボンの似像が立っていた。右手には王冠を、左手には球のようなものを持っていた。球には世界の創造のありさまが描かれていた。像の胸のあたりにはつぎの言葉が刻まれていた。

「わが宮殿にはいって来る者のなかで、わたしが王冠を頭にかぶせる者がいる。この者こそわたしの子であるとみなは思うがよい。その者はあらゆる地を経めぐったあとで帰ってくるであろう。この男の名前がこの町に与えられるであろう。[12]」

アレクサンドロスが門をはいるかはいらないうちに、手にした王冠を像は彼の頭のうえにおいたのである。どうなったのかと、あたりを見回してこのことに気づき、手を頭に置かれた王冠に伸ばすと、今度は、像が左手に持っていたあの球をアレクサンドロスの手に移した。このできごとに直面した者はみんなびっくりした。アレクサンドロスは像に注意をむけて、この似像がネクテナボンのすがたをしていることを認めた。胸のあたりを眺めていたが、刻まれた文字に目をやると、これを自分の手で消してしまった。将来の権力について予言してくれた像を敬って、これに金箔を塗らせたのであった。すなわちアレクサンドロスはネクテナボンの子と思われるよりも、ピリッポスの子であり、神々の子であると思われることを望んだからである。この話はすべてのひとびとに知れわたっていることであった。

第二八節

しばらくのあいだそこで過ごして、町の建設に取りかかった。[13]多数の柱で町を飾り、城壁には高く空にそびえる塔を建設して堅固にした。東門には特別にもっとも高い塔を築き、そこに自分の記念像を立てさせ、まわりにはセレウコス、アンティオコス、医者のピリッポスの記念像を作らせた。角をもつセレウコスの像はその勇敢さと無敵の強さを表わすことによってそれと知られるように作られていた。ピリッポスのすがたは医者であり軍人であるように作られ、アンティオコスは槍を身に帯びていた。これらの記念像も完成し、町のだれの目にも町が豪華に立派に見えるようになったときに、アレクサンドロスは塔に登り、そこに立って、エジプトのあらゆる神々を無視し、人間には知ることも見ることもその痕をたずねることもできない、唯一の真実の神の名を唱えた。この神はまたセラフィムたちにかしずかれ三倍も神聖な神として讃えられている。[14] アレクサンドロスはひとびとのあいだに立って、祈りをささげた。

「神々のなかの神、目にみえるものと目に見えないものとを創造なさった神よ、どうか、わたしが成しとげようとしていることにお力をお貸しください。」

塔からおりると宮殿にはいった。セレウコスをペルシア人の統括者に任命し、ピリッポスをエジプト人の指導者にした。[15] アレクサンドロスはマケドニア人に支えられ、マケドニア人の魂はアレクサンドロスにすべてをささげていた。

第二九節[16]

こうして全軍勢を糾合して、内陸の地に向けて進軍した。あらゆる部族が奴隷となり、彼に税を貢いだ。あらゆる者から恐れられていたので、彼に抵抗する者はいなかった。日のもとの土地をくまなく訪ね歩いたので、もはやこれ以上を自分のものにする地もなくなっていた。そこで彼は六カ月の期間を兵士たち全員に自由にするように命じて、いまだ人の住まない土地に進軍して行くことについて思案をめぐらした。

このあとで、いわば十日間の遠征に踏み切り、平坦な砂漠地方にやってきた。すると突然にいかにもおそろしい格好をし、顔も荒々しい女たちの群があらわれた。女は全身が野生のいのししのように毛でおおわれていた。髪の毛は膝まで垂れさがり目は空の星のように光っていた。その全体は人間のすがたではなくて、顔面の部分だけが人間らしい様子をしていた。その爪は長くて一ペーキュスもあった。その脚は野生のロバに似ていた。その体格は三人の人間をあわせたほどであった。兵士たちはこの女たちを見ると、あてもなく追いかけたが[17]、女たちは振り向いて兵士のうち四人を爪で引き裂いて殺し、歩きながら、われわれの目のまえで、四人を食ってしまった。流れおちた血をその場でなめつくした。この様子を見ておどろき、どうしてよいか困っていると、今度は大群で女たちがあらわれ部隊にせめかかり、はるか後方から腕を伸ばして、部隊の中央あたりの兵たちをつかんで食い殺したのである。全員が恐慌状態におちいった。アレクサンドロスは知恵をめぐらし、壕のなかからできるだけ多くの犬を集めることにした[18]。――それぞれの兵は狩猟用に犬をたくさん連れていたのであった。――簡単にいえば、全軍の犬を集めてこれを女たちにけしかけたのである。犬を見ると女たちは逃げまわり大半が混乱してきた。かなりの数の者は犬に殺された。残りの者は逃げのび見えなくなった。

そこから脱出すると、三十日間を要して砂の国に到着した。この国を通過しているとき、蟻があらわれ兵士や馬をさらって消えるようなことがしばしば起こった[19]。それでも蟻の大群には火を放って、その被害から救われた。

そこを通りぬけると、三日間の行程を必要とするほどの河幅の非常に巨大な河に到着した。この河にたどりつき、はるかかなたの先を眺めて、アレクサンドロスは困惑しきっていた。

第三〇節

河岸にすわって考えた結果、河のなかに砦を渡すように命じた。アレクサンドロスが思いめぐらしたような渡河の方法に従って、この仕事に取りかかったが、突然に水が干上がり、かわって砂が流れてきたのである。アレクサンドロスはこれを見て渡河の方法を思いついた。四角に切った材木で箱を作らせた。このあと、砂の流れのなかにこれを投げるように命じた。最初の箱を投げると、これに石を詰めるように言った。こうして箱は微動だにしなくなり固定された。つぎに、第二の箱に移るさいには、四または六オルギュイアの長さの材木を運ばせて第一の箱に据えて、第二の箱とのあいだをつなぐようにさせた。材木の先に第二の箱を釘でとめたのである。第一の箱から四オルギュイアの間隔で河の流れのなかにこれをおろした。ただちにこれにも石をいっぱいに入れた。第二の箱も固定され動くことはなかった。第三の箱も残りの箱も同じようにして、河に橋をかけた。全軍勢は六十六日にわたって河を渡りおえた。この河を渡ってアレクサンドロスは河に「砂の流れる河」と命名した。というのは三日間は水が流れ、三日間は砂が流れるからである[20]。

第三一節

河を渡ると、別の世界であった。そこには体のちっぽけな、なんの取りえもないような人間がいた。成長した大人でも一ペーキュス半の背丈にすぎなかった[21]。われわれを見つけると、あわれみをかけてくれるようにと膝をまげて近づいてきた。アレクサンドロスはそのあわれむべき態度を見て、

「行くがよい。われわれからはなにひとつ害を受けることはあるまい」と、穏やかな言葉を述べて彼らを立ちさらせた。

そこからかなりの日数を費やして、またも人の住まない土地を進んだ。十日のあいだに東西にも南北にもたとえようもないほどの平坦な地にやってきた。ここで軍を休ませることにきめた。あたりを見まわして水を探しに出かけると、湖を見つけた。その近くに来てみると、岩場に石の巨大な記念像が建てられていた。すぐにアレクサンドロスはそばに寄

った。像にはギリシア語の文字が刻まれていた。像の文字は現在の世界の支配者セソンコシスという者のものであることを明らかにした。[22] この若者の似像はまったくアレクサンドロスによく似ていた。つぎの句が書かれていた。

「人間のなかでも、全世界を経めぐった者ならばここまで達することができるかもしれない。だが、わたしもまた進むことができなくなって困ったように、これ以上は、もう進むことはできない。わたし、世界の支配者セソンコシスはこの地で方向を変えた。そして命を捨てた。」

アレクサンドロスはこれを読むとすぐに、像に敬意を払うかのように、文字の刻まれたところを衣服で覆ったのである。こうしたのは、マケドニア人のだれかが文字に気づいて、臆病な気持ちに捉われることのないようにするためであった。逆に彼は像からつぎのような神託を受け取ったといった。

「アレクサンドロス、もしもこの地を通過すれば、まだ通ったことのない、別のもっとすばらしい世界を発見するであろう。」

軍勢にもっと覇気と意欲を与えようとしてこういうことをいったのである。そこに三日間過ごしたあと、さらに行軍を続けた。

第三二節

（ティール版に同じ。ただし、本文では手紙形式にかわっている。）

第三三節

十日間にわたって行進したあと、まったく平坦な土地にやってきた。行進する軍勢の列も長く伸び、マケドニア人はちりぢりになって進んでいたが、その前に野蛮な人間があらわれた。岩の上にすわり、はだかで、しかも毛深く、恐ろしそうで、体格も頑丈そうで、色は黒かったが、力は劣っていた。彼らの髪は伸び放題に伸びていた。みんなそれぞれどんな者よりも背が高かった。マケドニア人がすぐに襲いかかると、彼らは場所を移して、眠った。そうしながらも軍のほうを見張っていた。マケドニア人はアレクサンドロスのそばに来てこのことを報告した。アレクサンドロスは軍の行列からとびでて、あの連中の眠っている所へ出かけた。彼らはマケドニア軍を見張っていた。ながら、いかにも屈託のない様子であった。アレクサンドロスはかわいい娘をひとりつれてくるように命じた。アレクサンドロスはその娘にいった。

「あそこの人間に近づいて、彼に人間らしい性質があるかどうか、あの野性のままの人間がどのような性格の者であるか見てきてほしい。」

女が近寄ると、彼は振り向いて女に気づくと、立ち上がり、女を捕まえて食べはじめたのである。アレクサンドロスはこれを見て、すばやく兵士たちに命じて、女をけものから奪い取らせた。兵士たちが彼に近寄っても、まったく気がつかず、娘の腿のあたりに口をあてて、まるで犬のように食っていた。兵士が槍で突くと、気を失った娘を置き去りにして、犬の泣き声をあげて走りさった。娘を抱きかかえてアレクサンドロスのもとにもどり、軍の本隊に運んだ。そのあとすぐに、あの野性の人間の集団が数えきれないほどの群れをなして、それぞれ手に木切れや石を持ってあらわれ、正面の軍勢に襲いかかり、勇ましく戦闘を始めた。アレクサンドロスはこれを見て、重装兵と弓兵とに命じて、戦闘に立ちむかわせた。はげしい打ちあいがおこなわれて、彼らのひとりが怪我をすると、すぐに他の者がその者の肉を分配し食いはじめるのであった。打ちあいのおこなわれているあいだは、その数は減ることなく、ますます勢力は増大し、ますます意気盛んになった。マケドニア人は臆病心にとらわれた。彼らは恐怖とふるえにおそわれたからである。アレクサンドロスは立ったまま、どうすれば彼らを追いかえすことができるか考えていた。これまでの戦いのために三十人の兵士が倒れたが、敵は無数であった。むしろ、倒れた数だけ、もっと数が増え、もっと勇気も出るのであった。知恵をめぐらせて、アレクサンドロスはそれから火をつけ、彼らに攻勢をかけるように指示した。見なれていない不思議なものを見て、すぐに後退して逃げだした。全軍でもって追跡したが、だれひとりをもつかまえることはできなかった。地上すれすれに飛ぶつばめのように、彼らの逃げ足が速かった。やっとアレクサンドロスは名馬ブケパロスを走らせて、ひとりの子供に追いつき、これをつかまえると、軍のもとにつれ帰った。およそ十二歳の少年のように見えたが、体格だけはどんなおとなよりも大きかった。

夜になって、壕に陣屋を張り休息の用意をした。戦いのために疲れていたからである。兵士たちは心配になってアレクサンドロスをたずねてこのようにいった。

「アレクサンドロス王、もうこれ以上先には進まないでください。わたしたちにはあのような人間を相手にはできません。世界を足元に従えたときに、運命の終わりにわれわれがとらわれるのではないか、満足を知らないあまりに、自分たちが人間ではなくてけもののえじきとなるのではないかと気がかりなのです。マケドニア人についての記憶が世界のどこにも残らないことは二重の不幸です。」

アレクサンドロスはこの言葉に怒っていった。

「退却はわたしのやり方ではない。これは定めによって決められたことなのだ。しばしばわたしもそのように望んだが、これをやめることはできなかったのだから。われわれは定めに従わねばならない。いかなる者も引きのばしてはいけない。」

皆はこの言葉を聞いて黙ってしまい、定めに身をまかすよりほかなかった。

第三四節

こうして夜が明けると、起きあがり行進を続けた。あの野蛮な人間たちの土地を五日間かけて通過すると、また別の土地にやってきた。そこには二本の黄金の柱が立てられていて、一つは男の、一つは女の柱であった。アレクサンドロスは二本の柱を腕に抱いて、「これこそがヘラクレスとセミラミスの柱である」[23]といった。

その地をしばらく進むと、セミラミスの王宮を発見したが、だれも人は住んではいなかった。アレクサンドロスはマケドニア軍だけを連れてなかにはいって行った。ペルシア軍とエジプト軍はそのまわりで三日間休息した。

そこを出て十日間進むと、手と脚がそれぞれ六本の人間に出会った。その数は数えきれないほどであった。全員がはだかであった。われわれの軍の大きさを見て彼らは集まってきたようである。アレクサンドロスはこれを見て、火を放って彼らを攻撃させた。こうするとすぐにみんな逃げて、地面の下の洞穴に隠れた。そのうちのひとりをつかまえたが、見るからに不思議きわまる生きものであった。一日の行程のあいだその男の面倒を見たが、自分といっしょに食事をする者がいないことから、突然に痙攣を起こし、大きく叫んだあと息絶えた。三日の旅程のあと、犬の頭をした部族に出会った。彼らは全体は人間であるが、すべての者が犬の頭をし、その声も半分は人間の声で半分は犬の声をしていた。彼らは戦闘の用意をして隊伍をくんでいたが、アレクサンドロスは彼らにたいしても火を使って追いかえした。十日間の行進のあと、やっとのことで犬頭の部族の地を抜けだすことができた。

こうして海辺の地域に到着した。そこに陣地を構えて軍を休息させることに決めた。やぐらのまわりを武具を積んで補強すると、壕の上部には楯をおいて警戒させた。馬が一頭死んで海に投げ捨てることになった。海から蟹があらわれ出て、そのはさみで死んだ馬をつかむや海中にもぐったのである。この話がアレクサンドロスに報告されると、やぐらのまわりにたくさんのかがり火を燃やすようにさせた。このようにして、われわれは海に住む生きものからの攻撃から身を守ることができた。

第三五節

そこを通り抜けると、つぎに美しい森林地帯に到着した。海のほとりにはありとあらゆる種類の果実が取れるのであった。アレクサンドロスはこれを見ると、ここで軍を休ませるように指示を出した。野営地を設営すると、アレクサンドロスは海辺に出かけた。陸地から六スタディオンほど離れた海に島を見つけた。彼は島に行って様子を見ることにした。材木を運び船の準備をさせた。またたく間にエジプト人は船を用意した。アレクサンドロスが船に乗りこみ、島に向けて漕ぎだそうとすると、友人のピロンがアレクサンドロスを押しとどめて、つぎのようにいった。

「けっしてそのようなことはしないでください。まずわたしが出かけてみて島の様子を探ってまいりましょう。わたしが無事にもどってくれれば、そのときにあなたも船に乗り、ご自分のよいと思われることをなさってください。」

アレクサンドロスはこれにたいしてピロンに答えた。

「君がまたもわざわいに会うのではないかと心配で、友人である君に最初に島に上がってもらいたくない。世界で君のほかにどんな友人がいるであろうか。あるいは君の無事を願う苦しい気持ちをだれがなぐさめてくれるであろうか。」

するとピロンはいった。

「王の友人であるピロンには死ぬことがあるかもしれません。その場合でも王は別の友人のピロンを見つけることができましょう。もしもアレクサンドロスに思いもかけない不幸なできごとがふりかかれば、世界全体が恐ろしい目にあうのですから。」

ピロンはこういうと、船に乗りこみ島に着いた。そこで、まったくわれわれと同じで、ギリシア語を話す人間に出会った。ピロンはこれを見て、すぐにアレクサンドロスのもとに引き返して島の事情を説明した。アレクサンドロスはこれを聞くと、五十人の部下をつれて船に乗った。一方、アンティオコスをあとに残して、帰還するまで軍を指揮するように指示し、兵士たちの食糧のためには便利であるとして、この地に滞在するように命令を出した。

第三五節A

アレクサンドロスが島に到着すると、自分と同じ人間であるが、全員がはだかで生活している者たちに出会った[24]。島の者たちが彼を見ると近よって来て、このようにいった。

「アレクサンドロス、なんのためにわれわれのもとにやってきたのか。われわれから、いったいなにを奪おうとしているのか。われわれはみんなはだかであって、言葉を働かせること以外にはまったくなにも所有していない。もしも君がこれを望むのであれば、戦争などは必要ないのだ。」

アレクサンドロスは自分の名前を呼びかけられてびっくりしたが、つぎのように答えた。

「天の摂理にかけて、言葉より強いものはない。言葉はたったひとつでも、千枚の黄金や宝石以上に貴重なものだ。」

(三) ブラグマネスたちはアレクサンドロスにつぎのことを述べた[25]。

アレクサンドロス、君は知恵を求めてわれわれを訪ねてきた〔まずはじめにこのことをわれわれは認めよう〕。知恵はわれわれの人生ではむしろ支配的であるからである。アレクサンドロス王よ、君はこれを学ぼうと望んでいる。哲学者は君臨されるのではなく、君臨するものだから。人間は哲学者の上に立つものではないのだ。これまでわれわれが君から非難されていることは承知しているので、真実の言葉を十分に味わいながら、理解してほしい。

（四）カライノス[26]はわれわれにはよくない人間だ。カライノスを通じてギリシア人はブラグマネスのことを知った。彼はわれわれの仲間ではない。徳から逃げていった人間である。神にふさわしい理性の育まれているというティベロアムの河の水を飲み、大地のアモグラ[27]を食することを好まなかった。魂の敵である富を所有し、こうして彼のなかに恐ろしい炎が燃え上がり、知恵の道から快楽の道へと逸脱していった。われわれのだれも紅玉のたぐいに群がることはしないし、〔富のことで〕苦悶がわれわれの肉体をむしばむこともない。清い食物こそがわれわれの健康を生み出す薬なのだ。

（五）われわれは生まれながらにして貧しい。われわれみんなには同じように生命のあとには死がやってくる。いつわりの言葉を学んだ死すべき人間がわれわれに空虚な矢を向けようと、恐れることはない。欺くことと軽々しく信じることとは同一である。欺く者は、説得した相手に不正を加え、信じた者も真実を知る前に、欺いた者に関心を払うあまりに不正を犯している。中傷こそ戦争の母であり、怒りを生み出し、ここからひとびとは争いを始め戦いを起こすのである。

（六）人間を殺すことは勇気ではない。これは追剝ぎのやる仕事である。どんな気温の変化にも、肉体をはだかにして対応すること、腹の欲望を殺すこと、腹のなかの戦いに勝利すること、そして名声や富や快楽を手にいれようとする欲望に打ち敗けないこと、これが勇気というものである。アレクサンドロス、まずこれらのことに打ち勝ち、これらのことを退治するがよい。これらに勝つことができれば、外にあるものを相手に戦う必要はなくなる。君が外にあるものを相手に戦うのは、税を取りたてるためなのだ。外にあるものを打ち滅ぼし、なかにあるものには征服されていることがわからないか。愚か者にたいして、どれだけの無知の支配者が権力を揮っていると思うか。味覚、聴覚、嗅覚、視覚、触覚、食欲、色欲、これらはすべてにわたって強力である。容赦ない主人や満足を知らない専制的な王のように、われわれ自身のなかにあってもたくさんのものが限りのないほど命令的である。欲望、金銭欲、快楽志向、流血、殺人、謀殺、離反、これに類したその他多くの欲に人間は奴隷となって仕えて、殺されたり殺したりしている。

（七）われわれブラグマネスは内にある戦いに勝利したあとは、あらたに力を貯え、森と天を眺めつつ、やすらっているのだ。鳥の心地よいひびき、鶩の鳴声に耳を傾け、木の葉に身を包み、空中に居を置き、果実を食べ、水を飲み、神に讃歌を唱え、未来のことを願っている。これが多くの言葉を語らず口数の少ないわれわれブラグマネスの生き方である。

（八）君たちは行動しなければならないことを語り、語る必要のないことをおこなう。君たちのもとでは、だれも、おしゃべりをしなければ、哲学者であることがわからない。君たちの理性とは、舌であり、ものを考える力は唇の上にある。金銀を集め、奴隷と大きな家を必要とし、権力を追求し、家畜と同じだけのものを食いかつ飲んでいて、まるで馬鹿と同じでこのことに気がついていない。絹をつむぎ出す蚕に似せて柔らかいころもに身を包んでいる。どんなことをやっても君たちにはなんの屈託もない。自分のやったことにたいして反省することもない。敵に向かうと同じように、仲間同士で話しあっている。おしゃべりのし放題をやって、論争を繰り返している。彼らを反駁する者がいなくても、沈黙している者のほうが、君たちよりもすぐれているのだ。

(九) 君たちは捕虜のように、羊から羊毛を……〔不明〕、まるで女たちと同じで、黄金を身に帯びてこれを自慢している。創造者と同じ形姿に作ってもらいながら、野性のけものの心を生み出している。どんなものでも真実のためにはなんのためにもならないことがわかっていても、たくさんの持ち物を手にいれると、これを自慢にする。というのは、黄金は魂を養い育てはしないし、体を大きくはしてくれない。逆にむしろ魂を暗くさせ肉体を非力にさせるものだ。

(一〇) われわれは真実に従って自然を認識しているので、自然によって選択されたものをも前もって知っている。飢えが生じると、摂理にもとづいてわれわれに与えられる木の実や草でこの飢えを癒すし、渇きが生じれば、河に出かけ、黄金を踏みつけながら水を飲み、こうして渇きに対応する。黄金は、渇きも飢えも止めてはくれないし直してもくれない。怪我の手当てもしてくれないし、病気を治してもくれない。また心に満ち足りる仕方を教えてもくれない。むしろ、自然とは異質の欲望をかき立てるものである。人間はいうまでもなく喉が渇けば、飲もうとして、水を得れば、渇きも治まる。空腹であれば、当然のことながら、食べ物を欲しがり、これを食べると満足し、欲望も止むものだ。黄金への欲望は異質の自然のなす業であることはだれの目にも明らかなのだ。人間の欲望というものはどんなものでも、理に従ってその死の時を得れば治まる。これがまた自然によって植えつけられたことであるのだから。だが、金銭の欲望は、これが自然に反したものであるゆえに、満ち足りることがない。だから、君たちは欲望に身を飾り、このために評判を得てほかの者たちには自慢たらしくふるまう。このために、みんなに共通のことでもこれが自分独自のものであると思っているわけなのだ。拝金主義のために、万人に同質のひとつの自然が多種多様な考えに切り裂かれることになる。

（一一）われわれのいつわりの友であるカライノスはこの考え方を持っていた。彼はわれわれからは無視され、たくさんのわざわいの元となっている。君たちのもとでは尊敬を受け尊ばれているが、ここでは役立たずで、この地から無能なものとして追い払われた。われわれが無視しているものすべてを讃嘆した拝金主義者カライノスは、われわれの友ではないが、君たちの友であるとしても空虚な友である。金を愛したがために魂までも滅ぼしたあの者はかわいそうな男だ。悲惨きわまる連中よりももっとあわれむべき男だ。であるから彼はわれわれにはふさわしい人間ではなかったし、神への愛に値する人間でもなかった。森のなかでなんの心配もなく休むこともできず、この生活を楽しむこともできず、このあとにくる将来への希望も抱くこともできず、金銭に対する執着のために自分のあわれな魂を殺してしまったのである。

（以下（一一A）と（一一B）は三巻六節と重複。）

（一一B）の途中から。「アレクサンドロスはこう言うとダンダミスに黄金とワインとオリーブを差しだした」以下

アレクサンドロスはこう言うと、ふたたび彼らにたずねた。

「君たちには王はいるのか。」

するとと彼らは答えた。

（一二）「ダンダミスがわれわれの王だ。彼は森のなかで木の葉にくるまって休んでいる。母なる大地の清い胸からミルクを飲むように、泉の近くにいる。」

（一三）アレクサンドロス王はこれを聞くと、彼らの師であり、このような議論の主宰者である王にはどこで会えるかとたずねた。ひとびとは彼に遠方からダンダミスのいる場所を指し示した。アレクサンドロスはそこへ行ったが、通りすぎたのに気がつかなかった。というのは、森のなかにいて、母なる大地の純なる胸からミルクを飲むように泉の近く、よく繁った木の葉の上に静かに横たわっていた。アレクサンドロスはブラグマネス族の師であり長であるダンダミスを知らなかったので、つぎのように言ってオネシクラテスという名の友人を彼のもとに送った。

（一四）「オネシクラテス、偉大なる師ダンダミスのもとへ急ぎ行ってくれ。そして、その人みずからをここへ案内してくるか、または、どこで生活しているかを調べた上で、どうすればわたし自身で彼を訪問できるか、すぐに報告をしてくれ」オネシクラテスは彼に答えた、

「王よ、迅速に命じられたことを実行しましょう。指示するのは殿の役目、行動するのはわたしの仕事ですから。」

彼は出発し、偉大なるダンダミスを見つけて話しかけた。

「ブラグマネス族の師よ、ご機嫌よう。偉大なるゼウスの子にして全人類の支配者であるアレクサンドロス王があなたを呼んでいます。王のもとへあなたが来ればたくさんの贈り物を彼は提供するでしょう。もし来なければ、あなたの首を切り落とすでしょう。」

ダンダミスはこれを聞いて、にっこりとやさしく笑ったが、木の葉のあいだから頭を上げることもせず、彼を小馬鹿にして、横になったままつぎのように答えた。

（一五）「神であり偉大なる王は、光、平和、生命、水、さらに人間の肉体と魂を生み出しても、けっして慢心を生み出すことはない。定めが人を解きはなつと、この魂をわが主である唯一の神が迎えいれる。わが神は殺しを避け、戦いをおこなわない。自分の死ぬべき定めを知っているのであるから、アレクサンドロスは神ではない。ティベロアムの河を通過ぎて……しない者がどうして万人の支配者となろうか。いまだ生きてハデスの世界を通

った者はいない。太陽の通る道を……見た者もいない。スキュティアでさえも彼の名を知らない。あそこの大地が彼を受けいれる余地がないのならば、ひとびとの土地が彼を支えるに足らないのならば、ガンゲスの河を渡るがよい。ひとびとを養うことの可能な大地を見つけるであろう。

（一六）アレクサンドロスがわたしに与えようとしているものも、わたしに贈り物をしようと約束しているその当のものも、わたしにはなんの役にも立たないのだ。わたしにとって親しく、有益で有用なものといえばつぎのようなものである。住まいのための木の葉であり、豊富な食料、海辺の木々、そして飲み水である。これ以外のものは揃えても心配の種が尽きない。このようなものを揃えた者はそのなかでわが身を滅ぼし、ただ苦痛以外の何物も与えはしない。この苦痛にあらゆる人間が満たされているわけだ。だがいまは、なにも気にせず、目を閉じて木の葉の寝床で眠りを取ろう。もしもわたしが黄金を見張っていようとすれば、眠りを犠牲にしてしまうであろう。大地は、生まれた子供に母親がミルクを飲ませるように、わたしにあらゆるものをもたらしてくれる。わたしは望んだものがあればそこへ行こう。自分が望んでもいないことにあれこれと気を揉むようなことを人から強制されることはないのだ。

（一七）アレクサンドロスがわたしの首を取るとしても魂までも滅ぼすことはできない。ただ、首を沈黙させるだけである。魂はわが主を訪れるであろう。肉体はぼろきれのように地上に残して、魂はそこから奪いとられることになる。わたしは息となってわが神のもとに上るであろう。神はわれわれを肉体のなかに閉じこめた上で地上に送りだし、地上に下りたわれわれが、神の指示した通りに神のために生きたかどうかを試しているのである。そしてふたたび神のもとにもどった者たちに、神はありとあらゆる罪の審判者として、説明を求めるであろう。というのは、不正を受けた者たちのうめき声が不正を犯した者たちの罰となるのである。

（一八）アレクサンドロスは黄金の富を欲し死を恐れる者たちにこのようなおどしを用いるがよい。われわれには彼のこの二つの武器の力は抜け落ちているのであるから。ブラグマネスは黄金を愛してもいないし、死を恐れてもいないのだから。だから帰ってアレクサンドロスにつぎのことを伝えてほしい。

「ダンダミスは殿の要求などなんとも思っていません、ですから彼はここへは来ないでしょう。だが、もしも殿のほうでダンダミスを必要とするならば、殿みずから彼を訪問してください。」

（一九）そこでアレクサンドロスはオネシクラテスからこれを聞くと、前より一層その人物に会いたくなった。たくさんの民族を滅ぼした自分がたったひとりのはだかの老人に一本やられたからである。アレクサンドロスは十五人の部下を連れてダンダミスの森のなかを進んだ。近くにやってくると、馬から下りた。王冠をはずし、身のまわりの装飾品を取りさって、単身でダンダミスのいる森にはいった。彼に挨拶してから話しかけた。「ブラグマネスの師であり、知恵の主であるダンダミス、ご機嫌よう。そなたの名前を聞いて訪ねてまいった。わたしのもとに来るつもりがないというのでな。」

「やあ、ご機嫌よう、そなたもな。たくさんの町や人間がそなたのために迷惑を受け、ひどい目にあっているのだが」と、ダンダミスは答えた。

（二〇）アレクサンドロスは彼の足元にすわった。この季節には、大地が血で汚されていないのに気づいた。ダンダミスが言った。

「アレクサンドロス、なぜここへやってきた。われわれの住む荒野からなにを持っていこうとするつもりか。そなたの求めているものはここにはない。われわれが持っているものはそなたの必要とするものではない。神を敬い、人間を愛し、黄金には無関心で、死を軽蔑しているので、快楽を重んじることもない。だが、そなたたちは死を恐れ、黄金を愛し、快楽を求め、人間を憎み、神を軽蔑している。」

するとアレクサンドロスが彼に答えた。

「そなたからなにか知恵を聞こうと思ってやってきた。神と交わっていると評判だからな。そなたがギリシア人よりすぐれているのはいかなる点においてなのか、あるいは、そなたが他の人間たちよりもっと先のことを見たり考えたりしているのならばそれがいったいなんであるか、知りたいと思っている。」

（二一）ダンダミスが彼に答えた。
「わたしも、そなたに神の知恵の言葉を伝え、神にも等しい理性をそなたの心に移したいと思っている。だが、君の魂のなかには、わたしが君に伝える神の贈り物を受け入れるほどの容量がないのだ。というのは、君の魂を満たしているものは、飽くことのない欲望、足りることとのない金銭欲、幽鬼に憑かれたような権勢欲なのだ。これらがいまおたがいに争って、わたしのすることに反対しているのだ。つまり、わたしが君をいまの状況から引き離し、その結果、君はひとびとを殺戮したり無数の民族の血を流したりしないようになるからだ。また、町が廃墟にはならず、人間たちが救われているのを見ることになるのではないかと、君の部下たちはいまごろは、わたしにたいして不満を抱いているからである。君は、オケアノスまで行き、その後は別の世界へ、またそのつぎには別の世界へ行ったという。結局は、征服することになる民族がいなくなれば、君の苦しみはたいへんに強くなるであろう。あれほどの辺幅を飾る虚栄と限りのない欲望でいっぱいの君の目的に世界全体が奉仕したとしても君の心を満足させることはできなかったのであるから、わたしがこれから神の知恵の言葉を君に話して聞かせよう。
（二二）君は小さいはだかの赤ん坊として生まれ、たったひとりでこの世に出てきた。成長したいまになって、なぜすべてを滅ぼしつくすのか。すべてを手にいれるためであるか。そして、すべてを征服し、全世界を所有する場合でも、わたしが横になり、君がすわっている場所だけの土地しか占有することができないのだ。これだけのものの主人であるわれわれもここから移動することもできる。であるから、われわれ取るにたらない者といえども、いくさや争いもせずに、君と同じだけのすべてのもの、大地、水、空気を所有しているのだ。自分の持っているものは当然のものとしてわたしは所有するがなにも欲しがらない。だが君は戦争をし、血を流し、人間を殺しながら、河という河を手にいれたとしても、君の飲む水はわたしと同じ水なのだ。

（二三）そこで、アレクサンドロス、つぎの知恵をわたしから学んでほしい。貧者としてなにも手にいれようとしないがよい。そうすれば、すべては君のものとなり、なにも必要とするものはなくなるであろう。欲望は貧しさの母であり、貧乏は秩序のないことから生まれるもので、よくない薬で……、求めているものは見つけることもなく、人が所有しているものによって消えるものでもなく、いつも、人の所有していないものにもとづいて試されるものである。

（二四）もしも君がわたしとの共同生活を望み、わたしに関心を向けて、わたしの話を聞き、わたしの持っている善の一部でも手にいれるならば、わたしと同じように心楽しく豊かになるであろう。というのは神はわたしの友であり、歓喜に包まれて神の仕事に参画し、神もわたしのなかに息づいているのであるから。こうして悪い人間を避けているのである。天がわたしの屋根であり、大地がわたしのベッド、森が食卓、木の実が食事の楽しみ、河して与えられているのであるから。

が渇きを癒す薬なのだ。ライオンのように肉は食べないので、他の生き物の肉がわたしの体のなかで腐敗することもない。動物の死骸の墓となることもない。天の摂理によってわたしには、生まれた子供にやさしい母親からミルクが与えられるように、木の実が食物として与えられているのであるから。

(二五) アレクサンドロス、ほかの師父よりもどのような立派なものを手にいれているのか、あるいは、多くのひとびとに比べてどのような知恵を知っているのか、この点をわたしから学びたいと言っている。君の見るように、最初に生まれたときと同じように生活し、母親から生まれ落ちたときのまま、富も判断力もなしにはだかで生きている。であるから、神がどれだけのものを作っているか、なぜこれらが生じなければならないか、わたしはよく理解しているのだ。季節に応じてわれわれに示される神のわざを知らないまま、季節ごとに君たちに与えられる事物について神託を受けて、君たちはびっくりしているわけだ。飢え、疫病、戦争、雷鳴、旱魃、雨、実りの失敗など、これらがどのようにして、どこから、どのような原因で起こるのか、わたしは前もってわかっている。摂理によってわたしはこの知識を手にいれている。神がそのわざを表わすしるしにわたしを選んで、神の正義をわたしに示してくださったことをたいへんに喜んでいる。戦争の恐怖やその他の不安が王たちに生まれると、神の使者と考えてわたしのもとにやって来る。わたしは神の摂理に懇願し、訪ねてきた者たちに善を与えるように説得し、彼らから恐怖を消しさり、ふたたび勇気を抱かせて立ち去らせる。

（二六）ひとびとを守り、恩人と認められることよりも、人間を傷つけ悪い評判を得ることがなぜ立派なのか、話してほしい。平和を愛し、創造者の召使として損傷を受け倒壊したものをあらたに造りなおすことに比べて、神の摂理によって創造されたものを戦争によって破壊することが、なぜ神の子供たちにふさわしいのであろうか。アレクサンドロス王よ、このような権力も、多量の黄金も、多数の象も、身を飾る色あざやかでぜいたくな衣装も、いま君のまわりを囲んでいる軍隊も、騎兵も、親衛兵も、君が戦争で奪いとったあらゆるものも、君にはなんの益にもなりはしないであろう。しかしわたしの話を聞きわたしの声に耳を傾けるならば、たいへんな利益になるであろう。

（二七）アレクサンドロス、もしも君が、有益なことを話しているわたしを殺したとしても、わたしはけっして怖がりはしない。というのは、すべてを整えたわが神のもとに帰っていくからだ。神みずからわたしの正しいことをご存じだし、なにごとも神の目から逃れることはない。神の目は全天に輝く星であり、太陽であり月であるのだ。不正を犯している他の者たちをも見分ける。だから、君といえども神の目を逃れることはないし、どこへ逃げてよいかその場所も見つからないであろう。そこで立ちなおっても、神の罰を避けることはできないであろう。であるから、アレクサンドロス、神が創ろうとなさっているものを壊すことは止めるがよい。町の者たちの血を流さないがよい。死骸の山を踏みこえることのないようにするがよい。他人を殺すより、自分で生きて他人を幸福にすることが君のためにもよいことである。他人のものを奪ったり、これをよいと思うことは、むしろ懲罰に値すると知るがよい。

（二八）ひとつの魂として生まれた君がなぜこれほどの民族を滅ぼそうとするのか。人の不幸を自分の利得のようになぜ思うのか。涙する者たちに嘲笑をなぜ向けるのか。荒野にいるわたしを、はだかで貧しいわたしを思いおこし、君自身のためになることを考えて、戦争を止め、摂理の愛と平和を大事に守るがよい。逆境のなかで勇気を振るいおこそうとはせず、われわれとともに不安のない生活を送るようにこころがけるがよい。その身から家畜の毛皮を脱ぎ捨て、死んだ動物の肉は口にしないがよい。生まれたときと同じような者になったそのときこそ、われわれを思い出して自分自身を大事にすることになろう。というのは、魂は砂漠のなかで徳を修めるように鍛錬するからである。

（二九）そこでアレクサンドロス王よ、物に執着しないわれわれの生活を選ぶがよい。君がわれわれの言葉にならって自分自身を発見することができるようになることが君にとって幸福であるかどうかは、わからない。だがいまは、マケドニアの兵が君を待っている。戦争を始め、人間を殺戮し、その者たちの持ち物を奪うためにだ。今日では、人の血に飢えている者たちはひとびとが元気でいるのを見ると苦痛に感じるのである。というのは、兵士たちは、君の大義名分などは勝手にして、自分たちの所有欲に憑かれているのであるから。

（三〇）いったい君が神から与えられた人生を不安のないものにして、自分自身に従って生き、人を殺さないようになるのは何時のことであろうか。果たして、このような言葉を聞いたからには、なぜ、今後自分自身を頼りとすることを躊躇するのか。同じように掠奪し、もろもろの民を騒乱に巻き込み、人殺しを続けるのか。これらは君がやってきたことである、現におこなっていることであり、将来おこなうであろうことである。しかしわたしの言葉に心を向けずここから立ちさるならば、わたしが天にあっても、これらの仕業にたいする罰を蒙り、つらい声をあげて苦しみつつ君のおこなった事の報いを受けるすがたを見ることになろう。鍛えられた騎兵や歩兵たちがついてこなくなったそのときこそ、わたしが君に教えた神の言葉を思い出すであろう。身のまわりに積み上げてきた不幸の記憶以外なにも見えなくなったそのときにこそ、君が、いたずらに無茶苦茶な混乱のうちに、流血には鈍感になった戦争のなかで見失った君の人生を探し求めて、おいおいと泣き叫ぶであろう。というのは、わたしは、神から懲罰が不正な人間に正しくくだされるのを見てきたからである。このときには、あそこで、わたしに、『ダンダミス、昔は君は本当に立派なことを忠告してくれたものだ』と言うであろう。あそこでは、君から不正な仕方で戦争をしかけられた者たちが君のそばに立つであろう。そのときにはどれだけのひとびとに弁明をすれば済むのであろうか。偉大と思われた者もなんの役にも立たないであろう。いま世界を征服しようと望む者は、そのときには敗北するであろう。」

(三一) アレクサンドロスは彼の話を楽しそうに聞いていたが、腹を立てることはなかった。というのは彼にも神の息吹があったが、悪い霊によって人殺しと騒乱のほうに導かれていたのである。ダンダミスの奇妙な言葉に驚き呆れてアレクサンドロスはつぎのように答えた。

(三二) 「ブラグマネスのまことの師ダンダミスよ、そなたは出会う者たちを天の摂理にもとづいてあらたに造りかえる人だな。わたしはカライノスからそなたのことを聞いて会いたいと願っていたが、そなたのなかにある神の気配ゆえにあらゆる人間よりも気高く尊い人であることがわかった。どんなことでも真実に従って話していることはよく承知している。神がそなたを創造し、みずからこの地に送りこんだのだ。この地でこそ、生まれつきの本性に従って心乱されることなく、富にめぐまれ、なにひとつ欠けるものもなく、静安を回復して幸福を楽しむことができるのであろう。

(三三) 絶え間ない恐怖と共に生き、常住の騒乱に浸り切っているこのわたしなどはなにをするべきであろうか。わたしには護衛の者がたくさんいるが、敵よりもむしろ彼らのほうこそ怖いのだ。味方のほうが敵対する者よりも卑怯なのだ。彼らこそ敵よりもむしろ昼日中にわたしに陰謀をたくらんでくる。そして彼らがいなければ、わたしは生活ができないし、また彼らといっしょにいるときもまた、彼らには強く出ることができないでいる。

というのは自分の恐れている者たちに護衛されているからだ。幾日にもわたって諸民族を混乱に陥れてきたわたしは、夜などは恐ろしくなって、だれかがそばにあらわれ剣で自分を倒すのではないかというような疑念にとらわれて、はっと目を覚ますことがある。やれやれ、わたしに服従しない者たちを懲らしめて自分で苦しんでいるのだ。もし懲らさなければ、逆にわたしが殺される目にあうであろう。

（三四）このような行為をどのようにして否定することができようか。というのは、もしわたしが砂漠で生きようと望んだとしても、兵たちからの同意を得ることはできないであろう。もしできたとしても、このような定めを引きあてた者が彼らから逃げだすことは一層不可能なのだ。はたして、生まれたときにこの運命を紡いだ神に向かってなんと弁明するべきであろうか。

（三五）おお老師よ、神の尊い宝よ、そなたの知恵の言葉でわたしを益し、喜ばせ、戦争をわたしの心から取り除いてくださったお礼に、持参した贈り物を受け取っていただきたい。どうかわたしの気持ちを無駄にしないでいただきたい。知恵を尊ぶわたしには有益な話であったから。」

（三六）アレクサンドロスはこうダンダミスに言うと、召使に合図をした。目を見張るばかりの黄金と貴重な衣装とパンとオリーブ油が運ばれてきた。ダンダミスはこれを見て大笑いしてアレクサンドロスに言った。

（三七）「森でさえずる小鳥たちに金銀を与えてもっときれいな声で歌うようにと頼んでみなさい。けっして鳥にうんといわせることはできないはずだ。鳥よりももっと劣ったものになれとはいえないだろう。すなわち、食べるときも飲むときも、不要なものは身に付けないし、魂に害となるようなものは身のまわりには置かない。あらゆる気苦労から自由になっているわたしの人生をいままた縛るつもりもないし、自分の澄んだ瞑想をいたずらに混濁させるつもりもない。このようなことのないようにありたいものだ。荒野に住んでいるので物を買うという気にもならない。神は万物をわたしへの贈り物として与えてくれている。食べるには木の実が、飲むには水が、住む所には森が、万物の成長するには空があるのだ。神は金銀でものを売り買いなどしない。すべて善きものを、これを受け取ろうとする者たちに心を与えて、恵みを施している。

（三八）母の苦しみのあとで生まれたわたしの着たむつきをいまもわたしは身に着けている。空を見て、空を自分自身のように考えて楽しんでいる。全身を縛りつけるようなものを身にまとうようにと、なにゆえわたしに無理強いするのか。どんなものよりも煩悩のないことが快適であり、自然の喉の渇きをいやしてくれる河の水が蜜よりも甘美なのだ。このパンが食べものであるとしても、なぜこれを火で焼いたのか。わたしは火をくぐったものは口にしないし、日頃とは異なった食事は取らない。火こそこれを味わい消化するがよい。だが、知恵を尊重する君の気持ちを汲んで、オリーブ油は受け取ろう。」

（三九）それから立ちあがると、森のなかを歩きまわった。木切れを集めて薪の山をこしらえ、火をつけて言った。

「万物はブラグマネスの者で、天の摂理によって養われている。」

十分に火を熾すと、油が火のなかで燃えつきるまで油を注いだ。それからつぎのような神への讃歌を唱えはじめた。

「永遠なる主よ、すべてにおいて感謝申しあげる。主のみがすべてを真実に支配され、ご自分の創造なさったものに、豊かにぜいたくにすべてを差し出されています。この世界を創造した主は、あの地に派遣した魂を待ち続けていらっしゃる。無事に活動した魂には神である主が名誉を授けるために。一方、主のおきてに従わない魂は審判にかけるために。あらゆる決定が主のもとでおこなわれ、無限の生命が主のもとで用意されているのだ。目に見えない優しさで万人に哀れみを向けていらっしゃるのだから。」

アレクサンドロスのほうに向くと、ダンダミスはつぎのように言った。

（四〇）は欠如

（四一）「アレクサンドロス、われわれはすべてこのようなものなのだ。君の友人カライノスは、わずかばかりのあいだわれわれの生活をまねただけの、都合の悪い人間だ。神に愛されなかったがために、ここを捨ててギリシア人のもとに逃げだした。そして、われわれの秘祭を見た彼は、習慣とははずれて、これをこの地からわれわれの信仰を知らないひとびとの地へと広め、自分自身は不死の火にすがたを変えた。そして君はマケドニア人というよくない民族の王である。以前は、君はブラグマネスを非難し、いつわりの言葉に動かされてこの民族を滅亡させるように命じたのであった。しかしこれは、諸民族の支配をこころがける王にはふさわしくないことだ。また中傷誹謗する者の言葉を受けいれることもよくないことだ。

（四二）われわれは、神のもとに帰ってゆくときは、自分の人生について神に説明することになる。神の正義に反する行動をしても、われわれはみんな神の業のひとつであるから。愚かな者の抱いている空虚な考えをわれわれは軽蔑している。よくない生活を送り、本当に善なるものを無視しながら、どうして、君たちはわれわれと同じものの見方ができるであろうか。われわれブラグマネスは自分がどのようにして生まれたかを覚えていて、あの自然とともに生活し、どのようにすれば欠点なく生きることができるかを考えている。なににも迷うこともなくなにひとつ心に掛けることのない暮らしを続けている。というのは食糧のことを心配することが人間を神から分けているものだ。天の摂理はわれわれ各人にそれぞれの見方について説明を求めるであろう。そして摂理に従った行動に応じて報いを受けるであろう。このためにこそわれわれは荒野と森のなかにすわるのが楽しいのである。この目的は、神に喜んでもらうように理性を見分け、他の人間たちとの付き合いによってわれわれの魂が神の主張から離れることのないようにすることにある。

（四三）余分のものはなにひとつ求めず、万物の主の心に思いをいたす者は幸福である。万人に好かれようと望む者は万人の奴隷にもならなければならない。たくさんの町々を手にいれようとする必要はない。町は盗賊の巣窟であり無数の悪徳の広場である。神はわれわれの大いなる家を、高い山と木陰にみちた森を造ってくださった。これによって、神から与えられた純粋な自然の記憶が保存されているのである。木の実を集めて、ぜいたくを味わい、このあとで水を飲む喜びを得る。木の葉の上で心地よい休息をする。こうして休みながら苦労をほぐすことになる。

（四四）数多くの者たちの奴隷となっている身で、どうして君たちがあらゆる点で自由な者にあれこれ指図できるのか。というのは、君たちはいろいろなものを得ようとしている自分の魂の、規律のない奴隷なのだから。もしたくさんの服を揃えようと思えば、羊飼い、機織り人、羊毛をくしけずるもの、あるいはまた羊毛を刈る者を必要とする。だから、『やわらかいころもを着ていない』なんて言わないでほしい。つまり、小と大を比べて考えることとは同じく奴隷のやることなのだ。というのは、わずかの黄金をほしがる者はまたこれ以上のものを望んでいる。小なる町を治めている者はいうまでもなく、もっと大きな町をも支配したいと願うであろうから。しかし、衣装のなかにほんの少しでも紫が光っていても君たちはたいへんに得意に思うが、インドの人間はすべて紫の着物をまとい、その奴隷もまた同じようにしている。君たちは少しでも使っていれば、紫をこの上なく美しいものと考える。君たちのところでは少しのものでも美しいのならば、真実、わずかのものにも讃嘆する乞食と同じである。

（四五）大地の子供であり、君たちにはたいへんに有用な動物をいったいなにゆえ殺すのか。羊を刈ったその毛を身につけ、しぼったミルクを口に入れ、土地を耕して得た実りを売り、境を越えて戦争をし人のものを掠奪する。殺害はすべて不正におこなわれる。君たちが手にいれる動物の報酬はつぎのようなものである。羊毛は外見を飾るのに用い、内にはその肉を貯え、死んだ動物を葬った、歩きまわる墓となっている。これほどの不敬な心のために唾棄すべきおこないに膨れあがった魂が、どうして神の理性を受け入れることができようか。二日間だけ肉を体の外に出して見なさい。そうすれば、なにが起こるかわかるであろう。肉のにおいを我慢できないで外へ逃げだすであろう。肉を通してどれだけの不浄のものが魂のなかにはいりこみ、これをほしがる者たちの腎臓に蓄積されているか。このようなものを感じた神の息吹がどうして、その者に接近することができようか。さあ、肉を食べるがよい。肉体を太らせ、魂を疲弊させ、怒りを生み、平和を追い払い、節度を縛りつけ、放縦を目覚めさせ、嘔吐を吐かせ、病気を宿らせる肉を。神の息吹は肉をたべる人間からは退き、うとましい霊が住みつく。かしの木の実や岸辺の草は外に香しいかおりを放ち、これが賢者に供されると神に等しい理性を生み肉体を育てる。神はその判断にもとづいて人間の養育のためにこれを植えられた。だが君たちの理性は大食のゆえに死んでしまった。動物の腐肉を詰込み野獣の感情を吐き出すがよい。君たちの体は腐敗しているのだ。もしも狼が木の実を食べることができれば、肉をほしがることはなかったであろう。牛、馬、鹿、その他の自然の動物は君たちよりも正しい食事をとっている。岸辺の草を栄養とし、水を飲み山のなかを住まいとしている。このために、これらの動物には愛すべき力と強靭な腱とが備わっているのである。神の摂理によって養育されているこれらの動物をなぜ模倣しないのか。

（四六）さて、いけにえを捧げるという口実のもとに、火による処理を通してこれらのものを食糧として用意しているわけだ。だが、元気がよくて持続力のあるものに限っては、君たちのもとでは殺しの対象にはなれない。というのは、できるだけたくさんの栄養を求め、限りのない欲望のために多くを浪費し、小さい生きものにたいして、取るにたらない空しい快楽のためにできるだけの力を傾けている。君たちの努力は無益であり、すぐに消えてなくなるものだ。このことから、君たちの人生はまったくみじめで不幸である。

（四七）喉の渇きがなければ、いやいや水を飲むこともしない。やむをえず喉が渇くならば、飲まないときはせせらぎとなって流れている、自然の生み出した泉の水で渇きをいやすのである。だが君たちは胃の快楽のためにさまざまな技術を考えついて、空腹でもないのに、料理人の手の込んだ技を使って暴飲暴食のかぎりを尽くして、挙げ句の果てはあわれな胃袋を駄目にしてしまうのだ。多くの限りを知らない欲望のために空に鳥を追い、網を張って海の魚をふるいわけ、山ではけものを追って、犬の鋭い嗅覚のことで自慢しあう。天の摂理にはずれて創造されたけものについては悪く言い、ひどい砂漠に住む動物のことでは天の摂理に反して不満気な言葉を漏らす。ある種のけものは追い払い、あるものは狩猟の的にしようとし、大半のものは殺害する。このけもののなかで人間に馴れることのないものは捕まえて、檻に閉じこめて町に運んでくる。これらを使って種蒔きをしたり、あるいは野生のえもののなかになにか人間に有用な働きをするものを造りだすためにではない。自分たちと同じ仲間であり神の造ったものである人間を辱め殺すためにである。逃げることのできない鎖にしばられた者に解き放たれたけものをあてがい、その前にすわってこのたとえようのない恐ろしい事態を見て楽しんでいる。けものと格闘している様子を笑いながら。神の手によって造形された、われわれの自然の共通のすがたである人間を、もっともひどい死に方で滅ぼそうと懸命になっている。けものに人間が殺されたあと、君たちはまたこのけものを、「人間を殺した悪いけものめ」とののしりつつ、不吉だとして殺害する。その上もっとも恐ろしいことだが、人間の血と肉を取りいれたけものを殺害したあと、これをまた君たちは食べる。いやしい動物を食べ、両立しえない不幸の種を自分の胃袋に積みたてている君たちこそ、このけものたちよりも一層野蛮な存在なのだ。

(四八) また君たちは貧しいひとびとから土地を奪い、暖をとって快適な暮らしのできるように無理にも家を建てる。またさまざまな技を組みあわせて、無理やりに自分たちの肉体を、限度を越えた放縦、肉食、飲酒によって、塩気の多いものにしている。だがわれわれは水でさえもほしがらないように祈っている。というのは、たくさんからだに水をいれると、真実から遠ざかるからである。しかし君たちは楽しんで飲酒の集まりに出かける。気が狂っているのでなくても、君たちは飲むのをやめない。このあとで、両手を奠酒の儀式に伸ばしたりする。酒で心も鈍っているので、正気の判断を失って両目をしっかと太陽の方向に上げたりする。

狂気の者のほうが君たちよりは幸福である。狂者は酒を買うことはなくても、酔っているから。だが君たちは酒の値段を気にしている。酒を買い酔っ払って心ここに無く、正体もなく狂気に陥り、おたがいになぐりあいをし、近くの者に怪我を負わせたりする。しかも知らぬ間にこのようなことをするのだ。それから酒が抜けると、自分のやったことを知って後悔するというわけだ。

(四九) このように飲み食いしたものを消化できず、あとで家にもどって、羽目をはずした結果を口からはきだす。こうして下のものを上に自然をねじまげてしまうのである。際限もなく飲んで、杯と同じように腹をいっぱいにさせて、酒のにおいが口からしてくると最後にこれをもどしてしまう。愚かにも体をひっくり返し、脚にかわって動物のように頭を下にして歩きまわる。無理やりにいっぱいに詰めて、そのあと、不遜にも胃を空っぽにする。こうして病を加えていく。肉体を衰弱させ、胃によいと思われる薬を用いて治療はするが、いつも満腹の状態であらゆる快楽を奪われてしまう。満足の限度を弁えない結果は肉体の試練であってけっして健康ではない。つまり、放縦のために病気によって罰を受けているわけだ。だが肉体のぜいたくが魂の幸福に比べてなんであろうか。しかし、君たちが物持ちであることを示そうとしたいなら、持たざる者たちに余分なものを恵むがよいのだ。聞くところによると、君たちはパンを求める者にパンさえ与えようとしないほどの乞食であるくせに、自分の家には無数の財産を貯えようと努力している。これは君たちが肉体の奴隷であり、足りることを知らない胃袋の奴隷であるからだ。

(五〇) このような病気のために君たちの国ではたくさんの医者がいるわけである。限りのない食欲を無にさせたり、飢えによって大食を封じこめたり、その他いろいろな技術で病気を押さえたりする者、あるいは、これまでは、穴のあいた盃のように酒を注いでいた者を、一滴の水もよくないとして喉の渇きに苦しめる者などがそうである。かつて頭の重い者たちはいまは食を断つ試練を受け続ける。これまで自然の限度を越えて酒を飲んでいた者はいまは、自然に従って水をほしがる。限りない欲望に縛られていた者はいまは、必然のくびきに押さえつけられている。

(五一) われわれブラグマネスは酒も求めないし、身から出た狂気など持ちあわせてもいない。神の摂理にもとづいて、望むだけの水がある。このために節度を守り、狂気も持たず、喉の渇きに対処している。というのは、われわれは酩酊にとらわれるよりも死のほうを選ぶのだから。鯨飲によって神の思いから捨てられるよりも野獣の前に差し出されるほうがはるかにましだ。酩酊のうちに人生を生きる者は、思慮において死んでいるのであるから、馬よりも劣っているのだ。神の理性を失って本性を変えてしまったのだ。

（五二）君たちのあいだでは評判の人とはいったいなんであるのか。富に騙されていつわりのことしか目には映らない。ただいつわりの世界のものだけを手にいれようとしておたがいに傷つけあう。力のない者を殺し、その持っているわずかのものをも奪い取る。このようなことの最後に待っているのは死である。

（五三）香料をしみ込ませ、女たちの着るような柔らかい衣装を着て練り歩き香水のかおりを放ちながら空気を汚しているエピクロスの一党についてはなんと言えばよいのか。拝金趣味のストア派の議論をする哲学者についてなんと言えばよいのか。その他の哲学者についてもまたなにを語ればよいであろうか。彼らは君たちのもとでは偉大で讃嘆すべき存在であるがブラグマネス族のあいだではそうではない。

（五四）聞くところでは君たちのもとでは人間の新しい種族が見つかったという。つまり、男のものを切り取り、無理に自分を女にするという。人間として生まれながら、男として子を生ませることも、女として子を生むこともなく、ただ自己満足のためにだけ生きているわけだ。君たちのなかの無くなったものを見てだれがあわれみをかけるであろうか。

（五五）だがわれわれが君たちをかわいそうに思っても、君たちの考えとブラグマネスの生きる目的とが一致しないのであるから、なんのお役にも立てない。たしかにわれわれは高慢を憎み、すべて人間的な自然を愛し、真実を守る師であり、善を受けようと望む者には正義の道のなんたるかを示す人間なのだ。巨大な家のなかにいるようなこの世のなかでわれわれは肉体と同様に魂においても、あらゆるものにたいしてはだかで生活を送っている。すなわち魂においてはどんな人間にたいしても欠けることなく富に満ちあふれているのである。

(五六) マケドニアは以前はみずから暴力に屈していたが、いまはすべてを勢力下に置いていると聞いている。というのは万人は強制された魂の奴隷であるから。しかしブラグマネス族は自分たちのことでは、このようなことすべてにおいてまったく不如意であり、また、だれからも戦争の相手とみなされることはけっしてない。というのは、君たちの持っているものをなにひとつわれわれは欲しがるようなことはしないからである。

(五七) アレクサンドロス王よ、インド人やブラグマネス族を見てわれわれの生き方、考え方を学び、砂漠に住んではだかの生活をするがよい。ただし、われわれは君をただでは受けいれるわけにはいかない。まず、現在君が自慢にし誇りに思っているもろもろの権力をその身から捨てなければならない。そうすれば、以前にわたしが話した摂理の言葉が君に備わるであろう。そのときに君が不思議に思い讃嘆していたすべてを君は心から愛するようになるであろう。わたしの言葉どおりに実行すれば、もはやだれも君に戦争をしかけてきはしないし、所有もしていないものを君から奪うこともできなくなるであろう。力の点でも安全の点でも君がわたしのいう通りにすれば、君たちの生活の片鱗さえも君には残っていないのを発見するであろう。今後はわれわれに対すると同様に天の摂理が万物を提供してくれるので、自然からのものが君を養ってくれる。そしてブラグマネスを正確に模倣することによって君はあらゆる面において豊かになれるのだ。永遠の喜びのために、わたしの君への善行が刻まれることであろう。君がはじめにわたしから求めていたことはこれだったのである。神にたいして本当に敬虔であろうとする者やわれわれの生活を見習いたいと願う者をけっしてわれわれは拒絶はしない。死すべき人間の自然をあわれんでいるのであるから。」

アレクサンドロスはダンダミスに会って以上の言葉を聞いて、まったく彼の賢明で真実の言葉に驚嘆した。火で燃やしたオリーブ油以外、彼が贈り物にと運んできたすべてのものを持ち帰った。

第三七節28

そこからさらに平坦な土地を進んだ。平野は中央を峡谷によって分断されていてその深さは想像しようがなかった。アレクサンドロスはそこにアーチを築き橋を渡した。アーチにはギリシア語、ペルシア語、エジプト語を書き付け、その文字はつぎのようであった。

「この地にアレクサンドロスがやって来て、アーチを築き全軍を率いてこれを渡った。天の摂理のよいと認めるままに、大地の果てに到達しようと願って。」（本文三九節の話が続く）

第四一節[29]

その日一日中行軍したあと、湖のある土地に到着した。そこに野営の陣地を造り休憩した。その水は蜜のようであった。岸辺に立っていたアレクサンドロスは澄んだ水に誘われて水につかったが、魚が一尾彼を見て追いかけてきた。アレクサンドロスはこれを見て水からあがった。魚もすばやい動きをして湖から跳びはねて地面にころがった。アレクサンドロスはこれを知ると、振りむいて魚を槍で突いた。見事な大きさのものであった。魚のなかの様子を知ろうと、自分の目の前でさばかせた。そうすると、その腹のなかに、ランプが光っていると思うほど、宝石が輝いていた。アレクサンドロスは宝石を取り、これを黄金の枠に納めて、夜には明かり代わりに用いた。[30]

あの夜に、女たちが湖からあらわれ陣地のまわりを歩きながら、またこの上なく快い歌を歌いつづけ、われわれ全員がこれを見、歌を聞いた。[31]夜が明けると、先に道を進んだ。そこから一日進むと、平坦な地にやってきた。すると人間の格好をした生き物があらわれた。頭から腰までは完全な人間であるが、その下は馬の体型であった。[32]彼らは両手に弓を持ち、大挙してやってきた。矢じりは鉄ではなくて先の鋭い石でできていた。戦闘の準備をしていた。アレクサンドロスはこれを見て、そこに陣地を築きそのまわりに巨大な壕をめぐらし、これを葦や青草で覆うように命じた。明け方には壕の近くに少数の弓兵を立たせた。矢には鉄ではなくて木を用いるようにさせた。

「彼らが戦闘に取りかかるならば、うまく矢を敵にむけて放つようにせよ。というのは矢が当たっても効果がないと知ると、彼らは大胆不敵になるであろう。しかし敵が自分たちのほうに攻め寄せてくるのを見ても、けっしてひるむことなく、少しばかりこちらが逃げるような振りをするがよい。こうして彼らを何人か捕虜にすることができるであろう。」

このようにして、ちょうど夜が明けると、そう、あの馬人間が立ちはだかり、陣地を取り巻いて遠くから矢を射ていた。マケドニア勢からも敵に弓矢の応酬をしたが、マケドニア勢の矢にいかなる打撃の効力のないのを見て、マケドニア勢の弱点を嘲笑するかのように彼ら全員が集まり、おたがいに作戦を確かめてから、心をひとつにしてぐるりとマケドニア勢を攻撃するように決めた。これは彼らの本性に従ったものであった。というのは、人間のすがたの面で完全でなかった彼らは、その知恵でも欠点のないことはなかったのである。人間としては敵の弓矢の無力を嘲笑したが、動物としては人間の狡猾な知恵を予想することはできなかった。敵が自分たちを恐れて逃げていると思われたので、彼らは後先を考えず陣地のほうに突進してくると、まっさかさまに壕になだれこみ、落ちた。こうしたあと、すぐにアレクサンドロスは武装した兵士たちの一隊に命じて、彼らの前にすがたを見せるようにさせた。このときになってようやく、彼らは、マケドニア勢が使っている剣がどのように強力で致命的であるかを確かめることができたわけである。アレクサンドロスは彼らの何人かを捕虜にして、われわれの住む世界に連れていこうと思い、壕のなかからおよそ五十人を引きあげさせた。しかし彼らを二十二日間は生存させることができたが、その生活の習慣を知らないために全員を死なせてしまった。そこから六十日のあいだ行進したあとで、もとの世界にもどった。こうして苦労から解放されて休息を取った。

第四三節

そこでアレクサンドロスはマケドニアにいる母オリュンピアスと先生のアリストテレスに手紙を書こうと思った。手紙に書かれた内容は以下の通りであった。

「アレクサンドロス王より、わが母オリュンピアスとアリストテレス先生にご挨拶を。母上、長い時が経過し、わたしの身のまわりのことを母上の慈愛のためにお知らせする機会もありませんでした。母上がこのことで、わたしについて心配し不安にとらわれ、お気持ちも弱くなられていることと拝察します。たくさんの考え事のために、嵐にあった船のように苦痛にどっぷりと浸っているご様子を、また、毎夜側にいてわたしのことで心配のあまりいろいろとたずねているご様子を思い浮かべます。しばしば夢でまた、不幸に苦しめられているわたしのすがたもご覧になるでしょう。不幸のために消耗しつくしたご自分のすがたを夢で見たあと、目を覚ましていつわりの幻であったことをお喜びになると同時に、息子が故郷を遠く離れていることのさびしさを悲しく思う母上の身の上を十分にお察し申しあげます。また逆に夢のなかでわたしといっしょにいて息子の幸福を見、そのすがたを見て喜びに包まれたあとで、夢から醒めて、夢のなかの楽しさが大きかっただけにあまりにもひどく落胆なさるであろうと思います。わたしもしばしばこれと同じことを経験します。母上、自分の経験から母上の立場も理解できるのです。これまでのご無沙汰をお詫びいたします。わたしの身にふりかかったことをこの手紙を通してご承知ください。

先にダレイオスのこと、彼と三度の戦闘を交わした[33]ことは、お知らせしました通りですが、彼の敗北ののち、前にも申しましたが、わたしが全ペルシアの支配者となり、彼の娘を妻にし、これを実行することによってペルシア人とマケドニア人とのあいだに協調の精神を生み出しました。それから彼ら全員を率いてエジプト遠征をおこないました。無数の国と町を服従させユダヤの地を通過しました。ユダヤ人はそこに生きている神に仕えていました。この神はわたしに、善の考えを持つように働きかけてくれて、わたしの魂はすべてこの神に捧げられています。わたしはユダヤ人に贈り物を恵み毎年の税の免除を認めました。そればかりでなく、ペルシア人から掠奪した品物をたくさん彼らに贈りました。彼らからわたしは世界の支配者である王という称号を受けました。十分な日数を使って彼らの地を通ってエジプトの国に到着した。そこで過ごしたわずかのあいだにエジプト全土はわたしに帰順しました。町にはいると、彼らもまたわたしを世界の支配者である王と呼び、ある人物の復活した若いすがたであると呼びました〔わかる人にはわかっていただきたい〕。彼らの神託によってエジプトの町にわたしの名前をつけました。この町を基礎から建設し、多種多様な柱や彫像で飾りました。その地にある神々全部を、神ではないとして否定し、セラフィムの上に君臨する神を神として告知しました。わたしとわたしの友人〔つまりセレウコス、ピリッポス、アンティオコス〕の彫像をその町に建立した。それからわたしは世界の果てまで行ってみようと決心しました。計画は実行に移され、太陽の照らしだす世界を通り抜けてから、人の歩いたことのない自然のままの地に向かったのです。四十日にわたって荒野を通って旅をしました。人の歩くこともできないような地帯を通り抜けると、まったく平らな野に出ました。そこで野蛮な人間の種族に出会いましたが、彼らを退散させました。さらに奥地に進んで、ヘラクレスの柱やセミラミスの宮殿を発見しました。そこで数日のあいだ休息したあと、旅を続けると、腕が六本、脚が七本ある人間たちに出会いました。彼らを退散させてからさらに奥に進みました。そして海岸地帯に到着しました。そこで休息しながら今後のことを相談していたときに、海中から蟹があらわれ、馬の死骸をつかんで海中へひっぱりこみました。そして海のけものがたくさんわれわれのほうに攻めよせてきて、蟹一匹からも逃げおおせることができないありさまでした。

だが火を燃やしてその地から脱出しました。そこからさらに進んで、別の地方にやってきました。ここもまた海辺の土地でした。海のなかに島が見えました。船を用意して島に上がりました。そこにはわれわれと同じ言葉を話す人間が住んでいました。知恵のある者たちですが、親のおなかから生まれたときと同じようにはだかの生活をしていました。彼らの土地を抜けると、犬の頭をした人間に出会いました。やっとのことで彼らを追い払ったあと、たいへんに広い平野に出ました。平野の中央には峡谷が走っていて、その深さは類を絶するものでした。アーチをそこに架けて全軍共に渡りそこを離れました。これ以来、毎日味わっているような昼の光が消えてしまいました。数日ほどしてからまったくの闇の土地に着きました。そこに浄福者の国があったのです。人間の格好をした鳥が二羽わたしのもとに飛んできて、

『アレクサンドロス、この地から出ていくことはできない』と忠告しました。そこから振り向いて全員にあの鳥のどれかを手で捕らえるように命じました。だが命令を実行できた者はわずかしかいませんでした。しかしその人間に出会うと、腕を振りあげていた者もそうでない者もみんな後悔しました。その地を出て右手の方向に進路を曲げました。数日行進すると、馬人間と戦闘をおこなうことになりました。彼らを撃退したあと六十日後に、数々の危険をくぐり抜けてこの世界にもどってきました。現在はインドの王ポロスとの戦争の準備に追われています。神の摂理がわれわれの仕事すべてを幸運に導いてくださいま

すように。手紙のなかにわれわれの出会ったできごとの目録を同封しておきます。これをご覧になれば、われわれの生活がどんなものかもっとはっきりとおわかりになるでしょう。われわれのために神の心に祈っておられるわが母上とわが師に祝福がございますように。」

第四四節

そこで五日間過ごすと、軍の全員がふたたび元気を盛りかえした。その地から出発してインド人の国へ向かった。ヘリオスの国に到着したのでその町にはいった。そこにはヘリオスの神域と聖なる木があった。そこはアポロンが神託を述べるところであった。アレクサンドロスは神殿にはいりそこにすわった。すると声は聞こえたがだれのすがたも認められなかった。その声が神託であり、神託はアレクサンドロスの死を明らかにしていた。アレクサンドロスはたいへんに悩んでいたが、そこを離れると、だれもいない荒野に着いた。軍勢が長く展開しているときに、近くに自生している茂みから小人があらわれた。彼らの脚の一本は羊に似ているが、もう一本の脚も腕も頭部も人間と同じであった。彼らは立ちあがると、跳躍しながらまったく軽やかに進んできた。兵士たちは彼らに攻撃を加え、やっとのことわずかの者をとらえアレクサンドロスのところに連れていった。アレクサンドロスはもっとたくさんの者を連れてくるように命じた。彼らは王の近くに立つと、あわれな言葉で嘆願した。

「殿、あなたと同じ人間であるわたしたちをかわいそうに思ってください。というのはわたしたちは無力であるがためにこのような荒野に住んできたのですから。」

これにたいしてアレクサンドロスはやさしい気持ちになり、彼らを釈放するように命じた。自由になると、彼らは岩山の頂に登り、遠くからアレクサンドロスをあざけりはじめた。

「なんとおまえは馬鹿な奴か。」

「世間を知らない青二才め。」

「おれたちがどのようにして逃げたかわかったか。まだまだおまえには知恵では、おれたちを試してみる資格はないのだ。おまえたちと同じように知恵の遅れている連中はおれたちを越えることは出来はしないよ。」

と、ののしっていた。

踊ったり跳ねたりしながら、このように話しつつアレクサンドロスをからかっていた。王自身はその言葉を聞いたりその様子を見ながら、不愉快な気分になるかわりに、逆に滑稽さを感じはじめた。神託を受け取って以来、このときまで彼の笑うのをわれわれは見たことがなかった。たしかに彼らがののしった様子には笑わざるをえないところがあったのである。

ガンマ版　第三巻

第二節

「アレクサンドロス王よりポロス王に一筆啓上。ダレイオスにたいする勝利に慢心し、思いあがってわれわれが武器を取ったという貴下の言葉はまったく真実である。だが、わたしが神の意に従って権力を握ったことを承知しているのであるからには、はたして貴下はいかなる点において権力を握っているのか。貴下は神より強力なものではない。神のちからにあずかっているのならば、なぜダレイオスを援助しなかったのか。援助しようと思ってもできなかったのだ。わたしの攻めていく相手である貴下は神などではなく、無能で戦争には未熟なひとりの子供にすぎない。神に向かって同じような武力をもって対抗することは止めるがよい。神々に等しいとされる貴下がマケドニア軍によって烏有に帰せられるようなことにならないようにするがよい。不愉快であろうが貴下にはそのような予言がなされているのだ。すなわち、戦に破れた貴下には落ちのびて行くどんな国もないことをわたしは重々承知しているのだから。むしろわたしの捕虜となり部下の者もろとも無と化すであろう。」

第三節

神々の手におじ気づき、恐慌状態に陥ったが、夜になってやっと彼らはいくさから解放されることになった。陣屋にたどりついた彼らには、なにひとつ心休まることはなかった。アレクサンドロスをポロス王に引きわたしてから、ポロス王に命乞いをしてマケドニアに生きて帰ることがよいように思われた。アレクサンドロスの友人であるピロンはこれを知って、大王にこの事情を告げた。するとアレクサンドロスは全軍を召集したのである。軍の中央に彼は立ちあがり、哀しげな表情をし、目には涙を浮かべ、マケドニアの兵士たちに懇願した。だが涙もまた彼の魅力を増す要素であった。つぎのように話しかけた。

「マケドニア兵士諸君、諸君から憎まれているなら、どうかわたしの命を奪っていただきたい。諸君の太刀をわたしの肉体に突きさすようにお願いする。わが同僚諸君、自分の敵の前に首を差し出すかわりに、諸君の手で殺されるほうがましなのだ。そうなのだ、みなに頼んでいる、インド人に引き渡そうとするのなら、いまこそわたしを殺してほしい。」

マケドニア人はアレクサンドロスを見て、悲しみの声を王に向けた。そして言った。

「殿、われわれ全員は明日いっしょに死にましょう。殿のためなら、命を失うことぐらい髪の毛一本をなくすほどにも思ってはいません。」

これを聞いてアレクサンドロスは兵士全員に親愛の情を示した。兵士たちはすべて心の底からアレクサンドロスに忠誠を向けた。というのは、涙もまた、かたくなな者の心を優しくなびかせ、その魂を変えることができるのである。また、もともと臆病な性格に勇気を与え、敵と戦う気概を生み出してくれるものである。おたがいの友愛の心があれば、敵軍に対抗するに当たってこれ以上に強力なものはない。

夜が明けて、インド軍が戦場にあらわれた。すると、先に述べたように、城壁で補強した歩く都市のように、象の背に乗って兵士たちがすがたをあらわした。アレクサンドロスはこれを見た。象の群れの働きがどういうものかを見てとると、事実、彼は大いに驚き、びっくりしたのであるが、象の大群が接近したときに、その前に子豚の小さいのを投げるように兵士たちに指示した。象は前方に大きな声で鳴いている子豚の群れを見て、たちまち背中の砦を上下にふりまわして地面に落としてしまうと、向きを変えて逃げ出したのである。このことのためにインド軍に混乱が生じた。口々に言い合った。

「あの若者のためにいったいわれわれはどうなるのか。彼はライオンを追い払い、象狩りをしたのだ。これからのわれわれの希望はどこにあるのか」と。

このような事態につづいて、ふたたび戦闘が繰り返されたが、インド軍のほうがアレクサンドロス軍よりも優勢であった。アレクサンドロスはその方面では驚くべきほどの戦いぶりを示した。そしてインド兵の大群をほとんど撃退できない状況となり、インド兵に取り囲まれていた王がやっとのことで天の摂理によって救われたのは名馬ブケパロスに乗っていたからであった。その日は終日、戦いは決着することなく、たそがれになって、やっと、夜の闇のために両軍は別れた。夜のあいだは、アレクサンドロスは部下の者を激励し、戦場で勇気を示した者を称揚し、根拠もない思い込みによって恥をかくことのないように、また、やすやすと敵に背を見せて戦場から離れることのないように、兵士たちに訓示した。

第二六a節（エプシロン版三九節）

そこで彼は、マケドニアの権力に奴隷のように屈伏することを潔しとしないとして、ベルシュロイ人の支配者エウリュミトレスを相手に交戦しようと攻めて行った。これを知ったエウリュミトレスはおよそ千八百名の部下を呼び集めてアレクサンドロスに対抗する陣容を整えた。

エウリュミトレスが陣営に接近してきたことにアレクサンドロスの兵たちは気づいていた。エウリュミトレス側の事情は彼にはすべてお見通しであった。アレクサンドロスは陣営を強化し、数万の部隊に増強し、全員に黄金の胴着をよろわせ、任された守備位置に待機するように、命じた。軍の指揮はセレウコスに決定した。エウリュミトレスは夜陰に乗じて斥候をアレクサンドロスの陣営に送りこんだが、様子を調べまわってから、帰隊すると、「アレクサンドロスの陣営ではわれわれのことはなにも気にしていない」と報告した。

　アレクサンドロスは例を見ないほどの軍勢を彼のために用意していたのである。エウリユミトレス軍はつぎのような作戦をとった。

「敵に総攻撃をしかけて敵の陣営を押さえなければ、アレクサンドロスに対抗することはできないでしょう。このときには不意の攻撃にうろたえて、各自、自分の安全だけを考えて、ちりぢりに逃げまどうことになりましょう。」

　この作戦を決めたときは、アレクサンドロス軍の待機していることとは思わず、敵よりも先に攻めて全員を追跡しようと期待して、夜の闇にまぎれてアレクサンドロス陣営を包囲した。だが、アレクサンドロス軍の戦闘態勢にはいっているのをみて、戦いのことは忘れて、狼狽のあげくばらばらになって逃げはじめた。そこでセレウコスが敵軍にむけて、自軍の展開を始めるや、たちまちのうちに敵の全軍は総くずれとなった。まるで、「獅子のように攻めあげ、塵のよう逃げまどった」というホメロスの句[1]を目のあたりにしているようであった。セレウコス指揮の兵は突撃を加え、エウリュミトレス軍を追いかけては、ある者は殺害し、ある者は北方の奥地まで五十日の行程を使って、追跡し、ついには、「北の乳房」と呼ばれている、二つの巨大な山のある、地理不案内な世界に踏み込んだ。その地に彼らを追い込んだあとは、もう、彼らの追跡はやめた。二つの山が彼らの出入りを差しとめるのに適当であると見て、アレクサンドロスはその地にとどまり、出入りを防いでくれるように、二つの山が寄りあうようにと、神に嘆願した。彼は立ち上がってつぎのように祈った。

「神々のなかの神にして、すべての創造物の主よ、その言葉で万物を、天と地を創造した神よ、御神には不可能なことはなにもありません。万物が奴隷として、ご命令の言葉に服するのです。お言葉を発せられる。すると造られます。ご命令がくだります。すると生まれてきます。なんじこそ、唯一にして永遠、治められることもなく目にふれられることもなく、ただ一体の神にして、ほかにいかなるものでもございません。御名とお望みにしたがって、のぞまれることをわたしは行ってきました。わたしの手に全世界をわたしてくださいました。そこでいま、世にたたえられる御名にかけてお願いもうしあげます。わたしの願いを成就してください。願い通りに、二つの山がおたがいにいっしょになるようにしてください。気力おとろえこのようなことをお話しするみじめなわたしを無視しないでください。御神のわたしへの愛とそのすぐれた清らかさをよく存じあげていますから。」

すると、以前は十二ペーキュスほど離れていた二つの山が突然におたがいに一つになった。アレクサンドロスはこのできごとをみて、神を思った。青銅の門を建設し、二つの山の峡谷に備え安全を整えた。門にはアシケトン[2]を塗りこめた。アシケトンの性質はつぎのとおりである。火に焼かれることもなく、鉄に負けることもない。門の内側からふもとの平野部まで、三千マイルほどのあいだに、いばらの植物類を植えた。灌漑の設備もとのえこれは山のいたるところに繁茂した。

こうして、アレクサンドロスは北方の境界に、二十二人の王たちとその配下の部族とを封じこめたのである。この境界の門はカスピアの門[3]と呼ばれ、山は「乳房山」といわれていた。

二十二の部族の名称は以下の通りである。ゴト族、マゴト族[4]、アヌゲイス族、アイゲイス族、エクセナク族、ディパル族、ポティナイオイ族、パリサイオイ族、ザルマティアノイ族、カノニオイ族、アグリマルドイ族、アヌパゴイ族、タルバイオイ族、アラネス族、ピュソロニカイオイ族、サルタリオイ族、その他いくつかである。

以上が門の向こうがわに住む部族であった。彼らの王アレクサンドロスは彼らの不潔さのために彼らをあの地に閉じこめたのである。というのは、彼らの食するのは、気持ちの悪い、よごれたウジ虫のたぐい、犬、ねずみ、蛇、流産した未熟児、死者の腐肉、完全には成長していないが、ただすこしは人のかたちを成している胎児であった。また動物の肉ばかりでなく、人の死体の肉をも喰っていたのである。

アレクサンドロスはすべての行状を見てこれをおそれ、彼らがあらわれてこの人の住む世界をけがすことのないように、彼らを封じこめたうえで、あの地から立ちさった。

ラテン語版

マケドニア王のアレクサンドロスの、インド遠征とその国について、師アリストテレスにあてた手紙[1]

（一）困難のさいにもわが戦闘の危険のなかにあっても、わが母と姉妹に次いでもっとも親愛を寄せる師よ、つねに師のことを忘れることはありませんでした。哲学に身を捧げておられることを承知していますので、インドの国の様子や、その気候風土ならびに、蛇や人間やけものなどの数えきれないほどの種について、新しい見聞を通して研究とその能力になんらかのものが加わるようにと、ご報告いたすべきであると考えました。

（二）お知恵はすでに最高の域に達しておられ、ご自身からご自分の時代さらには遠い将来にわたっても有効であるような高い学識にはいかなる補助も必要がないとは申せ、ご好意を寄せていただいているわたしの仕事を知っていただき、なにひとつご存じないことのないように、マケドニア兵の苛酷な奮励努力と大きな危険にあって、わたしがインドで見聞きしたことをご報告しなければならないと判断しました。すなわち、個々のことがらは記録にとどめるにふさわしく、わたしの観察したような多様なやり方でここに集められています。これほどの不可思議なことが存在しているとは、もしわたし自身が目の前ですべてを前もって考量したのでなければ、たとえどんな人の言葉でも信用することができなかったでしょう。

（三）大地、つまり植物、鉱石、動物などさまざまなもののすがたを蓄え生み出すすべてに共通の大地が、善なるものでも悪なるものでもどれほどの量を生み出しているか、まさに不思議です。ひとりの人間がこれらすべてを観察することができるならば、これほどの多様な事物にたいして名前自体が対応できないであろうと思います。しかし、まず、わたしの知ったことがらについて、ほら吹きとか恥知らずな嘘つきと呼ばれることのないように努めながら、お話しいたしましょう。

（四）わたしの師でございますから、中庸の境界をいつも守るのが常であり、生起したどんなことも、控え目に伝えるというわたしの性質はご存じでしょう。さていま、わが軍の名誉を求めこれを自慢にするかのように、わたしがなにごとかを付け加えることのないことをご承知いただきたいと思います。苦労したこれらすべてがもっと少なければよかったものを、また、経験したすべてを実際ほどでもない労力で試すことになればよかったものを。

（五）マケドニアの若者たちの勇気とわが不敗の軍に感謝をささげます。彼らこそ、わたしが王のなかの王と呼ばれるほどに、強靭な忍耐をもってすべてを耐えてくれました。わたしに贈られたこの名称がお気にいらないのではないかと思うのなら、わが愛する師よ、あやまちを犯すことになります。つまり、わが母オリュンピアスや姉妹たちと同じようにあなたにもわが王権の個々のすぐれている点について報告するのでなければ、師とわたしのあいだの信義にもとることになりましょう。師と姉妹たちに共有のものであると判断することがらについて、もしあなたが同じように考えるのでなければ、わたしたちのあいだがらを見る見方が率直ではないと思われましょう。

（六）先の手紙では太陽と月の食について、天の星について、風土上の特徴についてお伝えし、これらを最大の配慮をつかって整理しあなたのもとにお届けしました。さて以下の新しい調査資料を含めてすべてを書き記しておきましょう。これをお読みになれば、あなたのアレクサンドロスの関心の対象となるのも当然であったことがおわかりいただけるでしょう。

（七）五月にガンゲス河のほとり[2]でペルシア王ダレイオスを討ち破り、約定に従ってその王国すべてを手に入れ、当方の属州に総督と役人を配置し、先のお手紙にもお知らせしたように多量の富をも手にいれました。だがいまは、反復を避けるために、以前のすでにご存じのことがらは省略しましょう。

（八）七月の終わりごろ、インドのパシアケ地方に到着した。[3]そこで、ポロス王を驚くべき迅速さで破ったのち、巨万の富を手にいれ、王家の財宝でいっぱいになった。しかし、ご承知いただくために、記録の値打ちのあることと思われるがゆえに、——というのはいくつかの記録に残すべきことがらをわたしはあらたに見聞したものですから、——彼の数えきれない大軍のことを記すのが公平であると思われる。その軍には、歩兵の大部隊の他に一万六千の騎兵隊、大鎌を装備した八百の四頭立て戦車が加わっていた。背に武装した槍兵の守る塔を置いた象の群れ四百頭を捕獲してから、ポロス王の都と王城に武力をふるいつつ侵入した。

（九）そこには、それぞれに柱頭に飾りを付けた巨大な太さと高さの純粋の黄金でできた柱がちょうど四百本あった。壁面は指の幅ほどの厚さの黄金の板で飾られていた。それらの値踏みをしようと思って、いくつかの箇所に傷を付けてみた。柱と柱のあいだには頑丈な黄金と銀でできたぶどうの木が垂れさがっているのにはびっくりした。木には黄金の葉と水晶の房とが色とりどりのエメラルドに混じって置かれていた。

（一〇）寝室と寝台は大粒の真珠やルビーで装飾され、扉は不思議な輝きを放つ象牙でできていた。貴顕のあいだでは、また浴室では、黒檀の飾り天井が糸杉のドーム天井に映えていた。さらにまた黄金製の混酒器とならんで純粋の黄金製の像や数限りない宝物があった。王宮の壁の外では、色鮮やかな、たくさんの種類の鳥が黄金のプラタナスの木々のあいだを飛びかっていた。その爪や嘴は黄金でできていて、首輪や耳輪を付け真珠の飾りを帯びていた。宝石、水晶、琥珀の瓶や盃や壺を、また黄金製や銀製の珍しいものを見つけた。

（一一）[4] これらの地域をわが手中に収めたのち、インドの内陸部を探査したくなって、全軍もろともにカスピアの門にやってきた。[5] そこでは、たいへんに豊沃な地域の繁栄に感嘆していたが、いくつかの楽しみな土地も発見した。たしかに、多数の種類の蛇や獰猛なけものが、樹木や岩の陰に潜んでいて、谷や草原、森や山にいるのでこれらに気をつけるようにと、地域の住民がわれわれに注意してくれたのだが、わたしは、ポロス王が戦場から逃走して世界のなかでも孤独な砂漠地帯に迷いこむ前に、まず彼を追跡しようと、安全な道よりも近道を選んだのであった。

（一二）かくて、道中を短縮してくれる道筋を知っている百五十人の案内人を連れて八月に太陽の熱で焼けるようになった砂の上を、水の乏しい地帯を通って行った。この地帯をよく知っていて、インドの未知の土地の案内をわれわれにしてくれる案内人には、もしも、わが軍を無傷のままバクトリアに導き、さらに進んで遠隔のセレスの国[6]へ連れて行ってくれるならば褒美を与えようと約束した。セレスの国のひとびとは木の葉からにこ毛を摘み取りこうして森の木から取れる毛で衣服を編み出したのである。

（一三）しかし彼らは味方によりも敵のほうに好意を向けていて、土地に不案内のわれわれに致命傷を与える蛇や獰猛なけもののいる場所へと案内するように仕向けていたのである。考えてこのようにしていることはわれわれの経験したことからも明白となった。そこで、わたしはこうなったのもわたしの側の責任であると気づいた。というのは、勝利を得ることを急ぐあまりいかなる策略も加えられないままわたしが勝利を奪われてしまうことのないようにと忠告してくれた仲間たちやカスピアの者たちの正しい意見を無視していたのであったから。

（一三a）兵士全員に命令して、武装の上で行軍に従わせたその訳は、掠奪品のなかで少なからざる黄金や真珠を獲物として携えていたので、敵軍がひそかに隠れて勝利を得た者から取りかえそうと待ち伏せしているかもしれないという恐れがあったのである。たしかに兵士は重い黄金を持ち運ぶことができないほど、物持ちになっていた。わたしは兵士たちの武具にはすべて黄金の板を張らせていたので、この少なからざる重みも加わっていた。このようにして、全軍はまるで天の星か稲妻に照らされるかのように、黄金に照り輝き、ひときわ人の目を射る兵士たちに明るく輝かされながら、旗と軍旗をかざしてわたしのあとを進軍していった。装備ばかりでなく、その兵力を考えても、ほかのあらゆる民族のなかでもとくに目立っていたこのような軍隊を見ることは多彩な見もののなかでも見ものであった。まったく自分のさいわいが多数のすぐれた若者にもとづいているのを見て、押さえがたい喜びに充たされた。

（一四）しかし、ことが順調に進んでいる場合、通常なにかが起こって幸運に水を注すことがあるように、われわれも喉の渇きに苦しめられることになった。いまやこれ以上我慢できないようになったときに、ゼピュロスという名の兵士が、岩のくぼみにある水を見つけて、これを兜にいれてわたしのもとに運んできた。本人も渇きに苦しんでいたのだが、自分の命よりもわたしのことを心配してくれたのである。わたしは兵士たちを呼集したあと、わたしが飲むことによって兵士たちがより一層渇きを訴えるようになることを恐れて、みなの面前でその水を流した。[7] ゼピュロスのわたしにたいする親切な行為を褒めたたえて、彼にふさわしい褒賞を贈った。このようなことによって兵士たちも落ち着いて、ふたたび行軍を始めた。

（一五）まもなく砂漠地帯に河が見つかった。その岸辺は六十フィートの高さで松やもみの木の幹よりも太い葦でおおわれていた。インド人はこれを家を作る材料に使っていた。そこで、ものをはこぶ動物も兵隊も渇きに苦しめられていたので、ただちに砦を建設するように技師に命じた。砦の建設のあいだ、自分も渇きを癒そうと河の水を味わったが、水はヘレボロスよりも苦かった。この水は人も動物も苦痛なしには飲むことができなかった。しかしわたしは自分たちの困っている状態よりも口のきけない動物のほうを心配していた。というのは人間のほうがどんな事態においても動物よりも忍耐強いことを知っていたからである。

（一六）黄金を運搬していたのはちょうど千頭の巨大な象であった。さらに大鎌を備えた四頭立て戦車四百輌、二頭立て戦車千二百輌、騎兵二千、重装歩兵二十四万、野営用の物資と兵士の荷物を運搬するラバおよそ二千頭、食糧運搬のらくだ、ひとこぶらくだと牛をあわせて二千頭、日々の肉食用の巨大な群れの牛が続いていた。ついでに言えば、勝利によって得た少なからざるぜいたくとして馬、ラバ、象にも黄金の馬銜《はみ》を用いることができた。

（一七）しかしこのときは、動物も渇きに気が立ってなかなか抑えることができにくかった。兵士たちもまた、あるときは鉄のものをなめたり、あるときは油を飲んだりして、なんとかして耐えがたい渇きを紛らそうと試みていた。その上、大多数の者が極度の困窮に迫られて、恥を捨てて自分の尿を飲む場面さえ目にした。このようなことはわたしを二重に苦しめた。自分本来の身の危険よりも軍隊の置かれた状態のほうにまず不安になった。

（一八）けれどもわたしは武装して行軍に従うように兵士たちに命令した。正規の武具を身に着けないまま行軍している者を見つけたなら、法によって罰するつもりであると告げた。どこにも敵のすがたが見えないにもかかわらず、これほどの渇きの苦しみのなかで装備を整えたまま行軍しなければならないことに兵士たち自身も疑問に感じていた。しかしわたしは、野生のけものや毒蛇の住む地帯の行軍であることをよく弁えていたし、無為無策のまま危地に陥ることのないように、また思いもかけない危険に襲われることのないように準備していたのであった。

（一九）さて、岸辺に沿って進むうちに、第八時に、ある町にたどり着いた。町は河のなかほどにある島に、さきほど述べた葦で家を作っていた。なかば裸体のインド人を数人見かけたが、彼らのほうもわれわれを見るやすぐに、自分たちの家の屋根のなかに身を隠した。甘い水のある場所を事情を知らないわれわれが教えてもらおうと、すがたをあらわしてほしいと願っていたが、だれもあらわれないので、町に向けて少しばかり矢を放つように命じた。自分から進んで出てこないのなら、戦闘に対する恐怖に促されてでもすがたを見せるであろうと思ってであった。しかし、一層怯えたあまり、町の者全員が身をひそめて、長いあいだだれひとりあらわれないので、マケドニアの軽装兵二百名を派遣した。彼らは河を泳いで進んだ。

（二〇）河を四分の一ほど泳いだときに、突然に見るも恐ろしい光景をわれわれは目にした。象よりも大きい型の河馬が河の深い底から浮かびあがると[8]、兵士たちを渦のなかに巻き込み、われわれが涙を流しているあいだに、むごい苦しみを与えて食い殺してしまった。われわれをこのような計略にかけた案内人たちに怒りを覚え、この内で百名を河に捨てるように命じた。彼らが突き落とされ、河のなかを泳いでいると、またもあの怖いもの知らずの河馬があらわれ、彼らに相応の罰を下した。しかしさきほどいた数よりも、多数であった。ここから餌をつかむことができるかもしれないと期待してあらわれるや、まるで蟻のように群がり集まった。その夜に河の怪物を相手に戦うことのないように、ラッパの合図を吹かせて進軍の準備をするように指示した。渇きに苦しんでいるわれわれにこのような場所にとどまることになんの利益があるであろうか。

（二一）さて、第十時から十一時までのあいだに行軍を続けたころ、河のなかほどを葦でできた円形のいかだに乗っている人間のすがたを見た。甘い水はどこで見つけることができるかと、彼らの言葉でたずねると、すばらしく甘い水のある巨大な湖にたどり着けるであろうと答えた。五十人の案内人もそこへわれわれを連れて行くところであった。われわれがこれほど多くの危機的なわざわいにも耐えるようになっていたから、喉の渇きと武具の重みに疲労困憊しながらも終夜の行進を続けたのである。このような困難の状況の上にさらにまたつぎのような不利な状況も加味された。夜のあいだじゅうライオン、熊、虎、豹、大山猫等の襲撃にも備えなければならないのであった。これらの獰猛なけものがみないっしょになって森のなかのわれわれに襲いかかってきたのである。

（二二）結局、翌日のおよそ八時ごろ、渇きのためにほとんど死にそうになって、さきほど教えられた湖に到着した。湖は周囲を太古の鬱蒼とした森に囲まれ、広さは人間の足で千歩ほどであった。それゆえ、おいしい水を飲んで喜びに満ちあふれたわたしは、家畜や駄獣、兵隊にも、また兵士を乗せて消耗した馬たちにも同じように休息を与えてやった。その一方で、幅、長さともに二十二スタディオンの野営所を開くように命じた。たちまちのうちにこれもできあがると、森の木を切らせ、水運びのために湖に通じる道が便利になるようにした。その地方では湖はこれひとつしかなかったからである。こうしてたくさんの陣幕のあいだに荷物は集められた。象の群れは野営所の中央部に収容された。なにかの偶然で夜なかに目新しい騒ぎか混乱が生じた場合、より機敏に象を抑えることができるようにという配慮からであった。一方、われわれの望むだけの材木が十分にあったので、周囲には千五百のかがり火が点された。

（二三）第十一時になってラッパの合図とともに、わたし自身も食事を取り、兵士たちにもそうするように指示した。そのさい、二千個の黄金の燭台に明かりを点けたのであった。明るい月の昇りはじめるころになって、不意に草原からいつもの水飲み場を求めて、インドさそりの大群が尻尾の毒針をまっすぐに立ててわれわれの陣営に向かって押しよせてきた。われわれの立てる騒音に興奮したのか、渇きのせいなのかはわからないが、すぐにもわれわれに襲いかかってきそうであった。

（二四）この恐ろしい化け物のあとについてきたものは、多彩な色どりの、角のある蛇や砂蛇の大群であった。あるものは赤色のうろこで、あるものは黒と白の色で、あるものは黄金のきらめきに似たように見えた。周囲いたるところに蛇のしゅうしゅうと鳴く音が聞こえた。われわれはたいへんな恐怖に落としいれられたのである。しかし陣営の前面を楯で厚くおおい、手には長槍を用意して、その鋭い槍先でわざわいのもとを突き殺し、ときには火で多数のものを焼き殺した。このことにわれわれはほとんど二時間を費やした。その後、小さい生き物は水を飲むと立ち去りはじめ、大きい蛇のたぐいは自分たちの住みかへもどって行って、われわれはこれで一息吐けたのであった。

（二五）夜の第三時になって、しばらくの休息を取っていたころ、胴まわりが柱ほどもあろうか、全長は、しかし柱よりも長いインド産の大蛇、しかも双頭または三頭の鶏冠を付けた大蛇が水を求めて、近くの山の洞窟から出てきて、口やうろこを地面にこすりつけてやってきた。その胸をまっすぐに挙げ、口を大きく開き、三枚の舌を出しつつ、光りまばたく目からは毒を放っていた。その息もまた毒素を含んでいた。この大蛇を相手に一時間以上にわたって戦ったが、三十人の奴隷と二十人の兵士を失った。わたしはマケドニア兵には、逆境にめげず、意気阻喪しないように激励していた。兵士たちの忍耐は強固なものであったが、全員が自分の職務を遂行したのである。

（二六）大蛇のつぎには、無数の蟹の大群が、陣営に向かってきた。鰐のようなうろこで体をおおっていた。この化け物は甲羅が硬いためにわれわれの鉄製の武器を寄せつけなかった。多数の蟹は火で焼き殺され、多数は湖にもどっていった。

（二七）さて警戒のあまり、不安な夜を過ごしていたわれわれに、第五時のラッパが就寝の時を告げた。しかし牛の大きさにも比すべき色の白いライオンがあらわれた。うなり声をあげるごとに首を振り動かし、稲妻のようにたてがみを高くかざして、こちらに向かって攻撃を仕掛け、用意した槍の垣根に襲いかかってきた。夜の闇も加わって、突然に大きな騒ぎとなった。また同じように、恐ろしくも杭のように剛毛をさかだてた、巨大な大きさのいのししが、まだらのある大山猫、虎、豹などといっしょになって、攻め寄せてきてこれまでのいかなるわざわいとも比較にならないほどの戦闘が繰り広げられた。さらにまた、鳩の大きさと同じような巨大なこうもりがわれわれ人間の顔面に襲ってきた。人間と似たような歯を持ち、これで兵士たちの手足を傷付けたのである。

(二八)その上、象よりも大きい別の種類のけものが一頭あらわれた。額に三本の角を備えていて、黒い頭部は馬に似ていたが、インド人はこれを「歯王」[9]と呼びならわしていた。水を飲むと、陣営を見つけ、突然にわれわれに向かって攻撃をかけてきたが、燃える火の塊をならべてもひるむことはなかった。

(二九)その後、日の出前になって、薄明の空から、蛙のように体の色を変える怪物があらわれ、狐に似たインドねずみといっしょになってわが野営所に押し寄せこれらに噛まれると牛馬はすぐに死んでしまった。人間の場合には、しかし、傷害を受けても死には至らなかった。

(三〇)日が昇ると、夜烏があらわれた、これは禿鷹に似ているが、体長ははるかに大きく、色は薄茶でくちばしと脚は黒色であった。湖の岸辺をいっぱいにおおったが、われわれに害を加えることはなかったが、常食である魚類を取りつくした。鳥を追い払ったり、追い立てはしなかった。爪を乾かすとすべての鳥がわれわれの目の前から消えた。

(三一) われわれをいつもペテンにかけたので、重い罰を科すにふさわしい土地の案内人には、両脚を萎えさせる刑罰を指示した。彼らがわれわれにそう望んでいたと同じように、息の絶えないあいだに、深夜大蛇に呑みこまれるようにさせた。両手の骨をも折ってしまうように命じて、自分の行動にふさわしい罰を受ける見せしめとしたのである。

(三二) 兵士たちに、強靭な意志を持ち、困難な状況には女子供のように負けることはないようにと、集会を開いて激励してからすぐに、ラッパの合図とともに陣を南風の吹く方向へ移した。その地方では異国の者とインド人の軍を集めて、あらたに戦争を計画していると見抜いていた。幾多の勝利によって得た富と幸福を味わっているわが兵士たちは意気軒昂としていた。危険きわまりない土地をやっと抜け出し、ふたたび安全の保障された旅に就き、黄金と財宝に恵まれたバクトリア地方に到着した。日常の品物を売買する土地の者から暖かく迎えられた。ペルシアの領土との国境が近くにあったので、時間を作って、戦争の準備のために、二十日のあいだ野営所に滞在した。

(三三) その後、四日間の行程で、将来、戦争というよりもむしろ服従に身を任すために、ポロス王が軍を糾合していた場所に到達した。というのは、彼は、われわれの友人のように率直に、日常の物資の入手のチャンスを提供してくれたばかりでなく、わたしのことを知りたいと思って、あちらこちらと物の売り買いに出るわが兵士たちに、わたしがどこにいるのか、わたしがなにをしているのかと質問していたのであった。彼らはあやふやな返事しかしなかったので、わたし自身、彼の質問の内容を聞いて、――すなわち、すべての質問がマケドニア大王のわたしにかかわることがらであったので――王の衣装を脱いで、兵士の服装をして、酒と肉を買いにきた者の様子で、彼の陣営にはいった。ポロスは偶然にわたしを見つけだし、アレクサンドロスのやっていることや、その年齢についてたずねた。

（三四）方便としての嘘を用いて彼をからかおうとして、わたしは言った。

「わが将軍はまるで老人のように、陣屋のなかで火を焚いて暖を取っていますよ。」

すると彼は、自身は若者であるのに、虚弱な年寄りを相手に戦争を起こそうとしていることに大いに喜び、思いあがったあまりに、アレクサンドロスは自分の年齢をなぜ顧慮しないのであろうか、といった。アレクサンドロスはなにをするつもりかといういまひとつの質問には、自分はマケドニア軍の普通の兵士であるので、そんなことは知らないと答えた。アレクサンドロス王に渡すようにと脅迫じみた手紙をわたしに手渡した。褒美を約束もした。手紙はアレクサンドロス王の手に渡るように、きっといたしましょうと誓った。ただちに陣営にもどったが、手紙を読む前にも読んだあとも、哄笑を抑えることができなかった。その手紙の写しを先生と母上と姉妹たちにお届けします。異国人の傲慢で危なっかしい無思慮な考え方に驚くことでしょう。

（三五）やがてインド軍と戦いを交え、敵に勝ったのち、武力で奪った王国をポロスに返そうと思った。予想もしていない褒美を与えられて、わたしの知らないでいた王の財宝を教えてくれた。このなかから、彼はわたしやわたしの側近や兵士全員に分配してくれた。こうして彼はマケドニアにたいして敵から友になって、

（三五a）ヘラクレスとディオニュソスの記念碑に案内してくれた。東方の国のいちばんの端の地にポロスは両神の黄金の像を建立していたのであった。像のすべてが純金なのかどうか知りたくなって、なかに穴を通して見たが純金であるのを知って、同じ黄金で穴をふさぎ、ディオニュソスとヘラクレスに犠牲を捧げて二柱の神をなだめた。

（三六）なにか見るべきものがあるかと、さらに先の地へ進もうとしたが、オケアノス方面には、象や蛇の住むと言われている草原と森と山の他にはなにもないという話であった。しかし、できるならば、大地のまわりを流れているオケアノスを航行したいと思って、海に向かって進軍した。だが、土地の住民はオケアノスは暗くて浅瀬の多いところであるとわたしに説得した。人間としての努力によって神々の痕跡を無視する場合よりも、卓越した神々であるヘラクレスやディオニュソスを越えるような大胆なことをいかなる人間も試すことはできないのであるから、神々にも、こうしないほうがわたしの偉大さを理解してもらえるであろうと説明してくれた。そこで神々を顕彰し、その栄誉を讃えたのち、未知の土地でわたしの注意を逃れるものがひとつでもあることのないように、インドの左側の

地を調査することに決めた。ポロスも、自分の王国のどこかに財宝をまだ隠しているのではないかと疑われないように、これに反対はしなかった。

（三七）干上がった、葦の生い茂った沼があった。そのなかを渡ろうとしていたときに、未知の動物が襲ってきた。その背はのこぎりの歯のようになっており、頭が二つあって、ひとつはライオンに似て、もうひとつはわにの頭に似て、しかも硬い歯で守られていた。あとのほうの頭で突然の襲撃によって二人の兵士を殺害した。われわれのほうは槍で突き刺すこともできなかったので、やっとのことで鉄の斧で打ち砕いた。しばらくのあいだ、われわれはこの動物の珍奇さに呆然としていた。

（三八）つぎにわれわれはインドのさいはての森に到着した。長さと幅ともに五十スタディオンの陣営をブエマル河のほとりに築き、夜の十一時に食事にかかろうとしたときに、家畜の飼料や木材を運ぶ連中が気も動転して皆いっしょにもどってきて、できるだけ早く武器を取るように知らせてきた。象の大群が森からあらわれ、われわれの陣営を攻撃しようとしているといった。そこでわたしはテッサリアの騎兵隊に命じて、馬に騎乗し、同時にいのししをも連れて行くように伝えた。いのししの鳴声が象をこわがらせることを知っていたのである。すぐにも象の群れに向かって行かせた。それから残りの騎兵隊には槍を持たせてあとを追わせ、ラッパ手たちも全員戦列に加わり、馬に乗り進ませ、歩兵隊には全員陣営にとどまるようにさせた。

（三九）自分自身で、ポロス王と軍隊を引き連れて進む内に、象の大群が鼻をまっすぐに立ててわれわれに突進して来るのを目にした。象の背は黒いのも白いのも赤いのもいたし、何頭かはまだら模様のもいた。ポロスは戦闘用に都合のよいこれらの象を捕獲できると説明し、騎兵隊のほうでいのししをつぎつぎとけしかけてくれるならば簡単に撃退できるといった。まもなく象は右往左往しながら退却した。人間の吹くラッパのひびきといのししの鳴声とに驚いた象は攻撃のさいの構えと同じだけの数の大群が森のなかに逃げ込みはじめた。象の膝を切ることによって、およそ九百八十頭を殺した。その牙と歯を切り取り、めざましい量の獲物をいっぱいに積んで、陣営に帰った。象や他のけものがわれわれに害を加えることのないように、楯と胸壁とで陣地を囲わせた。朝になるまでその夜はおだやかで、全員が元気を回復した。

（四〇）夜が明けるとともに、インドの他の地域に行軍したが、広々とした草原に、背の高さ九フィートばかりで、全身けものと同じように毛でおおわれた男と女の群れに会った。インド人のあいだではイクテュオパゴイ〔魚を食う者の意〕と呼ばれていた。彼らは地上よりも河や湖に慣れていて、生の魚類や水だけで生活していた。彼らにもっと近づくと、エビマリスの河の渦のなかにもぐってしまった。また、体格の大きいキュノケパロイ〔犬頭族〕の住む森に着いた。われわれを攻撃しようとしたが、矢を放つと逃げていった。ついに砂漠地帯にはいりこんだが、もうこれより先には、見るに値するものはなにもないとインド人は話していた。

（四一）[10] われわれの出発地であったパシアケにもどろうとして、方向を変えるように命令し、その場所から十二マイルの距離の、水の便のよいあたりに陣営を敷いた。全部の陣屋が築かれ大きなかがり火が点されたときに、突然に、東から吹く嵐が生じ、あらゆる陣幕やわが将軍たちのテントも、呆れるほどの不思議な力で、吹き飛ばされひっくり返された。わたしが人間の身でありながら、ヘラクレスとディオニュソスの足跡を超えようと試みたことで神々の怒りが下ったのではないかと皆は怖れていた。そこでわたしは、秋分の時節に起こったので、秋の季節によくあることであるから、これは神々の怒りによるのではないと、兵士たちを勇気づけた。

（四二） あらたに荷物を取り集め、日当たりのよい渓谷に陣営を張る場所を見つけ、すべてを整えてから、兵士たちに食事を取るように指示した。さて東風も静まったが、日暮になるとたいへんに寒さがつのってきた。まもなく羊毛のような雪がたくさん降りはじめた。雪に陣営をおおわれるのではないかと、降りつもるのを心配して、足で溶かしてしまうように兵士たちに足踏みをさせ、またほとんど消えそうになっていた火を少しばかり強くするように命じた。けれどもひとつのことでよいほうに変わった。強い雨がやってきて、あっという間に雪が消えてしまったのである。

（四三） すぐに黒い雲が起こり、まるで松明のように燃えている雲が空から落ちてくるのが見えた。このために陣営全体が火に包まれたのである。［家畜はもっとひどい害を受け、火の粉や燃えさしが背中に落ちてきて焼け死んだ。］兵士たちには服を切りさいて火から身をまもるように命じた。われわれが祈りを唱えるとすぐに澄んだ夜がもどってきた。ふたたび火を盛んにして、なんの心配もなく食事を済ませたが、前後三日間にわたって太陽も照ることなく、不気味な雲がわれわれの上におおいかぶさっていた。雪のなかに埋もれて命を落とした兵士たち四百名の埋葬を済ませてから、陣営を移すことにした。

（四四）オケアノスに面したエティオピアでは天にまで届くかのような山並みも見たし、ニュサの山やディオニュソスの洞窟も見た。この神の洞穴にはいった者は三日すれば熱病で死ぬと言われていたので、犯罪人をそこに送りこんだ。宗教上のまじないなしにはこの場所にはいることが許されないのであるから、彼らの死を通してこのことは明白となったことをわれわれは確かめたのである。

（四五）[11] わたしは、嘆願者として、神々に、全世界の王となってすぐれた勝利の栄光を担ってマケドニアに凱旋し、わが母上オリュンピアスのもとに帰らせてくださるようにと祈った。しかしこの願いを求めるのは空しいことをつぎのようにして知った。

（四六）この地域には、われわれの知っていること以外に注目すべきことはなにも見つけられないとインド人がみんな話していたのであるが、さらにこれ以上驚嘆と記憶に値するものに出会えるのではないかと探求の目を向けていたわたしは、これまでは南の方向に向かったがパシアケの方向に進路を変えるように命令した。
(四七)わが軍旗のもとに集まった兵士を指揮しながら、行軍していると、二人の老人に出会った。この地方に見物してもよいような見ものを知っているかどうか質問すると、十日もしない行程のところにそれがあると答えた。道中は、しかし、軍を全部まとめて引率しようとすれば、水不足のために、そして多量の物資輸送のために困難をきわめるであろう、また、道の狭いことやけものの多い地帯である理由から、四万の兵の食糧を用意すれば、なにか信じられないようなものを目にする機会があるかもしれないと言った。
(四八)その返事を聞いてうれしくなって、いかにも愛想よく二人に振る舞いながら、「わたしに約束できるような、これほどまでにすばらしくて荘厳なものとはいったいなにか、話してくれないか」と言った。
するると、わたしのやさしい言葉に感激したひとりはつぎのように言った。

「あなたがだれであれ、王よ、インド人の言葉とギリシア人の言葉を話す、太陽と月の二本の木をご覧になるでしょう。その内の一本の木は雄株で太陽のもので、残りの一本は雌株で月のものです。この二本の木から、どのような幸福と不幸があなたを待ち受けているかを知ることがお出来になりましょう。」
(四九)そこでわたしが異国の老人からこのような信じがたい話で嘲笑されていると判断して、彼らに懲罰を加えなんらかの侮辱のしるしを与えるように命じてつぎのように言った。

「わたしの権威は西の国から東の国々にまで届いているが、これは異国の弱々しい老人から嘲笑されるためであったのか。」

するとニ人は、けっして嘘はなにひとつ交えてはいない、ただ自分たちの言葉が真実であるかどうかを試してみればよいのであって、空虚な話かどうかはすぐにもはっきりするであろうと断固誓ったので、わたしの友人も仲間も、このようなことがらを体験する機会を逸することのないようにと強く頼んだのであった。そこで、わたしは四万の兵と騎兵とを引きつれていった。一方、軍は数人の指揮官のもとにパシアケにもどらせた。全軍とともに、象の大群、ポロス王、ならびにすべての輸送物資もパシアケに送らせたのである。

(五〇) 頑丈な若者たちを選び出し、不思議な見ものを見ようと、インドの老人に案内させて、われわれは行軍にかかった。ほとんどの土地で水が欠乏し、蛇やけものの多く住む想像を越えた地帯を通ってわれわれは神託所のある土地に導かれた。この地帯の動物や蛇のたぐいについては、無数にいてインドの言葉で名付けられていたので、報告するべきでないと判断した。
(五一) われわれの目的としている地方に近づくと、女と男のいくつかの一団が豹や虎の毛皮で体をおおっているのに出会った。彼らに、どのような人種であるかとたずねると、自分たちの言葉でインド人であると答えた。そこの聖域は広大で、香料とバルサムが豊富で、そこに植えられている樹木の枝には多量の香料が生じていた。土地の住人はこれをつねに食用としていた。

（五二）われわれは前もって知っていたがほとんどの人には知られていない神域にはいると、背の高さは十フィートを超え、肌の色は黒色で、犬のような歯をした、神託所の祭司長があらわれた。彼の両耳には穴があいてそこから真珠が垂れていた。毛皮の服を身に付けていた。彼はその地の習慣と礼儀に従ってわたしに挨拶すると、なんの目的でやってきたのかとわたしに質問を始めた。太陽と月の聖なる木を見たいと思ってやってきたと答えた。

（五三）すると異国の者が答えた。

「少年との関係も女との接触も断っているならば、もちろん神々の杜にはいることができる。」

彼は、側に立っていたおよそ三百人のわたしの友人と仲間に向かって、指輪のたぐい、履物も含めて衣装などはすべて脱ぎ捨てるように命じた。わたしはすべてのことについて彼の言葉に従った。宗教上の規則には譲歩するためであった。

（五四）祭司は第十一時の日没を待っていた。というのは、太陽の最初の明かりにさいして、太陽の木が言葉を語り、答えを与えると、祭司は説明したのであった。同様に、夜の同じ時刻を月の木が見守っていると話してくれた。このようなことがらは、わたしには真実よりもむしろ嘘八百に近いことのように見えた。

（五五）そこでわたしはこの聖なる杜をくまなく散策することになった。この杜は費用をかけないで作られた壁に囲まれていて、樹木のあらゆる枝からふんだんに香ぐわしいかおりを放っていた。このかおりに包まれてわたしの仲間も木肌から樹液の塊を摘んだ。杜の中央に、葉の形は糸杉に似た聖なる木があった。これらの木は百フィートの高さであった。インド人はこれをブレビオナと呼んでいた。

（五六）この木に感嘆して、これほどの高さにまで成長したのは雨量の多いせいだろうとわたしが言うと、祭司はこの地帯には雨がなく、動物も鳥も蛇も近づくことはないのだと説明してくれた。この境界は大昔からインド人の祖先によって太陽と月に捧げられ、太陽と月の食のときには自分たちの神々の状態を怖れて、ショックのあまり溢れるほどの涙を流すとのことであった。そこでわたしが犠牲の式をおこなおうとして、生け贄を殺害しようとすると、祭司に禁止された。この聖域では香を火で焚くことも、いかなる動物を殺すことも許されないので、かわりに地面に伏して木の幹に接吻し、太陽と月に向かって、真実の答えを与えてくれるように祈るようにと言った。

（五七）その通りにしようとしたのだが、祭司にこれらの木が答えるのは、インド人の言葉かギリシア人の言葉なのかをたずねなければならないと考えた。すると彼は答えた。

「太陽の木は両方の言葉で、月の木はギリシア語で未来を告げることになる。」

（五八）そうこうしていると、日も沈むころになって、太陽の輝く光線に木々の梢が反射する様子を見ていると、

「諸君、全員空を見上げて、各人が相談したいと思っていることがらについて、心ひそかに黙って考えるがよい、だれも声に出して話してはいけない」と祭司が言った。

わたしや友人や仲間たちは、どこか深い杜のなかにいる人間が昔の人の流儀で考えられた仕掛けを用いて、われわれを馬鹿にすることのないようにと注意深く観察したのである。その後このような小道具が介在することもないので、われわれは二本の木の梢や枝を見上げていると、近くに立っていたわれわれは耳を神の言葉で満たされたのである。

（五九）というのは、全世界を征服したあと、祖国に凱旋し、母上オリュンピアス、愛する姉妹たちのもとに帰ることができるかどうか考えていた。そのときに、突然に低い声でインド人の言葉で木がつぎのように答えた。

「戦闘には無敗のアレクサンドロス、おまえが相談しようとしたように、全世界のただひとりの支配者となるであろう。しかし、もはや生きて祖国には帰ることはない。おまえの寿命については運命がこのように定めているからである。」

（六〇）さて、神託の内容がどのようなものかわからなかったので、インドの通訳に一部は物を与えて、一部は脅迫を用いて、これらの木が話すこと全部を報告するように、しむけていた。わたしはこの話を聞いて、内心びっくりした。これほど多数の部下を引き連れ

て聖なる木のもとに来たのが不快であった。すぐにもいっしょに来ていた友人や供の者ははげしく泣きはじめた。みんなともに悲しみにとらわれた。彼らをわたしが慰め、いま聞いた返事をだれにも他言しないように指示した。

（六一）深夜におこなわれると祭司の語った神託を、月の出が近くなったので、聞こうと、三人のもっとも信頼の置ける友人、ペルディッカス、ディトリカス、ピロタスを連れて出かけた。いかなる者も殺害することは許されないあの場所ではわたしはだれも恐れてはいなかったし、恐れなければならないものはなにひとつなかったからである。再度、聖域にはいり、聖なる木の近くに行って、いつものやり方で祈った。どこで死ぬことになろうかとたずねると、最初の月の出に当たって最初に梢に光がさし込み、輝きに照らされると、ギリシア語で答えた。

「アレクサンドロス、寿命のつきる時期に来ている。だが、一年と九カ月ののちにバビュロンで死ぬことになろう。予想もしなかった人物に裏切られるであろう。」

（六二）わたしは涙を流し、まわりの友人たちは泣いていた。彼らのだれも陰謀や犯罪を引きおこすどころか、むしろ、わたしの身の安全のために死ぬ覚悟をしている者ばかりであると思っていた。神託を通じて、友人には気をつけねばならないことを警告してもらうために、わたしがもっとも頼りにしている友人たちについてなにかたずねるべきではなかったであろう。そこを退出して、食事にもどったが、うちひしがれた気持ちになって休息を取ることにした。不安と空腹で体を痛めつけないようにという友人たちの勧めに従って、心の進まないながら、少しばかりの食べ物を取った。太陽の最初に昇る時刻に居合わせるように、聖域を訪れた。

（六三）翌日、朝の早い薄暗がりにわたしは目を覚ましたあと、友人たちを眠りのまだ浅いうちから起こした。だが、このごろは祭司みずからも動物の毛皮に包まれて休んでいた。そのテーブルの前には大きな香の塊と象牙のナイフが置かれていた。これは前日の食事の残りものであった。

（六四）というのは、黄金には恵まれていたが、青銅、鉄、鉛、銀は乏しかった。ひとびとはバルサムを常食としていて、近隣の山から流れ落ちる澄み透った水を飲んでいる。横になったり休息する場合には、枕やマットは使わず、ただ動物の毛皮を敷くだけであった。これをマントとしても用いて、この場所におよそ三百年のあいだ生活している。

（六五）祭司も起きたので、三度目の神域参りとなった。いかなる刺客の手から命を守らなければならないか、また母上や姉妹たちの最後はどのようなものであるかについて、同じ聖なる太陽の木にたずねようとした。その木はギリシア語でつぎのようにいった。

「おまえの殺害を計画している者がだれであるかを打ち明ければ、その者は処分されて容易に、自分の身にふりかかっている定めを変更する結果になって、クロト、ラケシス、アトロポスの三姉妹が、真実を告げたわたしの神託のことで三姉妹の毎日の仕事の邪魔をしたといってわたしに怒りを向けるであろう。（六六）一年と九カ月ののちにバビュロンで死ぬであろう。予感しているように剣で殺されるのではない。また、黄金や銀やほかの金属によるのでもなく、毒薬によって殺されるであろう。母親は哀れむべき、いとわしい最後を遂げて埋葬さえ受けることもなく、道端に捨てられ鳥獣の餌食となる。姉妹は長いあいだ運命の糸によって幸福を味わうであろう。[12] だが、おまえは、たとえ残された人生は短いとはいえ、全世界の支配者となる。さあ、もうこれ以上のことは知ろうとはしないがよい。わが神域の境界から出て、パシアケのポロス王のもとへ帰るがよい。」

祭司もまた、われわれの涙や悲しみが聖なる木を傷つけたといって、立ち去るように勧めてくれた。

（六七）兵士たち全員を集めて、これからわれわれは神託に従ってポロスのいるパシアケに向かうことになる、これが自分たちには幸福と平安をもたらすであろうと、わたしは述べた。自分の寿命の満ちる時期については、同僚の兵士が絶望的になり異国の地で全滅することのないようにと、触れないですませた。神託の言葉をわたしといっしょに聞いた者たちの名はつぎのようであった。セルミティオン、プロテシラオス、ミストムス、ラコン、トラセレオン、デディトゥス、マコン、エロクレス、シルブルス、スンシクロス、ペルディッカス、ピロタス、最後に司令部の長官コラクダスであった。彼らは神託のことについて、彼ら自身の誠実さから、またわたしの勧告に従って沈黙を守ってくれた。

（六八）こうして聖なる木のもとから離れたが、それでも香料やバルサムのかおりにわれわれの鼻腔は満たされていた。オケアノスの近くの神々の聖域を世話していたインド人は、そこまで到達できたのだから、わたしは不死の存在であるといった。わたしのことに好感を抱いてくれる彼らに感謝を示した。

（六九）その後、われわれはヨルダンの渓谷にやって来た。ここでは、首にスマラグドス〔エメラルドのこと〕と呼ばれている宝石を巻いていた。蛇の目からきらめく光はここで集められている。またたれにも近づけない谷に住んでいる。この渓谷の上には一辺三十五フィートのピラミッドが置かれていて、大昔のインド人がこのために建設したものである。先に述べたあの蛇は毎年、春が来るごとに、おたがいに争い、多数の蛇が咬み殺される。この地から少量ではあるが大きな塊のエメラルドを持ち出した。

（七〇）たくさんの危険をくぐり抜けると、つぎのような種類の未知の動物に出会った。ライオンの頭部を持ち、長さが六フィートにも達しそうな尻尾には二本の爪があった。この尻尾を振って、人間を襲い、攻撃能力を失わせるのであった。このなかにはグリフィンも交じっていた。その外の部分は似てはいないが、鷲のくちばしをしていた。驚くべき速さでわれわれの顔面や目を目がけて飛んできて、われわれの大楯や小楯を粉みじんに無残にも叩きこわした。しかし、これも一部は矢で一部は戦闘用の槍で退治した。この交戦では二種類の動物に嚙みつかれて二百六人の兵を失った。われわれのほうは相手をおよそ一万六千頭ほど倒した。

（七一）そこからオクルアダス河に到着した。この河は蛇行せずにまっすぐに海に注ぎ、対岸までの河幅は二十スタディオンであった。岸には葦がしげり普通の草の三百倍の大きさであった。やっと三十人の兵士が一本の葦を運ぶことができるほどであった。非常に背の高い木よりもまだ高かった。この葦の森のなかに多量の象牙の集められた厚い層を見つけた。この地帯に数えきれないほどの数千頭もの象が生息していたが、どういうわけかわれわれに向かって攻撃しようとはしなかった。そうでなければわれわれはみじめにも踏みつぶされてしまっていたであろう。多量の象牙を集めたあと、葦でいかだを作り河を渡った。

（七二）[13] 向こう岸には野生の動物の毛皮で身をおおったインド人が住んでいた。彼らはけっして敵対的ではなく、われわれに多くの贈り物をしてくれた。白と紫の海綿、二ないし三コンギウス〔一コンギウスは三リットル強〕を容れるほどの法螺貝、海に住む若い動物の毛皮で作った敷物や柔らかい上衣、さらにたいへんに肉の美味な一セクスタリウス〔コンギウスの六分の一〕ほどのかたつむり、同じように、河から取れた虫などであった。この虫は人間の腿よりも太く、味は、魚類のなかでどれよりもわれわれの好むものであった。

（七三）さらに彼らはつぎのようなものを差し出した。大きさでは飛び抜けて巨大なきのこ類、これは緋色よりももっと鮮やかな色をしていた。二百ポンドの重さのうつぼもあった。彼らの説明では二十三マイル先にある近くの海にはもっと大型のものがいるという。さらに百五十ポンドのスカルス〔べらの仲間〕もあった。この魚は流れの渦のなかに置かれた象牙の簗を用いて捕まえる。象牙でできているのは、葦製のものは咬みくだかれたり、あるいは魚を常食としている長い髪の女たちが水中にもぐって葦を食べてしまうので、これを防ぐためであった。

〔七四〕土地に不案内な者たちが河で泳いでいると、女たちが渦のなかに男たちを捕らえたり葦の森にひきずりこむのであった。そして、姿形のすばらしい女たちであるから、その魅力にはげしくとらわれた者を破滅させたり、愛の情欲によって命を奪ったりするのであった。この女たちを二人だけつかまえることができたが、雪のような肌の白さでニンフに似ていて、背中には長い髪を垂れていた。

〔七五〕ガンゲス河にも不可思議な怪物がいたが、これらについては、あまりにも空想的と思われないためには、報告するべきでないとわたしは判断した。ただし、この河とエウプラテス河の水だけは北方から南に向かって流れていることは述べておきましょう。両方とも、河の一方の岸からは対岸は水量の豊かさのために望み見ることはできない。

〔七六〕そこから、インド人の守備している砦に到着し、つぎにセレスの国〔絹の国のこと、すなわち中国〕に行った。この国のひとびとは世界中のなかでもっとも正義心に厚い人種であると評判であった。人殺しも姦通も犠牲も酩酊もないといわれている。ただパンと野菜と水だけを食べて生きている。彼らはこれ以上にないと思われるような食事でわれわれを歓待したあと、まっすぐに道を案内して、カスピアの門を経てパシアケのポロス王のもとにわれわれを導いてくれた。

（七七）そこから東風に乗って進むと、異様な生き物に出会った。その頭部からは垂直に剣のように、のこぎり歯の角がとびだしていて、敵対する人間にまるで牛のように突っかかって来た。だから、われわれはおよそ九四五〇頭を殺害したあと、兵士たちはたいへんな苦労と危険と恐怖を経験したあとで、わが軍はやっとポロスのもとに帰ってきたのである。

（七八）ペルシアの地に配置していた名前をアルコンという総督に命じて、ペルシアとバビュロンの地にそれぞれ二十五フィートの二本のすべて黄金製の柱を建て、そこにわたしのすべての事績を記録させた。ディオニュソスとヘラクレスの勝利の記念碑——これは百本建てられていたが——よりも先のインドの先端の地にも、十フィートも高いすべて黄金製の五本の柱を建立させた。

わが愛する師アリストテレスよ、これらは後世少なからざる不思議となるでありましょう。もっともすぐれたアリストテレスよ、われわれはその力によって、われわれの不死性と精神と、そして、魂の努力のしるしとが永遠に残るように、人の羨むような新しい永遠の記念を作ったのであります。

訳注

本文

第一巻

1 遠征に従って、行く先々の土地やひとびとの風俗習慣を記録する係がベーマティスタイと言われる。王の毎日の公式の行動記録も作った。

2 エジプトにネクテナボンをアレクサンドロスの父とする伝承があったかどうかは微妙な問題だが、史実としてはまったくない。エジプトの血筋とマケドニアの血との混交を創作したのは、この物語の作者に帰せられるかもしれない。ネクテナボンは歴史上の人物。エジプトの最後の王で、ペルシア王アルタクセルクセス三世つまりオコスの遠征をまえにしてエティオピアに逃亡。民衆のあいだには逃亡した王の、凱旋の帰還が期待されていたが、これが民間伝承として紀元後まで残ったのかもしれない。ネクテナボンの生まれかわりとしてのアレクサンドロスがエジプトを征服したという話の創作のために、この民間に伝わったネクテナボンの凱旋帰国という伝承を作者が利用したものであろう。

3 水占いとは、水を張った水盤に油を垂らしたあと、その油滴の拡散の様子から未来を予言する方法をいう。八節参照。以下に描かれているのは水盤占い以外の別の呪術である。

4 ラテン語の音訳。

5 ディオドロス『世界史』(一六・四〇―五一) 参照。民族名について特別の意味はない。

6 ナイル河のデルタ地帯の東端の港。アジアとの境となっている。

7 オシリスとアピスの混交したセラピス信仰はプトレマイオス朝になって発展した。一種のアナクロニズム。神託を語る者は神とも呼ばれていた。

8 占星術を始めたもとであるカルダイオイ人から受け継いだメディア人の祭司をいう。

9 アエリオスはベリリウム(緑柱石)か。不明。

10 殺害された父親ピリッポスのかたきを討つ息子のモティーフ(二四節)が歴史上の事実であろうが、ここでは、母親オリュンピアスのためということになっている。プルタルコス『アレクサンドロス伝』(二一七節)参照。

11 シワのオアシスの神で、ギリシア人からはゼウスと同一視されていた。

12 液汁を油に注ぐさいに、蠟人形がどのような役をするのかは不明。

13 ピリッポスの見た夢と占いについてはプルタルコス『アレクサンドロス伝』二節参照。プルタルコスでは太陽の像のみが印刻されていた。

14 六節参照。オリュンピアスと蛇の関係は古来から伝えられていた。プルタルコス『アレクサンドロス伝』二―三節参照。

15 蛇はギリシアでは、アポロンとアスクレピオスのシンボル。鷲はゼウスのシンボルであるので、アンモンのシンボルともなる。
16 卵は世界のシンボル。オルペウス教的観念に由来するエジプトの宇宙観。
17 プルタルコス『アレクサンドロス伝』(三節)によれば、エペソスのアルテミス神殿が誕生の日に炎上したとされる。
18 アレクサンドロスの物腰がライオンに似ているとは、共通の伝承であるが、これ以外の点は伝説にすぎない。
19 ブケパロスが人間を食べることは虚構。ヘラクレス伝説に出てくる、トラキアのディオメデスの飼育していた馬からとられたモチーフであろう。プルタルコス『アレクサンドロス伝』六節参照。
20 原文では「父よ」となっているが、これはかならずしも実の父親にのみ向けられるものではない。しかし、ネクテナボンを実父とする立場では一種のアイロニーがこめられている。
21 夜の星を見て溝に落ちる例はタレスのエピソードとしてひろく知られている(プラトン『テアイテトス』一七四A、ディオゲネス・ラエルティオス一・三四参照)。
22 トロイア落城のときに老父を背負って救出したアイネイアスの故事による。ローマ建国の祖としてのアイネイアスにアレクサンドロスが擬せられている。
23 一三節参照。
24 アレクサンドロスの先祖でもある。
25 プルタルコス『アレクサンドロス伝』六節参照。馬を馴らすのに合理的な説明がされている。自分の影におびえていると判断したアレクサンドロスが太陽の方角に馬をむけて馴致するのに成功した。

26　プトレマイオスとならんで、アレクサンドロスの幼少からの友人。その死をパトロクロスを失ったアキレウスと同じように悲しんだという（プルタルコス『アレクサンドロス伝』七〇節以下、アリアノス『アレクサンドロス東征記』二・一〇三その他参照）。

27　ニコラオスの名は「民の征服者」の意味がある。これにもとづいた虚構。一八節末尾参照。

28　括弧内の文は、アレクサンドロスにニコラオスの死の責めを負わせないために書かれたのであろう。ティールによって削除されている。この戦車競技のエピソードの背後には、オイノマオスを死にいたらしめたペロプスの策のモティーフが下敷きになっている。

29　ヘシオドス『仕事と日』二六五行参照。

30　二二節まではアッタロスの姪クレオパトラと結婚しようとするときの事件。ピリッポス四十五歳、アレクサンドロス十八歳のときのこと。父親との不和、その後の和解とつづく経過は細部は異なるが、大筋は事実に近い。プルタルコス『アレクサンドロス伝』九節参照。リュシアスは架空の名。

31　ケンタウロイのひとりがラピタイ人の王ペイリトオスの妻ヒッポダメイアにいたずらをしたことで両者のあいだで戦闘が繰り広げられた神話上の物語にもとづく。オデュッセウスは妻の求婚者百余名を殺戮した。

32　クロル版では、「わたしのおこなっているのは、体のことではなく、ご自分のあやまちのことで心に病があるということです」とある。

33　リュシアス（Lysias「離れる」の意がある）の名前と夫婦離別を表わすディアリュシス

（dialysis）との洒落。

34　ピリッポスは前三五四年にこの町を攻撃し滅ぼした（ディオドロス『世界史』一六・三四参照）。

35　リトロンはローマのリブラ（三二七・五グラム）に相当。

36　ペルシアの使節とアレクサンドロスの対話については、プルタルコス『アレクサンドロス伝』五節参照。この場面には、ヘロドトス『歴史』（五・一八―二一）に記されている、アレクサンドロス一世の、ダレイオス一世の要求にたいする態度が反映しているとも考えられる。ちなみに、ダレイオス三世はアレクサンドロスと同じく前三三六年に王位に就いている。

37　テッサロニケはアレクサンドロスの死後建設された町である。

38　ピリッポスの暗殺者としてのパウサニアスという人物は実在していた（プルタルコス『アレクサンドロス伝』一〇節参照）。しかしここに描かれている具体的内容は虚構。ディオドロス『世界史』一六・九一―九二参照。

39　第一巻注10参照。

40　前三三六年のこと。

41　アンティパトロスとアレクサンドロスのその後の関係については第三巻三一節参照。

42　兵数については確実なことはわからない。

43　マケドニアの北部から西部にわたって居住していた部族。アレクサンドロスが前三三五年イストロス河まで遠征して征服した。アリアノス『アレクサンドロス東征記』一・一―六参照。

44　プルタルコス『アレクサンドロス伝』一一節参照。

45 ディオドロス『世界史』一七・一〇参照。

46 ティールによれば、前四世紀前半に、イスメニアスという有名なアウロス奏者がいたそうである。

47 タラントンは貨幣の単位。銀アッティカ・タラントン＝六十ムナ＝六千ドラクマ。金の場合は銀の十二倍の価値があった。プルタルコス一五節ではアレクサンドロスには十分な戦費調達はなかったと伝えられている。

48 プロポンティスの右岸に注ぐ河。前三三四年五月戦闘がおこなわれ、アレクサンドロスが勝利した。アジア征服の第一歩となる。テバイの破壊は前年のこと。

49 アリアノス『東征記』一・二六によれば、山がせまっているリュキアの海岸で、北風が吹いて海水が引いたと報告されている。プルタルコス『アレクサンドロス伝』一七節参照。

50 アリアノス『東征記』七・一二五以下では、ローマからの使節がバビュロンのアレクサンドロスを訪問したと報告されている。カルタゴやシケリア遠征計画はアレクサンドロス晩年のころに生まれた。

51 シワのオアシスにある神域。第一巻注11参照。

52 七節と一四節参照。ネクテナボンの策略にもとづく言葉がここでは真実として書かれている。

53 アンモンは太陽神ラーと同一視されたので、ここではポイボス・アポロンの名称で呼ばれている。ピリッポスはすでにこう思っていたようである。「永遠のプルトン」はサラピスのこと。三三節で解読がおこなわれている。五つの丘とはアレクサンドレイアを五つの区域に分けたことをいう。丘については虚構。

54 プルタルコス『アレクサンドロス伝』二六節では、老人がアレクサンドロスの夢にあらわれる。プロテウス王やパロス島については『オデュッセイア』第四巻参照。

55 正しくはパライトニオン（現在の Marsa Matruh）。エジプトの西方の港。「はずれ」の意味のあるギリシア語パラトネを持ち出すために故意に誤った地名を記している。アレクサンドロスはアフリカの西方からアンモン神域を経てエジプトにはいったことになる。史実ではガザからペルシオン、メンフィスを経て、ナイル河を下って海に出た。「解説」参照。

56 Tapho-Osiris（オシリスの墓）となる。「現在の町」とはアレクサンドレイアのこと。作者はこの町の住人であったのであろう。アレクサンドレイアの前身である小村ラコティスの名が伝わっている。

57 アレクサンドレイアの本来の都市地域よりも広い行政区域を説明するために、アレクサンドロスの計画したという大アレクサンドレイア建設が虚構されたのだろう。パンデュシアはアレクサンドレイアの西方にあり、ヘラクレオティスの河口（カノポスの近く）はアレクサンドレイア東方三十キロの、当時のナイル河の西端を流れていた支流の注ぐ位置にあった。その南方五十キロにヘルムポリスがあった。本書ではヘルムポリスのかわりに故意にホルムポリスといわれている。本文にもあるように、港を意味するホルモスを用いて町の名称の由来を説明しようとする作者の例の方法である。ベンディデイオンの位置は不明。

58 クレオメネスは都市建設の総責任者。デイノクラテスは測量を任されていた。

59 ドラコン運河とアガトダイモン運河は町の東西の境界を、エウロポスとメランティオス両地区は町の南北の境界を形成していたのだろう。

60　地下水道工事の責任者は実際はクラテロスであった。ヒュポノモスという人物については、地下に埋設された水道管を意味するヒュポノモスにちなんだ、作者流のこじつけである。

61　プルタルコス『アレクサンドロス伝』二六節参照。

62　アレクサンドレイアの町は頭文字をとって呼ばれた五つの地区に分けられたようである。「ゼウスの子アレクサンドロスの建設」という読み方はいつもの作者の勝手な解釈である。

63　ギリシアでは屋敷神として個人の家に祀られていたが、エジプトでは大地の収穫の神プソイと同一視された。アガトス・ダイモンとして都市の守護神として公けに崇拝されたのであろう。

64　ヘロンの柱もサラピス神殿もアナクロニズム。ヘロンの柱とはカイサレイオンの二本のオベリスクであろうといわれている。英雄廟とはアガトス・ダイモンを祀った建物を指す。サラピス神殿の跡地はラコティス地域の自然の高台にあった。

65　第一巻三〇節参照。

66　ゼウスとヘラとはエジプトのサラピスとイシスにあたる。

67　本文ではアルファ写本から削除された箇所。クロル版三三節参照。

68　「死者ではない身」とは死後、英雄として祀られる場合をいう。

69　ギリシアではアルファベットの文字が数字に用いられていた。二百はシグマ（Σ）を、一はアルファ（Α）、百はロー（Ρ）、八十はパイ（Π）、十はイオタ（Ι）を用いた。サラピス（ΣΑΡΑΠΙΣ）をしめす。これも作者流のサービスと知恵。

70　アレクサンドレイアの建設を進めたあと、エジプト訪問をすることになる。アレクサンドレイアのある地域は当時はエジプトの西端に位置する域外であった。この時代のエジプトとはその首都であるメンフィスを指す。

71 史実の上ではガザはテュロス陥落のあと征服された。

72 夢についてはプルタルコス『アレクサンドロス伝』二四節参照。サテュロス＝サ・テュロスと解釈。男性名詞のテュロスにはギリシア語でチーズの意があり、サは二人称の所有を表わす指示形容詞。正しくはないが、「汝のテュロス」と取れないこともない。テュロスの町にチーズの意をかけた洒落であるが、例によってうまくない。

73 前三三二年七月、七カ月の攻防のあとテュロスは落城した。テュロス、シドン、アラドスの三都市によってトリポリス（三つの町の意）はすでにこれ以前に建設されていた。

74 ティールはこの手紙は順序からみると、グラニコスの戦闘の前に届けられたものであろうと推測している。

75 寝椅子に横になるのが宴会のときのギリシア人のしきたりであった。

76 三六節の手紙の返事。三八節から四〇節までは書簡物語に由来するもの。「解説」参照。

77 ダレイオスと太守たちとの往復書簡はグラニコスの戦闘前後のものであろう。

78 ピナロス河はイッソス河流域にひろがる平野を流れている。

79 水浴して風邪をひく話は第二巻八節に詳しく描かれる。

80 アンティオコスの子アミュンタスのことか（アリアノス『東征記』二・六参照）。

81 イッソスの戦い（前三三三年十月）を描いているが、歴史的経過は逆になっている。この戦闘のあと、シナイ海岸を南下、テュロス占領、エジプト征服、アレクサンドレイア建設の順である。ちなみにアンモン訪問は三三二年である。

82　ベブリュキアはボスポロス海峡の東北沿岸を指す。オルペウス像の異象については、プルタルコス『アレクサンドロス伝』一四節参照。占い師メランプスは伝説上の人物の名を借りた虚構。プルタルコスではアリスタンドロス。本書ではイッソスの戦いのあと、アレクサンドロスは小アジアを北上し、ビテュニア、プリュギアにいったことになる。

83　前節より四六節までは、アレクサンドロスのアジア征服以前のギリシア征服の模様が描かれる。ピュレについては不明。アブデラはトラキア海岸に位置する。

84　カルダイオイ人とはカルキディケの住民を指すか。ボッティアはボッティケか。

85　ゲドロシアの砂漠地帯の行軍との重複がみられる。ゲドロシア行軍中のこととして食糧不足のために馬肉を食する例はアリアノス『東征記』六・二五参照。

86　ここではイスメニアスのアウロスの音色に感激したアレクサンドロスがテバイの町の破壊を思いとどまるかのように描かれている。しかし二七節参照。クロル版では再建の話が記されている。

第二巻

1　イッソスの戦いの前夜ダレイオスとその側近の会議が開かれたことは、ディオドロス『世界史』一七・三〇に見られるが、この時点での会議についての言及はほかの史書にはない。

2　ダレイオスの将軍メムノンが、アレクサンドロス支配に対抗するようにギリシア人に働きかけたことを暗示していると思われる。アリアノス『東征記』二・一参照。

3　ひとりのすぐれた人物の判断と決断をいう。

4 実際には第一巻四一節にあるキュドノス河であるが、その河での水浴とその後の風邪ひきと侍医ピリッポスによる治療というエピソードがさらに詳細に述べられる。アリアノス二・四・八参照。

5 古代では声を出して読むのが一般であった。

6 地理については混乱している。アリアノス『東征記』三・七以下によれば、エウプラテス河をタプサコスの町から渡り、アルメニアの山系に沿って進んだ。メディアはティグリス河の東方、カスピ海の南西部を指す。アレイア（本書ではアリアネといわれる）はパルティアのさらに東方である。大小アルメニアの区別は前一世紀におこなわれるようになった。小アルメニアはエウプラテス河の流域に近くカッパドキアと大アルメニアに挟まれた地方を指す。

7 アリアノス『東征記』三・八によれば、ティグリス河畔のペルシアの駐屯部隊と交戦したことがあるが、ここで述べられている戦闘は史実ではなくて、アレクサンドロス暗殺未遂のエピソードを付加するために考え出されたようである。暗殺未遂事件は、グラニコスの戦いにおけるスピトリダテスによるアレクサンドロス攻撃の事実（アリアノス『東征記』一・一五参照）を下敷きにしているといわれる。

8 バクトリアはカスピ海の東方、インダス河上流の北西部を指す。ここでのバクトリアの地名はふさわしくない。作者の地理上の知識のあいまいさを示すもの。

9 グラニコスの戦いの前にダレイオスに宛てられた手紙をさらに反覆している。第一巻三九節参照。

10 第二巻一七節では家族の返還をダレイオスは要求している。この要求をアレクサンドロスが拒絶したことにたいするダレイオスの新たな反応がこの手紙の句に表われていると見るべきか。先の太守たちのダレイオス宛の手紙といい、これといい、作者は書簡集からなる物語を利用したのであろうが、時間の経過を前後逆にしてしまっているようである。

11 アンティオケイアは前四世紀の末年に建設された。らくだはアルベラの戦いのあと、ペルセポリスの宮殿の宝物の運搬用に徴集された。

12 ペルシア人のダレイオス離反はアルベラの戦いのあと、しばしば起こったといわれる(アリアノス『東征記』第三巻参照)。

13 この手紙は第二巻一九節に紹介されるものであろう。アリアノス『東征記』三・八によれば、アルベラにはインドとバクトリアの援軍が集結していた。

14 ポロス王の病気の記事は、第三巻四節で描写される体軀堂々とした大男のイメージとは異なる。

15 この戦術のうち、深夜の策は前二一七年カンパニアからアプリアに行軍するさいにハンニバルが用いた。日中の策は前三二一年プトレマイオスがペルディッカスにたいして用いた。

16 ペルセポリスのこと。アルベラの戦いのあと征服された。

17 プルタルコス『アレクサンドロス伝』一八節によれば、ダレイオスは夢に王の急使の服装をしたアレクサンドロスを見たという。アレクサンドロス本人が使者となるのは作者の虚構。

18 一五節にいわれているように、夜は凍結し、日中は氷解するというのが本来の伝承であったらしい。

19 第一巻二三節参照。

20　プルタルコス『アレクサンドロス伝』三七節では、ペルセポリスの王宮でのクセルクセスの彫像の倒壊が述べられている。

21　アルベラの戦闘のころには兵数はこの三分の一であったと考えられる。

22　クルティウス『アレクサンドロス物語』四・一六の、アルベラの戦闘に近い。

23　アリアノス二・二五・一によれば、イッソスの戦闘後、テュロス攻撃のころダレイオスがエウプラテス河以西全土の移譲をアレクサンドロスに提案した。

24　プルタルコス『アレクサンドロス伝』二九節以下では、パルメニオンの名で出ていてアレクサンドロスが「わたしがパルメニオンならば」と答えたという周知の会話が記録されている。

25　プルタルコス『アレクサンドロス伝』三八節でも、王宮の焼き討ちを命令したがのちに中止させたとある。しかし、ペルセポリスとアルベラとのあいだは直線距離で千キロ離れている。作者の地理にかんする知識の欠如をしめす箇所。

26　ネブカドネザルのこと。ユダヤ人から没収した儀式用の金銀器は数百年前のペルシア王朝の祖キュロスがすでにユダヤ人に返還していた。

27　ペルシア帝国の祖。アリアノス『東征記』三・一八参照。ガラス製の棺についてはヘロドトス『歴史』三・二四参照。

28　職人が四肢や肉体の一部を切り刻まれるのはペルシアの儀礼上宗教上のしきたりであったといわれる。ディオドロス『世界史』一七・六九ではアレクサンドロスはペルセポリスへの途上、彼らに出会ったとされている。

29　第二巻注13参照。

30 バタナとはエクバタナ（現在はハマダン）のこと。カスピアの門と呼ばれる地点から三百キロ以上離れている。

31 二人の暗殺計画についてはアリアノス『東征記』三・二一参照。ベソスはバクトリアの太守であった。ダレイオスをヒュルカニア地方につれて行きそこで殺害させた。ここでは王宮で殺害されるように設定されている。

32 実際はロクサネはバクトリアの領主オクシュアルテスの娘であるが、ダレイオスの妹であり妻となる者の名がスタテイラであったので、娘スタテイラと区別するためにロクサネという名が使われたようである。プルタルコス『アレクサンドロス伝』三〇節によれば、妻のほうのスタテイラはアルベラの戦闘以前に産褥で死んだ。ロクサネとは前三二七年、ダレイオスの娘スタテイラとは前三二四年結婚。ロクサネから生まれる子を後継者と考えていた。第三巻三三節参照。

33 ベソスの処刑の仕方については、プルタルコス『アレクサンドロス伝』四三節、アリアノス『東征記』四・七、ディオドロス『世界史』一七・八三と記述は異なっている。

34 正しくはアブリテス。スーサ地方の太守であったがダレイオスとは血縁関係はない。

35 ダレイオスの妻のスタテイラ（実はすでに死亡。第二巻注32参照）。ロドはダレイオスの母の名として用いられているが、正しくはシシュガンビス。

36 クロル版（A写本の校訂本、解説参照）では、ここで触れられているロクサネ宛の手紙で第二巻は終わっている。

37 クルティウス『アレクサンドロス物語』五・二にも、マケドニアから届けられた高価な衣装がダレイオスの母親に贈られたと記されている。

38 アリオバルザネスについては第二巻二〇節参照。マナザケスはエジプトの太守であったとティールはいう。エベシアとはコーカサス地方のイベリアという読み方もある。

39 二三節以下二巻の最後の四一節までは、オリュンピアス宛の手紙となっている。二四節から三一節まで欠となっているが、これは最初のギリシア語版を校訂したミュラー版に則ったもので、ベータ版ではもともと二三節から三二節にそのまま続いていた。ガンマ版の二四節から三二節がミュラー版の構成となっている。三二節以下は空想物語風の語りとなっているが、二三節はむしろ歴史記述に近くなっている。ガンマ版では二三節と二八節のあいだに、アレクサンドロスのユダヤ訪問、エジプト平定、アレクサンドレイア建設の話が述べられている。二九節以下はベータ版と同様の空想物語となっている。

40 三二節から三八節はインドからの陸路による帰還の途中のできごとにもかかわらず、海路によるネアルコスの航海中の事件が混在しているとティールはいう。

41 アリアノス『インド誌』二四ではネアルコスの捕らえた蛮人は爪を木を切るために用いたとある。

42 メロパゴイとは「羊を食する種族」の意。ヘロドトス三・九九に述べられているインドの人喰い族パダイオイ人と関係させる意見もある。

43 ゲドロシアの砂漠地帯では干潮時に水面にあらわれる植物が自生していると、ストラボン『世界地理誌』一六・三に記されている。

44 「黒い石」はナフタまたはアスファルトを指しているのであろう。

45 アリアノス『東征記』六・二六では、案内人が道に迷ったので、南方の海岸方向に向きを変えたとある。
46 「頭のない人間」とはわからない。プリニウス『博物誌』五・四七ではリビュアの果てに彼らの住まいがあるとしている。
47 「魚を食する種族」について北方のイヌイット族（エスキモー）にかんする見聞談から取られたとティールはいっているが、どうか。
48 北方の白夜地帯の行進の記憶と関係があるのかもしれない。アリアノス六・二三・一では日中の暑熱をさけるためにアレクサンドロスは暗夜の行軍をしたという。
49 ラムダとはギリシア数字では三十を表わす。アレクサンドロスは三十二歳で死亡。
50 鯨については、ネアルコスの報告にもとづいてアリアノス『インド誌』八・三〇で記述されている。
51 本節から四一節までは浄福者の島（世界の果ての向こう側にあるといわれる）を訪ねようとするときの冒険談である。不死の水を得ようとする願望と結びついている。
52 本書の作者に擬せられたカリステネスについて触れられた唯一の箇所。
53 「賢い老人」の話は広く昔話のモチーフのひとつとなっている。
54 雌のらくだについて同様の話がヘロドトス三・一〇五に述べられている。
55 スコイノスはエジプトの距離を表わす単位。五キロから十キロまでの距離に相当するとされている。
56 アレクサンドロスの不死への願望はすでに前三世紀にはひとびとの評判になっていたらしい。

不死と可死の存在についての諦めが本書の底流にあるテーマでもある。不死の薬草を求めたあとこれを失うギルガメシュの物語との類似に注意。塩漬けの魚が生き返る話の類似例はヘロドトス九・一二〇参照。

57 二羽の鳥がアンモン訪問のさいにアレクサンドロス一行を案内したという例はアリアノス三・三・六にみえる。本節では人間の限界を踏み越えないようにアレクサンドロスを諭す役になっている。次節参照。

58 第二巻三九節参照。

59 第一巻一一節参照。ヘロドトス『歴史』四・三六参照。

第三巻

1 史実的には軍の反乱に類した事件が生じたが、これがこの節の記述に反映しているようである（アリアノス五・二五と七・八参照）。

2 ディオニュソスのインド遠征の伝承については、アリアノス五・一参照。

3 ブケパロスの死はプルタルコス六一・一では傷がもとで、アリアノス五・一九・四―五では疫病と老年のためであった。

4 マケドニア軍の敗走は次節のアレクサンドロスとポロスの一騎打ちを導く伏線であるが、いずれも虚構である。

5 ポロスは二メートルをこえる大男、アレクサンドロスは一・四メートルにみたない小男の対比は昔話の例にしばしば見られる誇張表現である。

6 ポロスの死はいうまでもなく虚構。史実としては、敗れたあと、アレクサンドロスのもとで、自分の支配していた領土の総督を務めた。

7 歴史上のオクシュドルケス族はインド人のなかでもっとも挑戦的な部族であった（アリアノス六・四・三）が、禁欲的なはだかの哲学者と同一視されるに至った過程については不明。

8 はだかの哲学者（ギュムノソピスタイ）とアレクサンドロスの対話については、ストラボン一五・六三―六四、プルタルコス六四―六五、アリアノス七・一・五―六参照。

9 ここで呼ばれているプラシアケ地方はガンジス河上流の一帯をいう。その中心地はパリンボトラ（Palimbothra）。アリアノス『インド誌』一〇・五以下参照。アレクサンドロスは史実的にはヒュパシス河流域で軍の反乱のためにここへは進出できなかった（アリアノス『インド誌』八・一二参照）。

10 この神域とミュロロダ（Myroroda）とよばれる二本の木については、ヤコービ『ギリシア歴史家断片集』「クテシアス」六八八F四五・一七、四五・四七に言及されている。

11 Mutheamatoi という語はアウスフェルトによれば、太陽と月を指す Mithras と Mao のペルシア語に由来するといわれる。

12 焚刑として描かれているが、火葬の変形である。ストラボン『世界地理誌』一五・六四―六五、プルタルコス『アレクサンドロス伝』六九節、アリアノス『東征記』七・三参照。

13 ヘロドトス『歴史』三・三一参照。

14 オリュンピアスはカッサンドロスの指示で前三一七年に、ロクサネとその息子は前三一一年に暗殺された。ディオドロス『世界史』一九・五一・一〇五参照。

15 本節から二四節まではカンダケのエピソード。エティオピアとバビュロンの物語とがまじりあっている。

16 セミラミス（サンムラマット女王）は前八二五―八一〇年にアッシリアを統治した実在の人物。すでに前二世紀には伝説化されていた。バビュロン宮殿に彼女の築いた空中庭園は有名。カンダケの宮殿はここではセミラミスの宮殿と同一視されている。

17 ベロエはエティオピアの首都メロエのなまったものと考えられる。エティオピア人のエジプト支配についてはヘロドトス二・二九参照。カンダケについては実際に、前二七年のころのことだが、女王の指揮下のエティオピア軍がエジプトに侵攻しローマ人を苦しめた（ストラボン一七・一・五四参照）。

18 第一巻三一節参照。

19 小アジアの北西地方ビテュニアに住んでいたとされる。カンダウレスはリュディア系の名。話の起源は小アジアにあるのかもしれない。

20 エジプトのプトレマイオス朝の初代の王（前三〇五―二八五在位）。彼の活躍が強調されていることから、このエピソードはアレクサンドレイアに由来すると推測される。

21 アンティゴノスはプリュギアの総督。アレクサンドロスの死後、ペルディッカスに対決して、プトレマイオスと同盟を結ぶ。アンティオコスとの混同があるらしい。アリアノス『東征記』四・三〇参照。

22 二一節参照。

23 クロル版第一巻三三節参照。セソストリスと考えられる。ヘロドトス『歴史』二・一〇二参照。ラムセス二世と同定される。

24 アレクサンドロスとアマゾネス族との交流については、ディオドロス『世界史』一七・七七、プルタルコス『アレクサンドロス伝』四六節、にも述べられている。事実については古代から疑問視されている（ストラボン『世界地理誌』一一・五、アリアノス『東征記』七・一三参照）。

25 当時知られていた世界はヨーロッパ、アジア、リビュアの三大陸であった。

26 アマゾネス族の国はここではインダス河の周辺にあると考えられている。プリュタニス河はインダス河の支流のヒュダスペスまたはヒュパシス河であろう。

27 テルモドン河はギリシア人の伝説では、アルメニア山中から黒海に注ぐ河とされていて、アマゾネス族のすむ流域とみなされている伝説上の河。

28 テノン河もアントラス河も架空の河。インダス河を下って、大洋に注ぐあたりの支流の河であろう。ティールはインドとオレイタイ人の国境をわけるアラビオス河という。

29 第二巻三七節参照。ヘロドトス『歴史』四・一九参照。

30 前三二五年のネアルコスのインダス河パタラからペルシア湾を抜けてバビュロンにいたる大航海の記録が影響しているようである。エティオピア人は古来から世界の東西の端に住んでいると思われていた。

31 リュッソスはディオニュソスのインド遠征の根拠地となったニュサであると考えられている。インダス河とコペン河のあいだに位置しているとされる（アリアノス『東征記』五・一参照）。マロンはディオニュソスの子または孫であるが、ここではシレノスと混同されている。

32 アレクサンドロスはインド遠征を終えたあと、パサルガダイにあるキュロスの陵墓を訪ねた(アリアノス『東征記』六・二九参照)。

33 アレクサンドロスの最期の場面の記述はそれ自体独立していたらしい。手紙形式で書かれていたのがここでは叙述体になっている。

34 アレクサンドロスの死の前の不吉な前兆については、ディオドロス『世界史』一七・一一二、プルタルコス『アレクサンドロス伝』七三、アリアノス『東征記』七・一六―一八参照。

35 カルダイオイ人とは、ペルシア国内で予言を業とした者の総称である。

36 アレクサンドロスの死後すぐに毒を盛られたという噂が兵士のあいだに広まったといわれるが、真偽については確かではない。アリアノス七・二七、プルタルコス七七参照。オリュンピアスとアンティパトロスのあいだの確執のあったこと、クラテロスがマケドニアの総督アンティパトロスと交代したことは事実である。アンティパトロスの息子はカサンドロス。小姓イオラスも息子のひとり(プルタルコス『アレクサンドロス伝』七四、アリアノス『東征記』七・二七参照)。

37 アリアノス『東征記』七・二六参照。

38 アレクサンドロスの神格化を説明する場面。ティールによればローマでは皇帝の像の焼かれたあと、その薪の山から、皇帝を新しく神として天に運んでいく鷲を飛び立たせた。これはオリエント的なしきたりに従っているようにみえる。

39 ミトラスは古代ペルシアの光の神。ローマ帝政期には広く信仰されていた。

40 アレクサンドロスの遺体は、死後三十日(アリアノス一二・六四)または二年近く(ディオドロス一八・二六以下)、バビュロンに置かれていた。「アレクサンドロスの遺体」については、遺体(soma)または陵墓(sema)の読みがある。ストラボン一七・一八参照。

41 キリスト紀元年を創設したユリウス・アフリカヌスは宇宙創世の年からキリスト生誕の年を五五〇〇年と計算した。ユダヤ王アカズの統治機関は前七三三—七一八年であるから、最初のオリュンピア紀の年七七六年と齟齬している。しかし、世界暦五一七六年のアレクサンドロスの死は三二三／二年であるので、計算はあう。

補遺

クロル版　第一巻

1 本文に続いてこの五行が加えられている。これらの町の規模を表わす数字については疑問。アレクサンドレイアの町がほかの町より大きいことを示すためだけの記述とみるほうが妥当。スタディオンはおよそ百八十メートル、プースはおよそ三センチメートル。

2 大枠はかわらないが、本文よりは詳細な内容になっている。

3 セソンコシスはヘロドトス『歴史』二・一〇二—一一〇に述べられているセソストリスまたは第十九王朝のラムセス王と見られている。第十二王朝のセソストリスと名は符合している。

4 本文にも同じ場面が描写されている。

5 本文第一巻注69参照。

6 『イリアス』一・五二八行参照。

7 パルメニオンのサラペイオンがあったことは事実であったらしい。

8 クロル版写本だけに見られる節。アイトリア南部のオゾロイ・ロクロイかどうかは不明。アクラガスはシケリアの有名な都市。とにかく本文では前節でいわれたトラキアからイタリアに行くというのは唐突であるようにみえる。地理上の記述については確実なところはないと考えるほうがよい。巫女が神託を拒絶する話はプルタルコス一四参照。

9 巫女の話した言葉は厳密には「アレクサンドロスよ。ヘラクレスは……」であって、アレクサンドロスの語は呼格、ヘラクレスの語は主格となっている。呼格と主格の混同を前提にした洒落のひとつか、あるいはその区別ができなかったのか、不明。

10 本文のあとに続けられている。

11 本文の省略したテバイ破壊の部分。テバイ滅亡時のイスメニアスとアレクサンドロスの応対が描写されている。

12 牡牛のすがたになったゼウスがフェニキア海岸からエウロペを誘拐したことから、カドモスがエウロペ探索の旅に出かけ、途中テバイの町を建設したという伝説をいう。

13 ヘラクレス誕生の伝説にちなむ。アンピトリュオンの妻アルクメネと過ごした夜のことを言う。

14 ディオニュソスのこと。エイラピオテスについては『ホメロス讃歌』一・二参照。

15 アルゴス軍のテュデウスに殺害されたアテナ神殿の女神官イスメネをいっているのか。

16 前六世紀から五世紀の合唱抒情詩人ピンダロスの墓を破壊から守ったこと（二七節参照）はよく知られているが、アレクサンドロスの訪問はありえない。

17 アルケイデスは「アルカイオスの一門」であるヘラクレスのこと。ヘルメスはレスリング、アルケイデスはパンクラティオンの選手に擬せられている。パンクラティオンとは、両手両脚を使って闘う競技のこと。クレイトマコスは歴史上の人物であるが、アレクサンドロスよりは百年ほどのちの人。テバイの再建はいうまでもなくアレクサンドロス死後のことである。

クロル版　第二巻

1 クロル版では第一巻の最終節ではコリントスに滞在していた。プラタイアはかつてはアテナイの同盟都市であったが、ペロポンネソス戦争の折りに破壊された。コレの女神はデメテルの娘ペルセポネのこと。プラタイアにおけるコレ崇拝については不詳。

2 紫の色は王権のシンボル。

3 「手紙をとおして」とは不明。ローマから南方のオケアノス方面に進軍しているが、戦闘なしにローマ人を征服したことになっている。

4 アリアノス一・一〇によれば、九人の名があげられている（デモステネス、リュクルゴス、ヒュペレイデス、ポリュエウクトス、カレス、カリデモス、エピアルテス、ディオティモス、モイロクレス）。

5 「諸君の舌」とは弁論家たちの舌をいう。

6 デモステネスの政敵アイスキネスは存命中は親マケドニア派であった。

7 デマデスは史実では親マケドニア派であった。

8 ヘロドトス第六巻と第七巻に詳しい。ヘレスポントス架橋のことはヘロドトス第七巻参照。

悲劇詩人アイスキュロスの兄弟キュナイゲイロスはキュネゲイロスと同じ（ヘロドトス六・一一四参照）。ムネソカレスはムネシピロスか（ヘロドトス八・五七―五八参照）。

9 反マケドニア派の代表であるデモステネスはここでは逆に描かれている。

10 ここのプラトンはいうまでもなくアナクロニズム。

11 「若者」はプルタルコス（一一節）によれば、デモステネスがはじめて呼んだらしい。ここではよい意味で用いられている。「賢明さ」はこの物語の主人公の特徴を表わす。

12 欠文箇所では、アルメニア語版では「われわれが、マケドニアでアテナ女神の青銅像を建てたが、諸君はわが父の像をアテナイの神域から取り除いてしまった」とある。

13 エウクレイデス、デモステネスの名はかならずしも史実上の人物に該当しない。キュロスは前五世紀末のペルシア王。アルキビアデス、ソクラテスは前五世紀後半の著名な人物。

14 前三二五年におこなわれたネアルコスの大航海以前はアレクサンドロス自身このように考えていたらしい。本文九節一〇行以下の補遺。

15 本文一四節最終段落以下の補遺。

16 本文一九節の続き。

17 本文二一節のアレクサンドロスの布令のなかの補遺。終わりから三行目に置かれるべき部分。

18 本文二二節終わりから八行の補遺。

クロル版　第三巻

1 アオルネについてはアオルノスの変形。アリアノスの四・二七節から三〇節ではアオルノス攻撃が描かれている。本文にあるように、「鳥（オルニス）のいない」という意味。
2　当時の王都とされていたヒュドラオス河流域のマレス攻撃は前三二六年とされている（アリアノス『東征記』六・九以下）。
3　プラシアケとパシアケの混同（ラテン語版注3参照）。
4　イクテュオパゴイと呼ばれる（アリアノス『インド誌』三一、ラテン語版四〇節参照）。
5　日食と月食についてはアリストテレスにすでに報告したとラテン語版（六節参照）では述べられている。アリアノス『東征記』三・七によればタプサコスとアルベラのあいだの地域で月食があったと。
6　ラテン語版二一―二二節参照。
7　前三二六年のヒュダスペス河の渡河のこと。アリアノス『東征記』（六・二五）に述べられている事情と対応している。
8　アルメニア語版ではKombapheとある。ルキアノス『シリアの女神について』（一七―二七節）中のエピソードの一つに出てくるコンバソス（Kombasos）と関係があるのか不明。コンバソスはパイドラ・モチーフのヒッポリュトスの変形。自ら去勢する点ではヒエラポリスのガッロイの始まりとルキアノスでは説明されている。後者についてはアリアノス（一・一四）参照。
9　エジプトの王となるプトレマイオス（ラゴスの子）とピリッポスの子プトレマイオスとの混同が見られる。後者についてはアリアノス（一・一四）参照。
10　前三二一／三二〇年ころ、ペルディッカスを優位にするために編集されたものと考えられている。

11 テバイ再建は歴史的にはアレクサンドロス個人は関係していない。

12 アルゲイアダイ一族はマケドニア王朝の先祖のひとつ。アレクサンドロスもこの家系に属する。

13 アレクサンドロスの結婚したのは、バクトリアのオクシュアルテスの娘ロクサネである。ダレイオスの娘ロクサネとは別人。

ガンマ版 第一巻

1 本文第一巻一九節参照。

2 ガンマ版ではローマで競技がおこなわれたことになっている。帰国後、父親の結婚のことで争いを起こす。ベータ版の本文に接続するようである。

3 本文ではトラキア平定後、ペルシアの使節との応対で終わっているが、ガンマ版ではその後のスキュティア遠征のエピソードが続いている。前三三五年のアレクサンドロスの北方のゲタイ族遠征にもとづいている。スキュティア人の和平成立は前三二九—二八年のことである（アリアノス四・一—六）。

4 ペラまたはピリッポポリスのこと。

5 ガンマ版ではピリッポス殺害の記事がベータ版とは異なっている。

6 テッサロニケはアレクサンドロスの死後に建設された町。

7 ペルシアの使節については本文では第一巻二三節参照。本文二六節の関係は不明。

8　数字は合致しない、写本に混乱がある。

9　前述のピリッポスの暗殺者とされたアナクサルコスとその子ポリュクラトス、さらにその子カリメデスもいずれも架空の人物のようである。史実ではピリッポス暗殺者はパウサニアス（本文二四節参照）。

10　本節は本文二七節とクロル版四六節をあわせた構成になっている。クロル版第二巻二節から四節の、アテナイの自治をめぐる論争がここでは同じようにパルメニデス、アンティステネス、ディオゲネスなどの哲学者たちの鳩首協議の体裁となっている。

11　スパルタだけはギリシアのなかでマケドニアの傘下にはいっていなかった。ここではラケダイモン地方とテバイとが混同されているようである。ギリシア南部地方の総称として用いられたのか。ディオドロス一七巻三節参照。

12　ディオニュソスのアテナイ信仰は虚構。

13　プルタルコス（一二節）ではコリントスのできごととされている。

14　ローマ人の表敬については、本文二九節参照。

15　南に向いてオケアノスに到着。オケアノスの左岸を平定したあと、北方に向きを変えて帰国した。ローマはヨーロッパ西部地方の総称として用いられたのだろう。イベリア半島の南端までいったということか。

ガンマ版　第二巻

1　本文一一節の補遺。

2 本文一二節冒頭からの補遺。
3 本文一四節一二六頁一二―一三行目「多数の兵士がたっていた」以下の補遺。
4 本文一五節一二九頁一〇行目「ひそかに逃げだした」以下の補遺。
5 本文一五節一三〇頁一三行目「苦しみ悩んでいた」以下の補遺。
6 本文一六節一三二頁一五―一六行目「マケドニア軍に滅ぼされた」以下の補遺。
7 本文二二節以下の補遺。二三節から三五節Aまではガンマ版にのみ見られる。パラディオスによるブラグマンとの対話が大部分を占める。
8 以下の、エジプト遠征、アンモン神殿訪問は本文第一巻の記述と重複している。
9 「生きている神」とはユダヤ教の神エホヴァのこと。アレクサンドロスのいわゆる「入信」によってユダヤ人のアレクサンドレイア居住の権利が約束されたのであろう。
10 水浴後の発熱、医者ピリッポスの治療については、本文一巻四一節、第二巻八節と重複する。ガンマ版ではエジプトの事件となっている。
11 「わが家」とは次節のネクテナボンの宮殿のこと。アポロンはエジプトのホルス神。
12 本文では一巻三四節に同様の記述が出ている。
13 アレクサンドレイア建設については本文では第一巻三一節に出ている。
14 ユダヤ教の色合いの濃い句。
15 侍医ピリッポスはプトレマイオスに擬せられている。
16 二九節以下は本文の第二巻三二節以下の冒険物語に相当するか。三三節参照。本文とはちがって、エジプトからインド地方への行軍途中のこととなっている。

17 この数行に「われわれ」という一人称が何度か用いられている。「アレクサンドロスは知恵をめぐらし……」の前の部分までは手紙からの抜粋であったのか。

18 アレクサンドロスが狩猟を好んだことはプルタルコス（四〇節）参照。

19 巨大蟻については、アリアノス（八・一五）、ヘロドトス（三・一〇二）参照。

20 エウプラテス河の渡河が想定されているようである（アリアノス三・七参照）。

21 ストラボン『世界地理誌』一六・一二によれば、メガステネスの報告として、彼らはインドに住んでいたとされている。背丈は七〇センチほど。

22 アリアノス（八・五）ではセソンコシスのかわりにエジプト王セソストリスとなっている。

23 インド遠征に失敗したセミラミスについてアリアノス『インド誌』五参照。セミラミスの王宮については、アリアノス『東征記』六・二四参照。

24 はだかの哲学者ギュムノソピスタイ（ブラグマネス）についてはベータ版にも第三巻四節以下にも登場するが、ガンマ版に含まれているこの部分にはパラディオス作のものが流入していると思われる。

25 三五節のなかの（一四）以下のダンダミスとオネシクラテスの会見と、その後のダンダミスとアレクサンドロスの会見部分に見られる内容と（八四）以下のアレクサンドロスとブラグマネスたちとの対話のなかの重複部分についてはテキストの混同があるようである。オネシクラテスはオネシクリトスのこと。アレクサンドロスに従軍し、アレクサンドロスの事績を書き残したといわれる。ストラボン一五・一参照。ダンダミスたちとの会見は事実であったと報告されている。

26 カライノスは一般にはカラノスのこと。アレクサンドロスに従軍したインドの行者。病気になってみずから生命のあるあいだに火葬に殉じたことで知られる。アリアノス七・三以下参照。

27 アモグラについては不明。

28 本文一〇行目補遺。

29 本文四一節の続き。

30 ポティオスによれば、インダス河でとれる魚には、それからとれる油は炎も出さずに燃え、あたりを焼きつくすという話が伝えられている。ヘロドトス『歴史』(三・三九―四三)の周知のポリュクラテスの指輪の話との混同が見られる。

31 『オデュッセイア』にでてくるセイレンの変形。

32 ケンタウロス伝説の変形。鉄と石と木の強度を比較するアレゴリー。

33 グラニコス、イッソス、アルベラの戦闘を指している。

ガンマ版 第三巻

1 現在流布しているホメロスにはこの詩句は見当たらない。

2 不明。石綿のたぐいか。

3 「カスピアの門」は誤りであって、実際は「カウカソスの門」であるとプリニウス(六、一一)は述べている。

4 「ゴト族」、「マゴト族」については、ゴク、マゴグと書かれた別系統の写本がある。リュキアのオリュンポスの司教メトディオス(三世紀初頭)の作と誤って伝えられている予言書「神の啓示」（おそらく七世紀に書かれたものであろうとされている）を通して「アレクサンドロス物語」のなかに加わったようである。世界の終わりにサタンにともなってあらわれる種族マゴグとその王ゴグについては、旧約「エゼキエル書」（三八—三九）に出てくる。ヨセフス（『ユダヤ戦史』七・二四四以下、『ユダヤ古代事績について』一・一二三）では、スキュティア人をゴグとマゴグと見て、アレクサンドロスがスキュティア人の進入を阻止したとされる。

ラテン語版

1 作者不詳。ティールによる校訂に基づくテキストの翻訳。この「アリストテレス宛書簡」は同種の「書簡集」のなかでもとくに普及したものである。クロル版第三巻一七節の「手紙」の部分のラテン語訳が独自に流布するとともに、この部分が拡大されていったものであろう。八世紀から九世紀にかけて書かれたとされる。

2 いうまでもなく誤り。ユーフラテス河との混同が見られる。

3 アポロドロス『アルゴ船物語』で有名なパシス河から連想された名前と考えられているが、ガンジス河流域のプラシアケ地方を指しているのであろう。もちろん、アレクサンドロスはこの地方には行っていない。

4 この節から三五節まではバクトリア経由のインド遠征の物語。

5 ここではインド領内とされているが、実際にはメディア地方とヒュルカニア地方を区切るシルダグル峠を指す。アレクサンドロスのインド遠征の出発点とみなされていた。

6 セレスとは中国のこと。

7 ソグディアナの砂漠をベロス王を追って行軍したときのこと。アリアノス『東征記』六・二六、クルティウス『アレクサンドロス物語』七・五、プルタルコス『アレクサンドロス伝』五七参照。

8 オネシクリトスによれば、河馬はインドにいたとされている。アリアノス（『インド誌』六節）は否定している。

9 一種の犀と考えられている。

10 ここから四四節までは、クルティウス『アレクサンドロス物語』（八・四）の記述によれば、バクトリア征服後、前三二七年春にインド遠征を始めるころの事件に相当する。

11 四五節から六七節までは、インド遠征の話からアレクサンドロスの最期を予見させる太陽と月の木の話に移る。

12 オリュンピアスは前三一六年、カッサンドロスの命令で殺害されている。アレクサンドロスの妹クレオパトラは三〇八年に、異母姉妹テッサロニケは二九六年に殺害されている。

13 七七節まではインドからペルシアへの帰還のときのこと。ただし、七五節と七六節はガンジス河を超えて中国までの旅程が述べられている。

解説

（一）本書とアレクサンドロスの史実

本書『アレクサンドロス大王物語』はヨーロッパ中世では「アレクサンドロス・ロマン」と呼ばれて、聖書についで広く一般庶民に読まれたといわれている。歴史上のアレクサンドロス大王については、その生存時から多数の伝記があらわされ、その後も虚実ないまぜの書物が多く書かれた。当時知られていた世界のすべてを征服し、しかも三十二歳の若さで死ぬという劇的な生涯を送った人物の伝記が日々の行動記録だけで充たされるとは想像できない。本書の成立を考えるには、生身の人間であるアレクサンドロスの事績の正確な記録にもとづきながら、アレクサンドロス像とその事業の内容についての伝承も、時の経過にともなったひとびとの空想の幅も広がりに応じて、変容したことを前提としなければならないであろう。アレクサンドロスの生存時から神格化の動きもあったように、真実の記録を重要視してその実像を描く方向とならんで、同時に物語化あるいは叙事詩化す

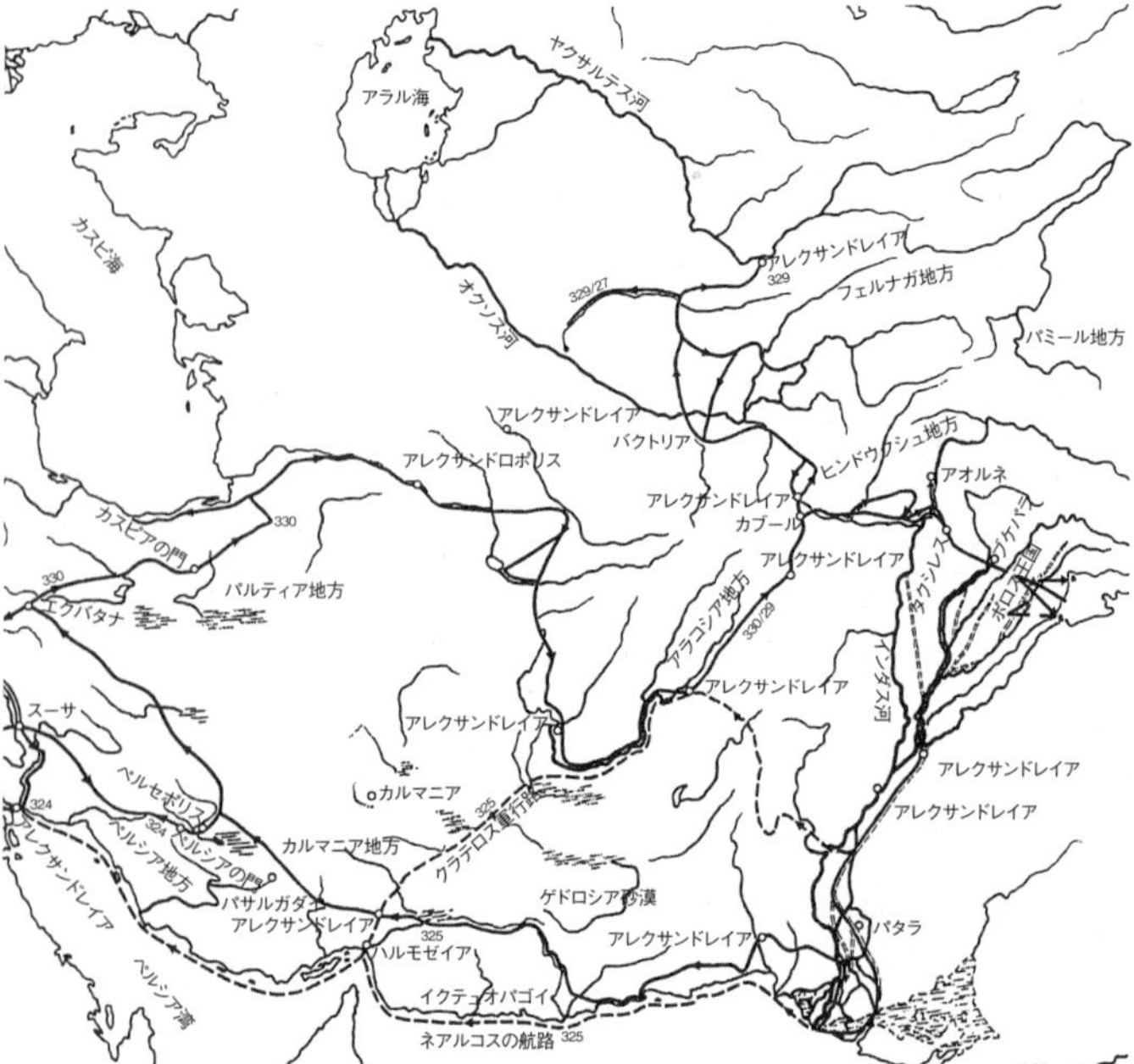

アラル海
ヤクサルテス河
カスピ海
アレクサンドレイア
329
フェルナガ地方
329/27
オクソス河
パミール地方
アレクサンドレイア
バクトリア
アレクサンドロポリス
ヒンドゥクシュ地方
アオルネ
アレクサンドレイア
カブール
330
カスピアの門
アレクサンドレイア
パルティア地方
330
エクバタナ
アラコシア地方
330/29
アレクサンドレイア
インダス河
スーサ
アレクサンドレイア
ペルセポリス
カルマニア
アレクサンドレイア
324
325
クラテロス進行路
アレクサンドレイア
324
ペルシアの門
カルマニア地方
アレクサンドレイア
ペルシア地方
ゲドロシア砂漠
パサルガダイ
アレクサンドレイア
パタラ
325
ハルモゼイア
アレクサンドレイア
ペルシア湾
イクテュオパゴイ
ネアルコスの航路
325
エリュトラ海

アレクサンドロス大王当時の地理

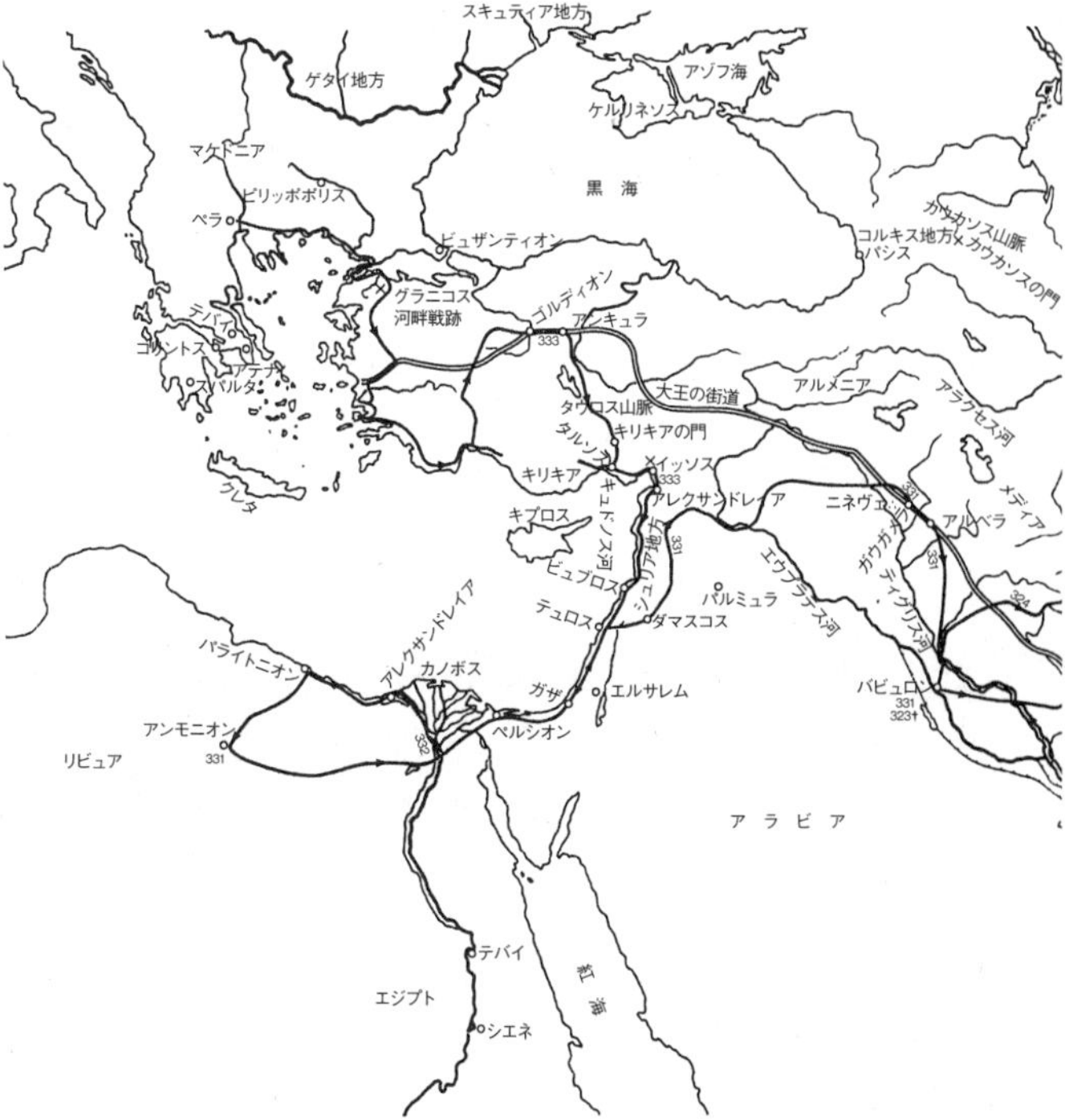

る傾向も存在した。

遠征に当初から参加した、アレクサンドロスの幼いときからの友人でもあるプトレマイオスがその従軍の記録をまとめた書物は、いまは散逸しているが、アレクサンドロスの記録としては真実に近いものかもしれない。そして、本書の作者とされているカリステネスはアリストテレスの甥でその縁でマケドニア王宮に近づき、アレクサンドロスの遠征に加わり、その記録を残したとされている。が、大王の怒りをこうむり刑死したとも伝えられている。従軍作家としての立場からみて王の事績を誇張して描く傾向があったのではないかと思われる。ちなみに本書にカリステネスの名が冠せられるのは、ビザンティン時代であって、けっして本書の作者として確実な根拠があったわけではない。王の死後、プトレマイオスの時代にクレイタルコスが著した王の伝記は、これも散逸したが、プトレマイオスのように王にじかに接していた者の記録であるよりも、一般市民の抱く、偉大なる王にたいする信仰と期待に沿った、むしろ史実から遊離した物語的な要素が強かったのではないかと推測されている。ディオドロスやプルタルコスにもこの傾向が受けつがれているといえよう。一方で、紀元二世紀前半に活躍したアリアノスがアレクサンドロスの性格の異なる幾種類の伝記に見られる混乱を整理しようと、真実のアレクサンドロス像の確立のために『アレクサンドロス東征記』を著した。アレクサンドロスにかかわる史実に従って、プトレマイオスと、また同様に遠征に参加したアリストブロスの文献をもっとも信用のできるものとして著述の基本資料としたと見受けられるアリアノスの書は、いまではアレクサンドロス伝のなかではもっとも信頼のおける史書としての評価をえている。

アレクサンドロスの死後五百年近く経過した時点で、このように、アレクサンドロスの伝記は、アリアノスの史書のように、調査した史実にもとづいた伝記か、まったくの架空物語とまではいかなくとも、それに近い伝記に類するものかに分かれていたようである。そしてアリアノスの著作の対極に位置しているのが、本書であろうと思われる。本書が歴史ものに属するのか、単なる物語に加えるのかは読者の判断にゆだねられるべき問題であるが、アレクサンドロスの生涯を叙述しているという点では、一応は歴史と物語双方あわせたジャンルに分類することができるであろう。

アレクサンドロスの生涯の大枠は、本書においても守られている。ギリシアの制圧、テバイの破壊炎上、グラニコス河畔の戦闘、イッソスの戦い、テュロスの包囲攻撃、エジプト征服、アレクサンドレイア建設、アンモン訪問、ダレイオスとの戦闘、ダレイオスの娘ロクサネ（実際はスタテイラのこと）との結婚、インド遠征、アレクサンドロスの死、アレクサンドレイアでの埋葬などは史実として描かれている一方、アレクサンドロスの誕生にまつわる物語、イタリア遠征の話、カンダケの話、とくに第二巻と第三巻に頻出する奇妙なすがたの人間や動物との遭遇の場面や、世界の果てまで調査しようとしてセソンコシス王の碑文のある地を通過、さらに暗黒の地帯を行軍し、永遠の生命の水を手に入れそこなった話などの不思議な体験などは、本書の作者かまたはその先輩作家たちの創作または付加になるものかと思われる。

本書の作者が利用したと思われるもうひとつの資料として挙げなくてはならないものは、当時広く読まれていたであろう書簡体にもとづいた物語である。書簡も、史実にもとづいたものと、単なる作りものもあったであろう。たとえば、アリアノスの『東征記』の第二巻一四章に紹介されているダレイオスの和平提案の書簡とアレクサンドロスの返書については、本書の作者は第二巻一七節でも採用し、さらに第二〇節では、ダレイオスの第二番目の提案である手紙の内容としてアリアノス（第二巻二五節）にあげられている、娘（アリアノスでは娘の名前は挙げられていない）ロクサネをアレクサンドロスの嫁にやるという言葉をそのまま伝えている。提案にはアレクサンドロスの幕閣のひとりパルメニオスが賛成しアレクサンドロスが反対するところはアリアノスの記述とほぼ似たようなものである。しかしダレイオスの最期をアレクサンドロスが看取るように物語を構成したのは作者またはその先輩作家たちの着想によるのであろう。ここに史実から遊離したところに物語を創作しようとする傾向を認めることができよう。

とはいえ、史実から離れて自由に想像を広げて物語が作られていく段階で本書の作者たちが関与した程度については皆目不明である。すでにある程度の物語化は進行していたし、書簡による物語も存在していた。紀元前一世紀に属するハンブルグにあるパピルスには、

第一巻三九節ダレイオスのアレクサンドロス宛の手紙、第二巻一七節のダレイオスのアレクサンドロス宛の手紙が、紀元後二世紀のものとされるフィレンツェにあるパピルスには、第二巻一〇節に記されている、ダレイオスとアレクサンドロスの往復書簡が保存されている。書簡体文学はヘレニズム期に生まれ広く愛好されていたが、アレクサンドロスの伝記にかぎれば、そのなかにアレクサンドロスその他実在のひとびとの手紙が使用されていて、これらの史書中の手紙を中心に一人称形式の書簡体の物語が誕生していたのであろう。本物の書簡から構成されるだけではなく、虚構された書簡も挿入されるうちに、史実に従うことから逸脱して、前一世紀には、虚実とりまぜた書簡による独自のアレクサンドロス物語が発展していた可能性がある。本書の作者もこれらの手紙を、本書の構成にふさわしいと考えた場合には、ふんだんに利用したと思われる。そのさい、近代的概念である「剽窃」という意識はなかったことはいうまでもない。

同じ書簡でも、第二巻二三節以下の、アレクサンドロスから母親のオリュンピアスに宛てた手紙におけるような、その内容が、海の底にもぐったり、空を飛んで地上の世界全体を眺望したりという、いわば荒唐無稽なもので占められているものもある。ガンマ版の第三巻一七節全体はアリストテレス宛の手紙となっていて、ベータ写本にもとづく本書の本文には、ガンマ版の後半部だけが手紙形式をとらないで採用されている。この手紙では、荒唐無稽な話のほかにも、アレクサンドロスとその母オリュンピアスの死についてのかなりリアルな内容が、予言の形式で述べられている。しかもその予言は太陽の木と月の木から発せられたものである。われわれ現代人の目からは荒唐無稽と見えるものは、当時にあっては、現実とのあいだにわれわれが考えるほどの差異を有していなかったのであろうか。手紙その他の箇所に頻出する、アレクサンドロスとその一行の出会った不思議体験、または荒唐無稽な話は、これらが作られた当時のひとびとの空想だけに因るのではなく、アレクサンドロスに従軍した兵士たちの実見談の誇張して伝えられたものから派生したものもあったであろう。

本書の素材をなしているものは、このように、プトレマイオスその他の遠征の記録のうえに、アレクサンドロスにかかわる書簡によって形成されていったいくつかの書簡体の物語をくわえ、さらに、従軍した兵士たちの語り伝えた話が空想によってふくらまされ誇張された伝承とを付加したものといってよい。

(二) 本書の成立の時期と作者

成立時期については、おおまかなことしかいえない。ヴァレリウスのラテン語訳のあらわれた紀元後四世紀前半よりは以前であることは確かであろう。本書の系統を汲んだ『アレクサンドロス旅行記』の著者とみなされることもあるヴァレリウスは三三八年コンスルを務めた人物とされている。したがって本書の成立は後二世紀から四世紀初頭まであったにちがいない。三〇〇年ごろにはテキストが生まれていたという意見が現代では優勢となっている。

本書のようなアレクサンドロスにかんする類書がローマ帝政期に多数存在していたなかで、本書だけが中世ヨーロッパのみならず、アラビア、東南アジアにまで広範に読まれるようになった特徴や魅力はなになのか、またこのような書物を著した作者の意図ないし目的はなになのかを考えてみる必要があろう。作者と読者の関係の点については、本書が古典ギリシアのいわゆる教養としての文学のジャンルには属さない、新しい一般市井の大衆向けの読み物であることを前提としなければならない。作者にも読者にもギリシア的な素養などはまったく要求されていない。さらにこのことは、ギリシア人という民族性にも言語や宗教にもこだわりを持たない新しい大衆社会、民族・言語・宗教の混交した新しい社会の存在を想定しなければありえないことであろう。ギリシア語で書かれたギリシアの歴史上の英雄が主人公になっているという点にのみギリシア文化との接点があるといってもよいほどである。さらにギリシア的要素を抹殺した最大の点は、ギリシア人アレクサンドロスをペルシアに滅ぼされたエジプトの最後の王ネクテナボンとピリッポスの妻オリュンピアスとのあいだの子としていることである。こうして、アレクサンドロスを半分エジプト人として描き、エジプトの王朝の血がマケドニアの血とまじわって新しいエジプトとギリシアの二重王国が誕生したことになった。また、アレクサンドロスの建設した町アレクサンドレイアにたいする好みから、作者の出身がエジプトであり、アレクサンドレイアであったと推測してもまちがいではないであろう。作者の民族性については、多くの民族から構成されている国際都市アレクサンドレイアでは問題にすること自体が無意味であろう。

作者の知識の範囲については、いろいろと問題がある。本書を構成している資料としてはさきほど述べたようにアリアノスの歴史書などがあるが、作者自身が正統的な歴史書をどれだけ読みどれだけ理解していたかは、やや疑問とせざるをえない。地理上の知識やアレクサンドロスの事績の年譜などの知識が十分にあったとは思われない。

たとえば、ピリッポスの死後、王位を継承、ギリシア征服に向かい、テバイの攻撃と破壊を加えたあと、イタリア征服に臨み、その後シケリアからアフリカに渡り西方世界の支配者となる。シワのアンモンの神託所訪問、エジプト平定という順序で記述が進む。テュロス攻撃につづいて、ペルシアのダレイオス王との手紙の交換のあと、イッソスの戦いで勝利をえたのち、小アジアからギリシアにもどり、もう一度テバイ攻撃と破壊が描かれる。

アレクサンドロスは晩年にカルタゴやローマの征服を計画していたとも伝えられているが、海外遠征の初期の段階でイタリアやアフリカ遠征をおこなったという本書における記述は、作者たちの創作であったろう。しかし、このような地理上、年代上の知識を無視したのは、作者の生み出そうとする著作の構成上のパースペクティヴを重視する結果であったかもしれない。テバイの破壊について第一巻二七節で簡単に触れたあと、四六節でエジプトからの帰国後、テバイの破壊と炎上が述べられるのは奇異であるが、二七節と四六節のあいだに西方世界の征服とエジプト平定とアレクサンドレイア建設、ダレイオスとの合戦の話を挿入することによって、テバイ炎上という歴史的事件の意味を強調することが可能となった。と同時に、西方世界の征服という事項を別にして、アレクサンドロスの事績を年代記的にたどることができるようになった。ただし、西方世界の征服は、生前のアレクサンドロスが実現しえなかったが、虚構の物語を作ることにより生前の願望を達成させると同時に、「世界の支配者である」アレクサンドロス像を描こうとする作者自身の意図と目的に重なりあうものといえる。

アレクサンドロス誕生にまつわるエジプトの亡命した王ネクテナボンとオリュンピアスの話は、アレクサンドレイアのひとびとのあいだに伝承されていたものをも利用したのであろう。オリュンピアスについてはピリッポス自身が「不倫」を理由にして離婚を言い渡したという事実も伝えられていることから、このような話が生まれやすい状況にあった。また、亡命した王があらたに若い王となってエジプトに君臨するという物語はエジプト贔屓の作者には好都合な話題であった。

侍医ピリッポスの誠実とアレクサンドロスのピリッポスへの信頼の厚さを伝えるエピソード（第二巻八節）については、アリアノスの第二巻四節で述べられているところであるが、本書では、パルメニオンの息子ピロタスの陰謀事件と関係させていて、パルメニオンの失脚という結果だけを述べるにとどめている。二つの暗殺未遂事件をこのようにひとつにまとめているのは、作者が二つの事件を知らないからではなく、アレクサンドロスのピリッポスへの信頼と側近のもたらした根拠のない内容の手紙を軽々しく信用しない慎重さを印象づけようとする意図から、生じた結果であったろう。陰謀よりもアレクサンドロスの人間的魅力に重心をおく描き方によって、第三巻の最終節あたりで描かれる、暗殺の試みが結局成功して、アレクサンドロスの生命を奪う場面をきわだたせる役目にもなっている。

第三巻一八節から二三節までに語られるベロエの女王カンダケの話も、ネクテナボンの話と同じように、エジプトに伝えられた伝承のひとつであったろう。アレクサンドロスが身分をいつわってカンダケを訪問するが、女王はすでにアレクサンドロスの肖像を画家に描かせていて、正体をみやぶる。しかし、長男を助けてくれたことを恩義に感じて、あえて彼の正体をあかさず、その危機を救うという話である。ダレイオスやポロスにたいしてはいつもすばしこく、機転の利く若者であるアレクサンドロスのイメージとはすこし異なる面が描かれている。むしろ逆に、アレクサンドロスがカンダケの機略に負かされたエピソードである。ここで注意するべき点は、カンダケが紀元前九世紀のアッシリアを支配したセミラミスと混同されていることである。アリアノスの記述にもある（第六巻二四章）ように、アレクサンドロス自身が自分と重ねあわせて比較を暗にしていたといわれる、インド遠征やエジプト征服をおこなったセミラミスはすでにヘロドトスの時代にも伝説化されていたが、本書ではカンダケという名前でアレクサンドロスと同時代人となって登場している。

第二巻一四節と一五節のアレクサンドロス本人がダレイオスを使者として訪問し、宴会にまねかれ、そこで正体を気づかれるや、金盃をふところにいれたまま逃走する話も、おそらくはすばしこい主人公を描こうとする作者たちの創作部分であろう。第三巻四節の、インドの王ポロスとの一騎打ちの話も同様である。機転やすばしこさや狡猾さは本書のアレクサンドロスの性格上の特徴である。あるいは、狡猾とは異なるが、ダレイオス暗殺の下手人をさがしだすのに、巧みな言葉を弄して名乗り出させた方法も同様である。これらの性格は現代のわれわれの感覚にはなじみにくいが、紀元後三世紀のアレクサンドレイア人には喜ばれたのかもしれない。これはまた、ネクテナボンを穴に突き落とす場面（第一巻一四節）や、ニコラオスとの戦車競技の場面（第一巻一九節）に見られるような、からだの小さくて、こましゃくれた小僧または青二才のアレクサンドロスというイメージが本書では一貫して強調されている点とも共通している。

他方では、侍医ピリッポスとの信頼関係にアレクサンドロスの人間性の魅力を強調している点と共通している場面は、瀕死のダレイオスを看護しその遺言を聞きそれを実行しようとするところである（第二巻二〇節から二一節）。狡猾さとはちがい、人間性の誠実さが強調されていて、現代のわれわれにも共感できる、本書におけるアレクサンドロスの魅力のひとつとなっている。狡猾さとならんで、この場面の創作によってその誠実さを描いている点は、史実と伝承のなかでのアレクサンドロスの矛盾した性格——残酷で直情径行の権力者であり、かつ、兵士から愛慕された真の英雄という両面性——をそのまま本書にも残存させるための方便であったかもしれない。

(三) 作者の問題意識——「世界の支配者」アレクサンドロス

本書におけるアレクサンドロスの描写のもうひとつの特徴は、「世界の支配者」として一貫して描かれている点である。歴史上でも彼は世界の征服者のイメージが固定しているが、本書ではセソンコシスの例（クロル版第三巻一七節、ガンマ版第三巻三一節）を挙げ、彼の到達した地点よりももっと先の世界を知りたいという願望がアレクサンドロスの遠征の原動力となっていることを述べようとしている。第一巻一一節でピリッポスに示された、生まれてくる子供アレクサンドロスについての予兆にもとづく占い師の言葉、一二節の誕生のときの占星術から予想される運命、一七節の食人馬ブケパロスを乗りこなす者の運命、一九節でニコラオスに勝利したことから語られる、ゼウスの予言者による予言などで、アレクサンドロスは幼少のころから「世界の支配者」となる運命を意識し、これを指針として生涯を送ることになる。

ダレイオスやポロスのような歴史上の人物とのかかわりをもたない物語、たとえば、ペルシアからインドへの行軍途中での未知で奇妙な生き物や事件との遭遇を述べるくだりでは、世界のすべてを征服するという願望が次第に世界の果てをみたいという気持ちに変化していく。第二巻三七節では引き返すようにという同僚の要求をしりぞけ、世界の果てを見るという目的が設定される。これに従って、彼は海底を調べたり（三八節）、世界の果てを確認するために空中を飛ぶ冒険に踏み切ることになる（四一節）。日常の世界をこえて世界の境涯に接近するにつれて、アレクサンドロスには人間としての限界と不死の世界との差が意識されるようになる。すでに第一巻三三節でサラピス神の神託によって、彼は自分の死後、アレクサンドレイアの町で神として崇拝されるであろうことを聞いていた。自分という存在が死すべき運命と不死の運命を共有していることも予感していた。太陽さえ見ることのない地方の海辺のある島で、自分の生涯の事業が近く完成され、ラムダが成就されるときすなわち三十歳をすぎたとき、人間の世界から消えることを知る（第二巻三八節）。世界の果てを窮めようとする彼の意志は、同時に自分の死を知ることでもあった。

この予言を聞いたあと、海底探索に出かけて大魚にくわれ海底をひきずりまわされる危険を経験するが、九死に一生をえて地上に帰ることができた（三八節）。不可能をためすことは死につながるというアレクサンドロスの反省の声が聞かれることになる。闇の世界である浄福者の地を訪問したさいには、この教訓が生かされ、人間の顔をした鳥の語る、分を越えないようにという言葉に忠実に従って光の世界にもどってくる。しかし、そのまえに、不死の生命を得られるという生命の水を飲みそこなった経験から、自分の死すべき運命を避けることができないことを悟らねばならなかった。こうした判断から、この黒闇の地が世界の果てであると結論し、そこに記念のアーチを建てることになる。生命の水のテーマは古代のバビュロンのギルガメシュの物語にもすでにあらわれていて、彼もまた生命の秘密を知ろうとして世界の隅々を探索し、やっと知者ウトナピシュティムの住む地で彼から生命の草を分けてもらうが、帰途、失ってしまう。人間の限界を窮めこれを知りたいという欲求は二千年後の本書のアレクサンドロスにおいても変わらない。

それでも、世界の果てであるとわかっているからこそ、その果てがどのようになっているのかを空から調査しようという好奇心を抑えることができない。こうして、空中を高く飛行していると、またも人間のすがたをした鳥が大地にもどるようにすすめる。眼下の世界には、とぐろを巻いた大蛇の中心に狭いすきまがある。鳥人間から教えられたことは、大蛇が海であり、小さなすきまが地上の世界であることであった。

世界の果てを見たアレクサンドロスはまだ世俗の権力や支配力にあきたらない。インド王ポロスを倒し、ベロエのカンダケからはみつぎものを納めさせ、アマゾネス族を平定する。一方で、はだかの哲学者たちやダンダミスとの対話では、権力追求と破壊を常とする世俗の世界からかけはなれた生活を信条とする彼らの思想を知ろうとする（第三巻五節と六節）が、アレクサンドロスの活動的な世界観にインドの哲学者の知恵は影響を与えることはない。一七節で、アレクサンドロスに身近な死が予言されるころから、死の影が濃くなってくる。二四節では、神々の住まいにいるセソンコシスに自分の死期を質問するが、答えてくれない。二八節では、ディオニュソスの都らしいリュッソスの町では、神々に対抗しないで、自分の分を守るがよいと、またもやギリシア語を話す鳥から忠告される。

物語的な空想上の世界から現実のバビュロンにもどったときのこと、異兆が示され、占い師から、アレクサンドロスの死が予言されたあとは（三〇節）、一気呵成にその死までの叙述がつづく。

アレクサンドロスの不死の願望と人間としての死を受け入れるように勧める、空想上の世界についての記述が、本書成立のどの段階において加わったかについては、不明である。とにかく、「世界の支配者」アレクサンドロスから世界の果てを窮めるアレクサンドロスへの発展とともに、主人公の死のテーマが浮き彫りにされてくるように本書が構成されている。世界の果てを窮めるとは自分の生命の限界を知ることでもあった。ほとんど新しい知見を加えることなく、種々の、見方の異なる資料を「剽窃」に近い形で利用しつつ、まとめられた本書の雑多な性格のなかで、本書が広く愛読されるもとになった魅力といえるのは、主人公のこのような面を強調して描いたことにあるのであろう。人間の生命の限界を知ることは数千年前のギルガメシュ以来の人間の根元的な欲望である。これを具現化するのは、やはりギルガメシュと同じような英雄アレクサンドロス以外ほかのだれもなしえないことであった。

(四) テキストの伝承

『アレクサンドロス大王物語』のギリシア語の校訂本の写本は多種にわたっている。大きく五種類に分類される。紀元後三〇〇年ころに成立したとされているオリジナル版の失われているなかで、もっとも古いとされ、しかもオリジナル版にもっとも近いと考えられるギリシア語の写本はA写本と呼ばれるもので、この系統から翻訳されたものとしてヴァレリウス(四世紀)とレオ(十世紀)による二種類のラテン語版、シリア語版、アルメニア語版、エティオピア語版であろう。つぎに後五〇〇年ころに成立し、アルメニア訳にも利用されたと考えられるベータ・グループ、このベータ・グループから派生したものにつぎの三つのグループがある。ティールによれば後七世紀の末頃の成立とされるラムダ・グループ、六世紀の成立とされるエプシロン・グループ、最後にエプシロン・グループよりはあととされるガンマ・グループである。

オリジナル版と種々の写本との関係については、オリジナル版そのものがそれまでの史実も物語もまじえたあらゆるアレクサンドロス伝承をひとつのるつぼにいれて、構成された作品であったように、オリジナル版そのものの後世への伝承については特別の配慮はおこなわれないまま、オリジナル版をもひとつの伝承としてこれを用いてアレクサンドロス伝承のなかにまとめ、これをまた『アレクサンドロス大王物語』として編纂し伝えたのではないかと想像される。写本の筆写の折りごとにとまではいえないが、筆写を担当する者はそのような自由をもって、アレクサンドロスにかんする新しい伝承を追加増補したり、あるいは不必要な箇所を削除したり、あるいはある伝承とある伝承を比較校合しながら組み合わせた可能性が大きい。こうして、伝承のおこなわれる時代と地域の変化に応じて、それぞれ異なる『アレクサンドロス大王物語』が誕生することになった。また、不明なギリシア語や文字にたいしても、厳正な批判や検討はおこなわれなかったかもしれない。たとえば、ティールによれば、第二巻二〇節で、アレクサンドロスが瀕死のダレイオスをさがしだした場面で、ベータ版では、「両手をダレイオスの胸におき、哀しみにみちた言葉を彼にかけた」とあるが、ラムダ版では「両手をオリーブ油で充たし、これを彼の胸にそそいだ」となっている。哀しみを表わすギリシア語エレオスの属格（*ἔλεους*）をあやまって、オリーブ油を示すエライオン（*ἔλαιον*）と書きうつしたことによる。これは後期ギリシア語では、*ἔλαιον* のなかの二重母音 *αι* が短音の *ε* と発音されることからくる単純なミスであった。『アレクサンドロス大王物語』の正統版とはなにかとなると、それぞれがそうであるとしかいいようがない。

翻訳の底本としては、ティールの校訂したベータ・グループに属するL写本を用いた。A写本やガンマ・グループとの異同については、ただ物語上で追加等のある部分を抜きだしてこれを補遺として巻末に収録した。しかし、相当の異同のあると思われる部分についても、テキストがかなり破損して日本語に直せない場合は訳出しなかった。本文と補遺を比較して、本書のテキストがグループがちがえば、同一の書とは思われないほどに異同のあることを理解していただければ幸いである。本訳書のような体裁での翻訳よりも、本来はそれぞれのグループに応じて訳出するほうが本書の伝承の長い歴史とその歴史のなかでの変容の過程がよく想像されるのではないかと思う。さらには、アルメニア版やエティオピア版やシリア版、ヨーロッパ中世の「戦闘の物語」(historia de proeliis)に類した作品、アラビア、インド、東南アジアにつたわる『アレクサンドロス大王物語』なども徐々に翻訳されるならば、もっと広い時代と地域を視野におさめた、壮大なパースペクティヴのなかで物語の伝承がどういうものかが理解されるのではないかとひそかに期待している。このような訳者の期待を先取りするかたちで、つい最近、芳賀重徳氏による、レオのラテン語訳書の日本語訳が出版された。そのなかにはヒグデンの『万国史』からアレクサンドロスの項も抜粋して訳出されていて、中世におけるアレクサンドロス像の変容を知る上でたいへんに有益である。

A写本とベータ・グループとのあいだの主な相異は、前者ではアレクサンドロスの史実が無視されていたのを、後者では、史実に沿うようにとはいえ、限界はあるのだが、相当の量の加筆と削除がおこなわれている点である。A写本では第一巻二六節では、アレクサンドロスは父の死後マケドニア軍を糾合して、トラキア地方の平定後ただちに、イタリアのローマに遠征、アフリカに渡ることになっている。ベータ版ではA写本の欠如している部分(二七、二八、二九節)に、アフリカに渡るまえに、アレクサンドロスのマケドニアの王位の継承、テバイの攻撃と破壊、小アジア征服の記述が加えられている。さらにエジプト平定後に、いよいよペルシアとの対決をまえにしてマケドニア軍のタルソス進出、イッソスの戦い、キュドノス河でのアレクサンドロスの水浴、その後の熱病と治癒についての経過が四一節(本文一〇一頁参照)のなかで簡単に述べられている。

しかしベータ版において年代記風に構成しようとする意図はあっても、A写本にある本来の構成にしばられて、イタリア、シケリア、アフリカ征服を経てエジプト遠征に向かうという史実にはない枠をこわすことはできなかった。医師ピリッポスのエピソードは第二巻八節で繰り返され、A写本の構成に従っている。一方、本訳書が底本としたベータ版のなかのL写本では第二巻三八節から四一節までの不思議体験の報告部分は相当に増補されている。三七節末に触れられた「世界の果てを見る」というテーマがその後の数節で敷衍拡充されたと見てよい。ベータ版では「輝く泉」によって干した魚が生きかえったとのみあるが、L写本ではあらたに、アレクサンドロスが不死の水を飲みそこねたのを残念に思う箇所が付加されている。他方、A写本では第二巻は二二節までしか残っていない。かわりに、A写本では第二巻一節から六節にわたって、アレクサンドロスのテバイの破壊後の、ギリシア征服の旅程が述べられているが、ベータ版では削除されている。

ちなみに、ラムダ版はティールによれば、L写本に近く、さきほどの第二巻三八節から四一節、第一巻四六節のテバイ破壊部分の増補、第三巻三三節のアレクサンドロスの遺言書の部分など、L写本と同様に、付加されている。さらに第三巻一七節以下の部分が追加されているという。

これまでの版とガンマ版は、ミュラー校訂本の章分けに従っていて、本書の訳においてもこれを踏襲しているが、トゥルンフ校訂のエプシロン版初公刊本はこれを用いず、一巻四六章からなる構成を取っていて、クロル版やベータ版とは内容の組立もかなり異なり、むしろガンマ版の構成に近い。前半の二四章までは、アレクサンドロスの生い立ちから、ペルシア征服、その後のエジプト遠征、その途中、ユダヤの神への帰依、最後にアレクサンドレイア建設までが描かれている。医師ピリッポスのエピソードはガンマ版（第二巻二五節参照）と同じくエジプトの事件とされている。第二五章から第三四章までは、ガンマ版第二巻二九節以下、ベータ・グループの第二巻三二節以下の異境での不思議体験の叙述とおおよそ重なっている。第三五章から第四六章までは、インド軍との戦闘、インド王ポロスとの一騎打ち、インド征服、アマゾン族の臣従の意の表明、死肉を食らう部族とその王エウリュミトレスの封じ込め、カンダウレスとその妻との話、カンダケの物語、アレクサンドロス毒殺の事件とその死が述べられる。

ガンマ版にはユダヤ的な特徴が多く残されていて、第三巻二四節以下、アレクサンドロスのユダヤ訪問とユダヤの神への帰依が述べられている。そして、エジプト遠征はペルシアのダレイオスを倒したあとに移され、第二巻二五節から記述が始まる。さらに、第三巻には、三五節Aギュムノソピスタイ（はだかの哲学者）と呼ばれるブラグマネス族の訪問とその王ダンダミスとの対話が加えられている。この部分はすでにA写本の第三巻七節から一六節までに組みこまれていたが、これは元来、紀元後五世紀パラディオス作のものである。本訳書に一応、『アレクサンドロス大王物語』とは独立していたもので関係ないのであるが、伝承の一部として訳出した。

テキスト、翻訳書、参考書類

A写本系

Wilhelm Kroll, *Historia Alexandri Magni*, Berlin 1926.

A. M. Wolohojian, *The Romance of Alexander the Great by Pseudo-Callisthenes*, New York-London 1969.（アルメニア語版の英訳）

Bernardus Kuebler, *Iuli Valeri Alexandri Polemi res gestae Alexandri Macedonis translatae ex Aesopo Graeco*, Leipzig 1888.

Friedrich Pfister, *Der Alexanderroman des Archipresbyters Leo*, Heidelberg 1913.

Wallis Budge, *The History of Alexander the Great*, Cambridge 1889.（シリア語版の英訳）

B写本系

Karl Müeller, *Pseudo-Callisthenes*, Paris 1846.

Leif Bergson, *Der griechische Alexanderroman – Rezension β*, Uppsala 1965.

L写本系

Hienrich Meusel, "Pseudo-Callisthenes L," *Jahrbuch für Class. Phil. und Pädag. V*, Leipzig 1871.

Helmut van Thiel, *Leben und Taten Alexanders von Makedonien: Der griechische Alexanderroman nach der Handschirift L*, Darmstadt 1974.

L写本から派生した写本系

λ写本

Helmut van Thiel, *Die Rezension λ des Pseudo-Kallisthenes*, Bonn 1959.

ε写本

Juergen Trumpf, *Anonymi Byzantini Vita Alexandri Regis Macedonum, Bibliotheca*

Teubneriana, Stuttgart 1974.

γ写本

Ursula von Lauenstein, Helmut Engelmann, Franz Parthe, "Der griechische Alexanderroman, Rezension γ," *Beiträge zur klassischen Philologie*, 4, 12, 33. Meisenheim 1962, 1963, 1969.

その他の翻訳

Wallis Budge, *The Alexander Book in Ethiopia*, Oxford U. P., London 1933.

Friedrich Pfister, *Der Alexanderroman: mit einer Auswahl aus verwandten Texten*, Meisenheim am Glan 1978.

Richard Stoneman, *The Greek Alexander Romance*, Penguin Classics, 1991.

Gilles Bounoure, Blandine Serret, *Pseudo-Callisthene Le Roman d'Alexandre: La vie et les hauts faits d'Alexandre de Macedoine*, Les belles Lettres, Paris 1992.

芳賀重徳『アレクサンドル大王の誕生と勝利（レオによるラテン語版）』近代文芸社、一九九六年

参考書

Julius Zacher, *Pseudocallisthenes: Forschungen zur Kritik und Geschichte der ältesten*

Aufzeichnung der Alexandersage, Halle 1867.
Erwin Rohde, *Der griechische Roman und seine Vorläeufer*, Breitkopf und Härtel, Leipzig 1914 (Naehdruck Darmstadt 1960).
D. J. A. Ross, *Alexander Historiatus: A guide to medieval illustrated Alexander Literature*, Warburg Institute, London 1963.
Friedrich Pfister, "Studien zur Sagengeographie," *Symbolae Osloensis* 35, 1959, 5-39.
Friedrich Pfister, "Alexander der Große, Die Geschichte seines Ruhms im Lichte seiner Beinamen," *Historia* 13, 1964, 37-79.
P. H. Thomas, *Epitoma Rerum Gestarum Arexandri et Liber de Morte Eius*, *Bibliotheca Teubneriana*, Leipzig 1966.
D. J. A. Ross, *Alexander and the Faithless Lady: A Submarine Adventure*, London 1967.
Ian Michael, *Alexander's Flying Machine: the History of a Legend*, Southampton 1974.
Richard Stoneman, "Who are the Brahmans? Indian Lore and Cynic Doctrine in Palladius' De Bragmanibus and its Models," *The Classical Quarterly* 44, 1994, 500-510.

本書の翻訳については、神戸の大地震の前から依頼されていたのであったが、訳者自身の怠慢から大幅に遅れてしまった。国文社の中根邦之氏を始めとして関係者の方々に深くお詫び申しあげる次第である。翻訳にあたっては、先にアッリアノスの『アレクサンドロス東征記およびインド誌』（東海大学出版会）の翻訳と詳細な注を発表された大牟田章先生からは貴重な文献を長期にわたり借用させていただいた。先生の上記訳書やご著書からもたくさんの重要な知識をいただいたことを感謝申しあげる。さらにこのアレクサンドリア叢書の編者の一人である京都大学文学研究科の中務哲郎教授からは、貴重な文献を滞英中の多忙な折りにもかかわらずご送付いただいた。また京都大学からは関係書を貸与できたことと合わせて感謝申しあげる。国文社のみなさまには原稿にたいしておおくのご注意をいただいた。あらためて感謝申しあげる。

文庫版解説　「アレクサンドロス伝説」のひろがり

澤田　典子

わずか一〇年で前人未到の大征服を成し遂げ、三二歳の若さで世を去ったアレクサンドロス大王は、人々を惹《ひ》きつけてやまない、魔力のような輝きを放つ世界史上稀有《けう》の存在である。そんなアレクサンドロスの生涯は、まさに無数の神話や伝説に彩られている。当時の知られうる限りの世界を征服した彼の突然の死は、人々の想像力を限りなく刺激した。アレクサンドロスの短くも華々しい生涯に魅せられた後世の人々は、アレクサンドロスにまつわる多様な伝説を紡ぎ、彼のイメージはとめどもなく増幅していった。アレクサンドロスをめぐる言説は様々なコンテクストで無限に再生され、彼は文学・芸術・政治・歴史研究などのあらゆる領域においてシンボルとなり、現代に至るまで強靭な生命力をもって生き続けている。

そうした現代まで続く巨大な「アレクサンドロス伝説」の中核をなすのが、本書『アレクサンドロス大王物語』に発する空想的な伝奇物語群「アレクサンドロス・ロマンス」である。

アレクサンドロス・ロマンス

『アレクサンドロス大王物語』の大筋は、前三世紀頃にすでにできあがっていたらしい。死後数百年が経過する間に生まれたアレクサンドロスにまつわる様々な伝説を取り入れて物語はさらにふくらみ、最終的に後三世紀にエジプトのアレクサンドリアでまとまった形に編纂された。ある写本で誤ってアレクサンドロスの御用史家であったカリステネスが作者とされていたことから、「伝カリステネス」の名を冠して呼ばれている。

この大衆向けの空想物語のなかで、アレクサンドロスは天空を飛翔したり、黄泉《よみ》の国に入って潜水艦で深海に潜ったり、生命の泉を訪ねたり、はたまた巨人の国や無頭人の国を探訪したり、と奇想天外な冒険を繰り広げ、シチリアやイタリア、アフリカにまで遠征する。物語は、日本の義経伝説のように、人々の追憶のなかでとめどもなく枝葉をひろげ、その流行にともなって、アレクサンドロスの名前とイメージはアジア・アフリカ・ヨーロッパの三大陸にまたがる広い地域に深く浸透していった。アレクサンドロス・ロマンスは、北はアイスランドから南はエチオピア、西はイベリア半島から東は東南アジアにまで流布し、一七世紀までに二四カ国語に翻訳されて八〇種以上の異本（一説には、三五カ国語、約二〇〇種、とも）が生まれたという、まさに世界文学である。写本から写本へと転写が繰り返され、各国語への翻訳が重ねられるなかで、物語は自由に潤色や改竄《かいざん》、翻案がなされ、諸地域のローカルな伝承を取り入れて、各地で地域色豊かな独自の発展を遂げた。

一九世紀以降、文献学の立場から、アレクサンドロス・ロマンスを構成する膨大な物語群と写本（校訂本）の複雑な系統関係の解明が進められてきた。通常、写本は四系統に大別され、α・β・γ・δのギリシアアルファベットを冠して、α本、β系などと呼ばれる（写本の系統に関しては諸説あり、ε・λを加えて五系統、もしくは六系統とする見方もある）。これらの系統の違いによって、物語の展開やアレクサンドロスの遠征の順序なども大きく異なり、δ本ではアレクサンドロスが中国にまで遠征したとされるなど、特定の系統にしか見られないエピソードもある。本書の底本となっているβ本は、原本に最も近いとされるα本の内容をより史実に近づけようとした改訂版である。

一〇〇〇年以上にわたって絶大な人気を博したアレクサンドロス・ロマンスは、まさしく世界的なロングセラーである。近世に至るまで、人々はもっぱらアレクサンドロス・ロマンスを通じてアレクサンドロスを知り、空想的な伝奇物語の主人公として、アレクサンドロスを思い描いていた。

「歴史的」なアレクサンドロス伝

こうした空想的なアレクサンドロス・ロマンスと対照的に、「歴史的」なアレクサンドロスを描いているとされるのが、ローマ時代に著されたアレクサンドロス伝である。

アレクサンドロスについての史料は、彼とは三〇〇年以上も隔たったローマ時代のものがほとんどで、まとまった形で現存しているアレクサンドロス伝としては、ディオドロスの『歴史叢書』（全四〇巻）の第一七巻、ポンペイウス・トログスの『フィリポス史』（全四四巻。後三世紀のユスティヌスの抄録によってのみ知られる）の第一一・一二巻、クルティウスの『アレクサンドロス大王伝』全一〇巻（最初の二巻は現存せず）、プルタルコスの『英雄伝』の一篇である『アレクサンドロス伝』、アリアノスの『アレクサンドロス大王東征記』全七巻、の五篇の作品があり、これらの作家は「アレクサンドロスの歴史家たち」と呼ばれる。五篇の作品のうち、ディオドロス、プルタルコス、アリアノスによるギリシア語の作品はアレクサンドロスを「英雄」として称え、他方、ポンペイウス・トログスとクルティウスによるラテン語の作品はアレクサンドロスの人間的堕落を強調し、彼を「暴君」として非難する論調が顕著である。

これらの作品はいずれも、カリステネス、プトレマイオス、アリストブロス、オネシクリトス、ネアルコス、クレイタルコスといったアレクサンドロスと同時代の著作家（「失われた歴史家たち」と総称される）の作品を参照して執筆されたものだが、そうした同時代作品は、今日ではほぼ全て失われている。そのため、現存する五篇が、これらの同時代作家の作品のいずれに依拠したのかを個々の記述ごとに丹念に解明し、それぞれの記述の信憑性を逐一検証する作業が必須となる。近代歴史学が確立した一九世紀以来、歴史家たちは、こうした史料批判に基づく原典研究（Quellenforschung）を精力的に進めてきた。そうしたなかで、「失われた歴史家たち」のうち信憑性が高いとされたプトレマイオスとアリストブロスに依拠するアリアノスの作品がアレクサンドロス研究の「正史」として別格に扱われ、とりわけ信憑性が低いとされたクレイタルコスに依拠するディオドロス、ポンペイウス・トログス、クルティウスの作品は歴史的信頼性の低い「俗伝（Vulgate）」とされて、明確に線引きがされるようになった。

しかし、ここ数十年の研究のなかで、信憑性が高いとされたプトレマイオスの作品にも、自分の手柄を誇張し、ライバルの功績を軽視するなどの偏向や歪曲が含まれること、ディオドロス、ポンペイウス・トログス、クルティウスは、クレイタルコス以外の「失われた歴史家たち」にも多く依拠していることなどが明らかになり、こうした「正史」「俗伝」という単純な二分法は大きな修正を迫られている。

これらの「アレクサンドロスの歴史家たち」の作品が近代以降のアレクサンドロス研究の中心となってきたが、こうしたローマ時代の「歴史的」な作品はその後の時代にほとんど受け継がれず、ルネサンス期における「再発見」までほぼ顧みられなくなる。代わって爆発的にひろまったのがアレクサンドロス・ロマンスであり、とりわけイスラーム世界と中世ヨーロッパにおいて絶大な人気を誇った。

イスラーム世界のアレクサンドロス

アレクサンドロスが征服したペルシアでは、ゾロアスター教徒たちの間で「邪悪な侵略者」としてのアレクサンドロスの記憶が受け継がれていた。三世紀、ササン朝ペルシアの創始者アルダシール一世は、ペルシア帝国再興のプロパガンダとして、そうした「邪悪」なアレクサンドロスの記憶を利用する。アカイメネス朝ペルシアの後継王朝を自任するササン朝は、そのアカイメネス朝を滅ぼしたアレクサンドロスを「悪魔」に仕立て上げることによって、アカイメネス朝との連続性を主張したのである。また、ササン朝はローマ人をアレクサンドロスの子孫と見なしていたため、彼の悪魔化は、ローマとの抗争においても有効なプロパガンダとなった。この時期、アレクサンドロスは、ゾロアスター教の悪神アンラ・マンユが善を滅ぼすために送り込んだ「三大悪王」の一人となり、ペルシアとゾロアスター教に対して三つの大罪（聖職者の惨殺、聖典の焼尽、王権の分割）を犯した、邪悪で憎むべき侵略者とされた。

こうした悪魔化の一方で、六世紀以前にアレクサンドロス・ロマンスのδ本がギリシア語からパフラヴィー語（中世ペルシア語）に訳され、空想物語の英雄としてのアレクサンドロスも徐々にひろまっていった。六世紀初めにはパフラヴィー語訳からシリア語訳がつくられ、のちにアラビア語、ペルシア語、エチオピア語にも訳されて、中東世界の各地に広く浸透していくことになる。

七世紀にササン朝が新興のイスラーム勢力に滅ぼされると、アレクサンドロスを「悪魔」とするササン朝のプロパガンダが後退し、代わって、アレクサンドロス・ロマンスの英雄としてのアレクサンドロス像が浮上する。かつての否定的なイメージが薄れ、アレクサンドロスは「悪魔」から一転して「英雄」「聖人」へと変貌を遂げた。広大な領土を席《せっ》巻《けん》して帝国を打ち立てたイスラーム教徒たちは、彼らの聖戦《ジハード》をアレクサンドロスの遠征に重ね合わせ、アレクサンドロスを「世界征服者」の原型として理想視したのである。

イスラーム世界では、アレクサンドロスは『コーラン』の「洞窟」の章に登場する英雄「二本角の人《ズ・ル・カルナイン》」と同一視され、「二本角のアレクサンドロス」と呼ばれて神聖視された。『コーラン』では、「二本角の人」は、ゴグ(ヤージュージュ)とマゴグ(マージュージュ)の襲撃を巨大な鉄の壁を築いて防いだ守護者として描かれている。このゴグとマゴグは、神に逆らう蛮人として『旧約聖書』の「エゼキエル書」や『新約聖書』の「ヨハネの黙示録」に登場しており、この伝承が「アレクサンドロス・ロマンス」と融合し、イスラーム世界にも浸透したのである。イスラーム世界では、アレクサンドロスがゴグとマゴグを封じ込めるために長城を築いたという逸話が広く流布し、九世紀半ばには、アッバース朝第九代カリフのアル・ワーシクがアレクサンドロスの長城を検分するために大規模な調査団を派遣したという。

こうした英雄・聖人としてのアレクサンドロスのイメージは、すでにユダヤ教やキリスト教の説話のなかに見られたが、イスラーム教徒たちは、アラビア半島に浸透していたユダヤ教・キリスト教の伝承からアレクサンドロスの聖なるイメージを取り込み、彼をイスラーム教の布教者・擁護者に仕立て上げていったのである。キリスト教やイスラーム教という世界宗教のなかにこうして聖人として取り込まれたことも、「アレクサンドロス伝説」が永遠の命を得た要因と言えよう。

イスラーム世界では、九世紀初頭からアッバース朝のもとでアリストテレス哲学のアラビア語への翻訳事業が大々的に進められたが、アリストテレスがアレクサンドロスに宛てたとされる手紙（後世に創作された偽作と考えられている）は、それに先立って八世紀前半からウマイヤ朝のもとでアラビア語に訳され、広く流布していた。イスラーム世界において「第一の師」として称揚されたアリストテレスは、アレクサンドロスに知を授けた偉大な賢者とされ、アレクサンドロスはその偉大な師から教えを受けた哲人王として神聖視された。二人は、賢者と賢王、大哲学者と大征服王という理想の師弟としてイスラーム世界に定着し、イスラーム世界における「アレクサンドロス伝説」の拡大にいっそう拍車がかかることになった。

九世紀のディーナワリーの歴史書『長史』や一一世紀初頭のフィルダウスィーの叙事詩『王書（シャーナーメ）』には、アレクサンドロスの出生譚が現れる。アレクサンドロスの母はペルシア王との間にアレクサンドロスを生んだとされ、アレクサンドロスはダレイオス三世の異母兄弟としてペルシアの列王伝に取り込まれている。エジプトのアレクサンドリアで生まれた『アレクサンドロス大王物語』においてアレクサンドロスがエジプト最後のファラオであるネクタネボス（本書ではネクテナボン）の息子にされてエジプトの歴史に取り込まれたのと同様に、今度はペルシアの正統な王としてペルシアの歴史に取り込まれたのである。

イスラーム世界にはローマ時代の「アレクサンドロスの歴史家たち」の作品はほとんど伝わらず、ペルシアの宮廷詩人たちはもっぱらアレクサンドロス・ロマンスを素材として韻文の『アレクサンドロスの書（イスカンダル・ナーメ）』を著した。なかでも一二世紀のニザーミーの『アレクサンドロスの書』では、アレクサンドロスはチベットを越えて中国やロシアにも遠征を果たし、征服者から哲学者に成長して、さらには預言者の域にまで達している。一二世紀のタルスースィーの『ダーラーブの書』など、アレクサンドロスを主人公とする散文作品も続々と生まれ、こうした作品はアレクサンドロス・ロマンスをさらに自由に翻案し、ロマンスからかけ離れた奇想天外な物語として独自の発展を遂げた。

こうして、イスラーム世界においてアレクサンドロスはイスラーム教の敬虔な信徒、布教者、聖戦の闘士、ペルシアの君主、地の果ての探求者、哲人王、預言者といった様々な姿で定着していくが、イスラームの東漸にともなって、中央アジアや東南アジアへもアレクサンドロス・ロマンスは広く浸透していった。中央アジアでは、「イスカンダル（アレクサンドロスのアラビア語名)」がつく地名や人名が多く見られ、アレクサンドロスの後裔を自称する王族や首長たちが今日に至るまで絶えない。一五世紀にマレー半島南部に栄えたマラッカ王国では、アレクサンドロスを王家の祖とする建国神話が語り継がれていた。インドではイスカンダルがヒンドゥー教の軍神スカンダに変貌を遂げた、という説もある。さらに、「アレクサンドロス伝説」は中国にまで伝播したらしい。宋代の地理書『諸蕃誌』や明代の百科事典『三才図会』には、「徂葛尼《そかつに》」「狙葛尼」についての記述が現れ、これはアラビア語の「ズ・ル・カルナイン」の音訳であり、『コーラン』に登場する「二本角の人」のことであると考えられている。

ヨーロッパのアレクサンドロス

中世ヨーロッパにおいても、アレクサンドロス・ロマンスは広く親しまれ、アーサー王伝説と並んで絶大な人気を博した。ヨーロッパ全域にアレクサンドロス・ロマンスがひろまる契機となったのは、四世紀前半のユリウス・ウァレリウスによるα本のラテン語訳『マケドニア人アレクサンデルの偉業』と、一〇世紀のナポリの大司教レオによるδ本のラテン語訳『アレクサンデル大王の誕生と勝利』である。とりわけ、レオのラテン語訳を大幅に書き換えた改訂版『戦史』が一二世紀以降ヨーロッパ各国の俗語に訳され、爆発的に流行した。本書にも訳出されている「アレクサンドロスのアリストテレス宛の手紙」

（七〜八世紀につくられた偽作）も、各国の俗語に訳されて広く浸透した。アレクサンドロスがインドで見聞きした驚嘆すべき出来事をアリストテレスに語るこの手紙は、中世ヨーロッパにおける「東方の驚異（mirabilia）」伝説の源となった。

アレクサンドロス・ロマンスは聖書に次いでよく読まれたといわれ、アレクサンドロスは「九偉人」や「古代世界の四大王」の一人にも数え入れられている。彼は多くの詩人たちの想像力をかき立て、パリのアレクサンドルによる『アレクサンドル物語』やドイツの司祭ランプレヒトの『アレクサンダーの歌』など、数々の叙事詩の題材となり、絶大な人気を誇った。こうした叙事詩のなかでアレクサンドロスは騎士の鑑《かがみ》として理想視され、敬虔なキリスト教徒、宣教師、錬金術師、占星術師など、様々な姿で現れている。キリスト教文化の影響を受けてロマンスの脚色や翻案が進み、「地上の楽園」を探しに行くなどの新しい逸話も生まれ、十字軍の時代には「聖戦の闘士」としてのアレクサンドロスのイメージがいっそう強まっていった。天空飛翔や深海潜水など、ロマンスにおける様々な逸話が写本挿絵の題材として親しまれ、とりわけ、グリフォンの背に置かれた籠に乗ってアレクサンドロスが空に舞い上がる天空飛翔の場面は、ステンドグラスやレリーフ、モザイクなどの教会建築の装飾モチーフとしてヨーロッパ各地で流行した。

「一二世紀のルネサンス」と呼ばれる古典復興期には、アリストテレスの作品の「再発見」により、アリストテレスの弟子としての哲人王という新たな顔がアレクサンドロスに加わった。さらにこの時期、ローマ時代のクルティウスの作品も「再発見」され、「暴君」としてのアレクサンドロス像もヨーロッパに浸透していく。中世ラテン叙事詩の最高傑作と言われるシャティヨンのゴーチェの『アレクサンデルの歌』はクルティウスの作品を主要な典拠としており、アレクサンドロスを英雄的に描く一方で、彼の飽くなき名誉欲を厳しく非難している。この作品は各国の俗語にも翻訳されてヨーロッパ中で広く読まれる大ベストセラーとなり、アレクサンドロスのイメージの幅をさらにひろげることになった。

一五世紀になると、ディオドロスやプルタルコス、アリアノスの作品も「再発見」され、アレクサンドロス・ロマンスに代わってこれらの「アレクサンドロスの歴史家たち」の作品がひろまるようになる。そうしたなかで「歴史的」なアレクサンドロスを解明しようとする試みが始まり、空想的なロマンスは下火になっていく。美術においても、ロマンスを題材としたこれまでの写本挿絵や教会建築の装飾に代わって、ドイツのアルブレヒト・アルトドルファーやフランスのシャルル・ル・ブランをはじめとする多くの画家が、イッソスの戦いやガウガメラの戦いなど、アレクサンドロスの生涯における「歴史的」な出来事を題材とする名画を残した。

こうして一五世紀以降、ヨーロッパではアレクサンドロス・ロマンスの影が次第に薄れていくが、オスマン帝国の支配下にあったギリシアでは、ロマンスの英雄としてのアレクサンドロスが人々の心をとらえ続けた。一七世紀末にロマンスのγ本の近代ギリシア語訳『フュラダ』が呼び売り本として出版されて長く流行し、人々はアレクサンドロスをギリシア正教の聖人、ギリシアの自由の闘士として思い描いた。こうした英雄としてのアレクサンドロスは、オスマン帝国の支配下にあるギリシア人に昔の輝かしい栄光を思い起こさせたのである。一八世紀末には、ギリシア独立に向けての運動のなかでアレクサンドロスはシンボルとなり、それ以降現在に至るまで、誇るべき民族的英雄としてギリシア人の心のなかに強く生き続けている。一九九一年にマケドニア共和国(現・北マケドニア共和国)がユーゴスラビアから分離独立して以来、同国とギリシアの間で繰り広げられた国名論争において両国とも「アレクサンドロス」を自国のシンボルとして激しく奪い合ったが、そうしたなかでギリシア人が過剰とも言える反応を示したのは、アレクサンドロスを民族的英雄と仰ぐこうしたギリシア人の長年の国民感情に由来する。

このような民族のアイデンティティのシンボルとしてのアレクサンドロスの利用は、前述のササン朝においても見られるが、これはまさに、アレクサンドロスのイメージが後世の人々にとって常に都合のよい形で継承されうる柔軟性を持っていたからである。アレクサンドロスは私たちの思う姿で立ち現れ、その時々の風潮のなかで、英雄にも聖人にも悪魔にもなった。そうしたイメージの柔軟性ゆえ、後世の人々はその信条や理想、世界観を自分たちに都合のよい形でアレクサンドロスに投影し、歴史的には彼と無縁の地域の人々でさえも、自らの権威やアイデンティティのシンボルとしてアレクサンドロスを利用することができた。こうして、「アレクサンドロス伝説」は永遠の命を得ることになったのである。

そしてまた、こうしたシンボルとしてのアレクサンドロスは、そのイメージを育《はぐく》み、操作した人々の信条や理想、世界観を映し出す鏡の役割も果たす。人々はなぜアレクサンドロスの伝説を受容し、操作したのか。人々は彼にどのような象徴性を見出したのか。アレクサンドロスのイメージの変容を追うことによって、それを探ることができる。「アレクサンドロス伝説」からアレクサンドロス自身の「史実」を抽出するのは極めて慎重にならなければならないが、彼のイメージの変容は、それを語り継ぎ、育んでいった人々についての確かな「史実」を教えてくれるのである。

「歴史」と「伝説」

近代歴史学が確立した一九世紀以来、史料批判に基づく原典研究を中心とする実証的なアレクサンドロス研究が進められるなかで、史実と伝説を峻別しようとする立場から、アレクサンドロス・ロマンスは「アレクサンドロスの歴史家たち」の作品とは明確に区別され、歴史研究の史料として目を向けられることはなかった。

近年、アレクサンドロスの歴史研究もアレクサンドロス・ロマンスの研究もますます活況を呈しているが、かつてのように二つの研究分野は必ずしも峻別されておらず、重なり合う部分も大きくなっている。その背景として、歴史学において歴史認識や表象といった問題により関心が向けられるようになったことがある。アレクサンドロス研究においても、従来のように、アレクサンドロスが何をしたか、ではなく、アレクサンドロスが人々にどのように思われていたか、人々にとってアレクサンドロスとは何だったのか、についての関心が高まっている。アレクサンドロスに征服された地域で独自の発展を遂げたアレクサンドロス・ロマンスは、まさに格好の研究材料となる。

さらにまた、「アレクサンドロスの歴史家たち」の作品とアレクサンドロス・ロマンスを明確に区別することはできないという認識が高まってきたことも、その背景としてあげられる。「失われた歴史家たち」のなかでも、体長六五メートルものインドの大蛇や一万人もの僧を木蔭に宿すことのできる巨木について語っているネアルコスやオネシクリトス、空想的な物語を多々伝えているクレイタルコスの記述は、ロマンスとさほど変わるところはない。ローマ時代の「アレクサンドロスの歴史家たち」は、そうした「失われた歴史家たち」の作品に依拠して執筆する際、「物語」と「歴史」を決して区別してはいないのである。そして何よりも、近年のアレクサンドロス研究のなかで、「アレクサンドロスの歴史家たち」の作品こそがローマ時代の「物語」であることが強調されるようになったのも大きい。欧米のアレクサンドロス研究におけるここ十数年の大きな変化は、歴史家たちが一九世紀以来の伝統的な史料批判に基づく実証研究の限界性を認識し、ローマ時代の史料の「歪み」により自覚的になったことにある。ローマ時代の作品から私たちが知りうる「アレクサンドロス」は、決して「歴史的」なアレクサンドロスではなく、ローマの文人がローマの読者に向けて書いた「ローマの創造物」にすぎないのである。そうした認識が、文学と歴史叙述の境界、という古くて新しい問題への関心の高まりとあいまって、「アレクサンドロスの歴史家たち」の作品とアレクサンドロス・ロマンスを区別する意識を薄れさせたと言えるだろう。「アレクサンドロスの歴史家たち」による五篇の作品の間に「正史」「俗伝」という明確な区分線を引き得ないのと同様に、「アレクサンドロスの歴史家たち」の作品とロマンスの間にも、明確な区分線を引くことはできないのである。

アレクサンドロス・ロマンスの研究は、アレクサンドロスの歴史研究の新たな可能性を示すものと言えよう。

（千葉大学教授）

アレクサンドロス関係年表

前三六九／五九年　ピリッポス、マケドニアの王となる。
三五九年　ネクテナボン、エジプト王となる。三四二年まで。
三五七年　ピリッポス、オリュンピアスと結婚。
三五六年　七月二〇日アレクサンドロス誕生。この日エペソスのアルテミス神殿の失火。
三四三年　哲学者アリストテレス、アレクサンドロスの家庭教師となる。
三四三／二年　ネクテナボン、ペルシア王の攻撃を受けて退位、逃亡。
三三八年　ピリッポスのマケドニア軍、カイロネイアの戦闘でギリシア同盟軍を破る。
三三七年　ピリッポス、スパルタをのぞくギリシア諸国家とのあいだに平和同盟をコリントスで結ぶ。ペルシア遠征を計画。
ピリッポス、アッタロスの姪クレオパトラと結婚。ピリッポス父子の相剋。アレクサンドロスの王位継承権が問題となる。その後和解。
三三六年　ダレイオス三世、ペルシアの王となる。
ピリッポス、娘クレオパトラの結婚式の日にパウサニアスに殺害される。アレクサンドロス、コリントス同盟会議でギリシアの代表と認められる。

三三五年　アレクサンドロス、ゲタイ人、ケルト人、イリュリア人などマケドニア北方の部族の平定。アレクサンドロスによるテバイの占領と破壊。

三三四年　アレクサンドロス、ペルシア遠征を起こす。アンティパトロスにマケドニアの管理を任ず。

三三三年　グラニコス河畔の戦闘で小アジアのペルシア軍を破る。リュキア、ピシディア、プリュギアの平定。

ゴルディオンでの予言。カッパドキア、キリキアを経てタウロス山脈を越えて、タルソス占領。

ダレイオスの主力軍をイッソスの戦闘で破る。ダレイオスの逃亡。その妻スタテイラ捕虜になる。

三三二年　ダレイオスの和平提案を拒絶。

フェニキア平定。

七ヶ月間のテュロス占領、征服と破壊。

ガザの平定。

メンフィスに到着、サラピス神への犠牲式。エジプトのファラオとして認められる。ペルシア支配からエジプトを解放。

アレクサンドレイア建設始まる。

三三一年　アンモンの聖域訪問。神の子としての神託。

メソポタミアに出征。

ガウガメラ（アルベラ）の戦闘で決定的な勝利を得る。

バビロン占領、スーサ占領。


三三〇年　ペルシア西方への遠征。ペルセポリス略奪と炎上。

パサルカダイのキュロスの陵墓の再建。

エクバタナ占領。

ダレイオス捕縛のための追跡。

ダレイオス、ベッソスにより殺害される。ベッソス、オペルシア王位を継承。

アレクサンドロス、ペルシアの支配者としてダレイオスの葬儀をおこなう。

ベッソスを追って、ヒュルカニア、バクトリア地方へ出征。

ペルシア化に反対するマケドニアの勢力を弾圧。パルメニオンとその息子ピロタスの処刑。

アフガニスタン地方を平定。

三二九年　ヒンドゥクシュ平定。バクトリアのベッソスを捕縛。エクバタナで処刑。
アジアに住むスキュティア人征服。

三二八年　キルギス地方平定、サマルカンド、タシケント征服。
スピタメネスを中心にしたソグディアナ地方の反乱。スピタメネスの暗殺によって反乱軍平定。

三二七年　ソグディアナの王族オクシュアルテスの娘ロクサネを妻にする。
オリエント風の礼式である跪拝礼（プロスキュネシス）の施行にたいして反

対にあう。

クレイトス、酒席でアレクサンドロスに殺害される。

側近たちの陰謀事件にからんでアリストテレスの甥で歴史家のカリステネスの処刑。

カブールを経てインド・パンジャブ地方へ行軍。

ヒンドュクシュ南東部を制圧。岩城アオルノスの陥落。


三二六年　インダス河東方のタクシラの町、アレクサンドロスに恭順。はだかの哲学者たちとの対話。

ヒュダスペス河畔でポロスを破る。

インダス河流域を平定。

ガンジス河を越えてさらに東方遠征を試みるが、兵の反対にあう。

インダス河を下る。


三二五年　インダス河口の港町パタラに到着。

アレクサンドロス、帰還の準備。

陸行軍、ガドロシアの砂漠を抜けてカルマニアへ行進。

ネアルコスの艦隊、インダス河口からペルシア湾に向けて出航（九月）。

カルマニア地方で、沿岸航行したネアルコスと再会。

三二四年　アレクサンドロス、パサルカダイ到着、ペルセポリスに帰る。
スーサでの集団結婚式。

三二三年

アレクサンドロス、ロクサネのほかに、ダレイオスの娘スタテイラ、アルタクセルクセスの娘パリュサティスと結婚。

ティグリス河畔の町オピスで、マケドニア兵の不穏な動き発生。

マケドニア兵との和解。

老兵などマケドニアに帰国させる。

マケドニアの代理統治しているアンティパトロスの更迭。

ギリシア人とペルシア人との融和政策。

竹馬の友ヘパイスティオンの死。

アレクサンドロス、バビロンに移る。

今後の計画、西方世界の遠征など。

アラビア遠征の準備の間、七月一三日、十日あまりの闘病後、熱病のために
アレクサンドロス死亡。

索　引

(1)　本文と補遺に出てくる固有名詞のみを挙げた。
(2)　数字は頁を示す。
(3)　ギリシア語の場合はギリシア文字をローマ字に直した綴りを加えた。

ア行

カ行

サ行

タ行

ナ行

ハ行

マ行

ヤ行

ラ行

本書は二〇〇〇年七月、国文社より刊行された。

アレクサンドロスとオリュンピアス　森谷公俊

彼女は怪しい密儀に没頭し、残忍に邪魔者を殺す悪女なのか、息子を陰で支え続けた賢母なのか。大王母の激動の生涯を追う。（澤田典子）

古代地中海世界の歴史　本村凌二／中村るい

メソポタミア、エジプト、ギリシア、ローマ——古代に花開き、密接な交流や抗争をくり広げた文明を一望に見渡し、歴史の躍動を大きくつかむ！

増補 十字軍の思想　山内進

欧米社会にいまなお色濃く影を落とす「十字軍」の思想。人々を聖なる戦争へと駆り立てるものとは？ その歴史を辿り、キリスト教世界の深層に迫る。

向う岸からの世界史　良知力

「歴史なき民」こそが歴史の担い手であり、革命の主体であった。著者の思想史から社会史への転換点を示す記念碑的作品。（阿部謹也）

増補 魔都上海　劉建輝

摩天楼、租界、アヘン。近代日本が耽溺し利用し侵略した街。驚異的発展の後なお郷愁をかき立ててやまない上海の歴史の魔力に迫る。（海野弘）

子どもたちに語るヨーロッパ史　ジャック・ル・ゴフ／前田耕作監訳／川崎万里訳

歴史学の泰斗が若い人に贈る、とびきりの入門書。地理的要件や歴史、とくに中世史を、たくさんのエピソードとともに語った魅力あふれる一冊。

隊商都市　ミカエル・ロストフツェフ／青柳正規訳

通商交易で繁栄した古代オリエント都市のペトラ、パルミュラなどの遺跡に立ち、往時に思いを馳せたロマン溢れる歴史紀行の古典的名著。（前田耕作）

法然の衝撃　阿満利麿

法然こそ日本仏教を代表する巨人であり、ラディカルな革命家だった。鎮魂慰霊を超えて救済の原理を指し示した思想の本質に迫る。

親鸞・普遍への道　阿満利麿

絶対他力の思想はなぜ、どのように誕生したのか。日本の精神風土と切り結びつつ普遍的救済への回路を開いた親鸞の思想の本質に迫る。（西谷修）

原典訳 ウパニシャッド　岩本裕編訳

インド思想の根幹であり後の思想の源ともなったウパニシャッド。本書では主要篇を抜粋、梵我一如、輪廻・業・解脱の思想を浮き彫りにする。（立川武蔵）

世界宗教史（全8巻）　ミルチア・エリアーデ

宗教現象の史的展開を膨大な資料を博捜し著された人類の壮大な精神史。エリアーデの遺志にそって共同執筆された諸地域の宗教の巻を含む。

世界宗教史 1　ミルチア・エリアーデ　中村恭子訳

人類の原初の宗教的営みに始まり、メソポタミア、古代エジプト、インダス川流域、ヒッタイト、地中海地域、初期イスラエルの諸宗教を収める。

世界宗教史 2　ミルチア・エリアーデ　松村一男訳

20世紀最大の宗教学者のライフワーク。本巻はヴェーダの宗教、ゼウスとオリュンポスの神々、ディオニュソス信仰等を収める。（荒木美智雄）

世界宗教史 3　ミルチア・エリアーデ　島田裕巳訳

仰韶、竜山文化から孔子、老子までの古代中国の宗教と、バラモン、ヒンドゥー、仏陀とその時代、オルフェウスの神話、ヘレニズム文化などを考察。

世界宗教史 4　ミルチア・エリアーデ　柴田史子訳

ナーガールジュナまでの仏教の歴史とジャイナ教から、ヒンドゥー教の総合、ユダヤ教の試練、キリスト教の誕生などを収録。（島田裕巳）

世界宗教史 5　ミルチア・エリアーデ　鶴岡賀雄訳

古代ユーラシア大陸の宗教、八―九世紀までのキリスト教、ムハンマドとイスラーム、イスラームと神秘主義、ハシディズムまでのユダヤ教など。

世界宗教史 6　ミルチア・エリアーデ　鶴岡賀雄訳

中世後期から宗教改革前夜までのヨーロッパの宗教運動、宗教改革前後における宗教、魔術、ヘルメス主義の伝統、チベットの諸宗教を収録。

世界宗教史 7　ミルチア・エリアーデ　奥山倫明／木塚隆志／深澤英隆訳

エリアーデ没後、同僚や弟子たちによって完成された最終巻の前半部。メソアメリカ、インドネシア、オセアニア、オーストラリアなどの宗教。

世界宗教史8　ミルチア・エリアーデ　奥山倫明／木塚隆志／深澤英隆訳

西・中央アフリカ、南・北アメリカの宗教、日本の神道と民俗宗教。啓蒙期以降ヨーロッパの宗教的創造性と世俗化などを収録。全8巻完結。

回教概論　大川周明

最高水準の知性を持つと言われたアジア主義者の力作。イスラム教の成立経緯や、経典などの要旨が的確に記された第一級の概論。（中村廣治郎）

神社の古代史　岡田精司

古代日本ではどのような神々が祀られていたのか。《祭祀の原像》を求めて、伊勢、宗像、住吉、鹿島など主要な神社の成り立ちや特徴を解説する。

中国禅宗史　小川隆

唐代から宋代において、禅の思想は大きく展開した。各種禅語録を思想史的な文脈に即して読みなおす試み。〈禅の語録〉全二〇巻の「総説」を文庫化。

原典訳　チベットの死者の書　川崎信定訳

死の瞬間から次の生までの間に魂が辿る四十九日の旅――中有（バルドゥ）のありさまを克明に描き、死者に正しい解脱の方向を示す指南の書。

インドの思想　川崎信定

多民族、多言語、多文化。これらを併存させるインドという国を作ってきた考え方とは。ヒンドゥー教や仏教等、主要な思想を案内する恰好の入門書。

旧約聖書の誕生　加藤隆

旧約聖書は多様な見解を持つ文書を寄せ集めて作られた書物である。各文書が成立した歴史的事情から旧約を読み解く。現代日本人のための入門書。

神道　トーマス・カスーリス　衣笠正晃訳　守屋友江監訳

日本人の精神構造に大きな影響を与え、国の運命をも変えてしまった「カミ」の複雑な歴史を、米比較宗教学界の権威が鮮やかに描き出す。

ミトラの密儀　フランツ・キュモン　小川英雄訳

東方からローマ帝国に伝えられ、キリスト教と覇を競った謎の古代密儀宗教。その全貌を初めて明らかにした、第一人者による古典的名著。（前田耕作）

ホームズと推理小説の時代　中尾真理

ホームズとともに誕生した推理小説。その歴史を黎明期から黄金期まで跡付け、隆盛の背景とその展開を豊富な基礎知識を交えながら展望する。

文学と悪　ジョルジュ・バタイユ　山本功訳

文学にとって至高のものとは、悪の極限を掘りあてることではないのか。サド、プルースト、カフカなど八人の作家を巡る論考。（吉本隆明）

来るべき書物　モーリス・ブランショ　粟津則雄訳

プルースト、アルトー、マラルメ、クローデル、ボルヘス、ブロッホらを対象に、20世紀フランスを代表する批評家が、その作品の精神に迫る。

ドストエーフスキー覚書　森有正

深い洞察によって導かれた、ドストエーフスキーを読むための最高の手引き。主要作品を通して絶望と死、自由、愛、善を考察する。（山城むつみ）

西洋文学事典　桑原武夫監修　黒田憲治／多田道太郎編

この一冊で西洋文学の大きな山を通読できる！　20世紀の主要な作品とあらすじ、作者の情報や社会的トピックスをコンパクトに網羅。（沼野充義）

西洋古典学入門　久保正彰

古代ギリシア・ローマの作品を原本に近い形で復原すること。それが西洋古典学の使命である。ホメーロスなど、諸作品を紹介しつつ学問の営みを解説。

貞観政要　呉兢　守屋洋訳

大唐帝国の礎を築いた太宗が名臣たちと交わした政治問答集。編纂されて以来、帝王学の古典として屹立する。本書では、七十篇を精選・訳出。

シェイクスピア・カーニヴァル　ヤン・コット　高山宏訳

既存の研究に画期をもたらしたコットが、バフチーンのカーニヴァル理論を援用しシェイクスピア作品に流れる「歴史のメカニズム」を大胆に読み解く。

初学者のための中国古典文献入門　坂出祥伸

文学、哲学、歴史等「中国学」を学ぶ時、必須となる古典の基礎知識。文献の体裁、版本の知識、図書分類他を丁寧に解説する。反切とは？　偽書とは？

詳講 漢詩入門　佐藤保

二千数百年の中国文学史の中でも高い地位を占める古典詩。その要点を、形式・テーマ・技巧等により系統だてて、初歩から分かりやすく詳しく学ぶ。

シュメール神話集成　杉勇／尾崎亨 訳

「洪水伝説」「イナンナの冥界下り」など世界最古の神話・文学十六篇を収録。ほかでは読むことのできない貴重な原典資料。豊富な訳注・解説付き。

エジプト神話集成　杉勇／屋形禎亮 訳

不死・永生を希求した古代エジプト人の遺した、ピラミッド壁面の銘文ほか、神への讃歌、予言、人生訓など重要文書約三十篇を収録。

宋名臣言行録　朱熹 編　梅原郁 編訳

北宋時代、総勢九十六名に及ぶ名臣たちの言動を大儒・朱熹が編纂。唐代の『貞観政要』と並ぶ帝王学の書であり、処世の範例集として今も示唆に富む。

資治通鑑　司馬光　田中謙二 編訳

全二九四巻にもおよぶ膨大な歴史書『資治通鑑』のなかから、侯景の乱、安禄山の乱など名シーンを精選。破滅と欲望の交錯するドラマを流麗な訳文で。

十八史略　曾先之　今西凱夫 訳　三上英司 編

『史記』『漢書』『三国志』等、中国の十八の歴史書をまとめた『十八史略』から、故事成語、人物にまつわる名場面を各時代よりセレクト。（三上英司）

アミオ訳 孫子（漢文・和訳完全対照版）　守屋淳 監訳・注解　臼井真紀 訳

最強の兵法書『孫子』。この書を十八世紀ヨーロッパに紹介したアミオによる伝説の訳業がついに邦訳。その独創的解釈の全貌がいま蘇る。（伊藤大輔）

和訳 聊斎志異　蒲松齢　柴田天馬 訳

中国清代の怪異短編小説集。仙人、幽霊、妖狐たちが繰り広げるおかしくも艶やかな話の数々。日本の文豪たちにも大きな影響を与えた一書。（南條竹則）

フィレンツェ史（上）　ニッコロ・マキァヴェッリ　在里寛司／米山喜晟 訳

権力闘争、周辺国との駆け引き、戦争、政権転覆……。マキァヴェッリの筆によりさらにドラマチックに彩られるフィレンツェ史。文句なしの面白さ！

フィレンツェ史(下)
ニッコロ・マキァヴェッリ
在里寛司／米山喜晟訳

古代ローマ時代からのフィレンツェ史を俯瞰することで見出された、歴史におけるある法則……。マキァヴェッリの真骨頂が味わえる一冊！（米山喜晟）

ギルガメシュ叙事詩
矢島文夫訳

ニネベ出土の粘土書板に初期楔形文字で記された英雄ギルガメシュの波乱万丈の物語。「イシュタルの冥界下り」を併録。最古の文学の初の邦訳。

メソポタミアの神話
矢島文夫

「バビロニアの創世記」から「ギルガメシュ叙事詩」まで、古代メソポタミアの代表的神話をやさしく紹介。第一人者による最良の入門書。（沖田瑞穂）

北欧の神話
山室静

キリスト教流入以前のヨーロッパ世界を鮮やかに語り伝える北欧神話。神々と巨人たちとが織りなす壮大な物語をやさしく説き明かす最良のガイド。

漢文の話
吉川幸次郎

日本人の教養に深く根ざす漢文を歴史的に説き起こし、その由来、美しさ、読む心得や特徴を平明に解説する。贅沢で最良の入門書。（興膳宏）

「論語」の話
吉川幸次郎

人間の可能性を信じ、前進するのを使命であると考えた孔子。その思想と人生を「論語」から読み解く中国文学の碩学による最高の入門書。

老子
福永光司訳

己の眼で見ているこの世界は虚像に過ぎない。自我を超えた「無為自然の道」を説く、東洋思想が生んだ画期的な一書を名訳で読む。（興膳宏）

荘子内篇
福永光司
興膳宏訳

人間の醜さ、愚かさ、苦しさから鮮やかに決別する、古代中国が生んだ解脱の哲学三篇。中でも「内篇」は荘子の思想を最もよく伝える篇とされる。

荘子外篇
福永光司
興膳宏訳

内篇で繰り広げられた荘子の思想を、説話・寓話のかたちでわかりやすく伝える外篇。独立した短篇集として読んでも面白い、文学性に富んだ十五篇。

共産主義黒書〈アジア篇〉
ステファヌ・クルトワ／ジャン＝ルイ・マルゴラン
高橋武智訳

アジアの共産主義国家は抑圧政策においてソ連以上の悲惨を生んだ。中国、北朝鮮、カンボジアなどでの実態は我々に歴史の重さを突き付けてやまない。

ヨーロッパの帝国主義
アルフレッド・W・クロスビー
佐々木昭夫訳

15世紀末の新大陸発見以降、ヨーロッパ人はなぜ次々と植民地を獲得できたのか。病気や動植物に着目して帝国主義の謎を解き明かす。（川北稔）

民のモラル
近藤和彦

統治者といえど時代の約束事に従わざるをえなかった18世紀イギリス。新聞記事や裁判記録、ホーガースの風刺画などから騒擾と制裁の歴史をひもとく。

台湾総督府
黄昭堂

清朝中国から台湾を割譲させた日本は、新たな統治機関として台北に台湾総督府を組織した。抵抗と抑圧と建設。植民地統治の実態を追う。（檜山幸夫）

増補 大衆宣伝の神話
佐藤卓己

祝祭、漫画、シンボル、デモなど政治の視覚化は大衆の感情をどのように動員したか。ヒトラーが学んだプロパガンダを読み解く「メディア史」の出発点。

ユダヤ人の起源
シュロモー・サンド
高橋武智監訳
佐々木康之／木村高子訳

〈ユダヤ人〉はいかなる経緯をもって成立したのか。歴史記述の精緻な検証によって実像に迫り、そのアイデンティティを根本から問う画期的試論。

中国史談集
澤田瑞穂

皇帝、彫青、男色、刑罰、宗教結社など中国裏面史を彩った人物や事件を中国文学の碩学が独自の視点で解き明かす。怪力乱「神」をあえて語る！（堀誠）

ヨーロッパとイスラーム世界
R・W・サザン
鈴木利章訳

〈無知〉から〈洞察〉へ。キリスト教文明とイスラーム文明との関係を西洋中世にまで遡って考察し、読者に歴史的見通しを与える名講義。（山本芳久）

図説 探検地図の歴史
R・A・スケルトン
増田義郎／信岡奈生訳

世界はいかに〈発見〉されていったか。人類の知が全地球を覆っていく地理的発見の歴史を、時代ごとの地図に沿って描き出す。貴重図版二〇〇点以上。

同時代史　タキトゥス　國原吉之助訳

古代ローマの暴帝ネロ自殺のあと内乱が勃発。絡みあう人間ドラマ、陰謀、凄まじい政争を、臨場感あふれる鮮やかな描写で展開した大古典。（本村凌二）

秋風秋雨人を愁殺す　武田泰淳

辛亥革命前夜、疾風のように駆け抜けた美貌の若き女性革命家秋瑾の生涯。日本刀を鍾愛した烈女秋瑾の思想と人間像を浮き彫りにした評伝の白眉。

歴史（上・下）　トゥキュディデス　小西晴雄訳

野望、虚栄、裏切り――古代ギリシアを殺戮の嵐に陥れたペロポネソス戦争とは何だったのか。その全貌を克明に記した、人類最古の本格的「歴史書」。

日本陸軍と中国　戸部良一

中国スペシャリストとして活躍し、日中提携を夢見た男たち。なぜ彼らが、泥沼の戦争へと日本を導くことになったのか。真相を追う。（五百旗頭真）

カニバリズム論　中野美代子

根源的タブーの人肉嗜食や纏足、宦官……。目を背けたくなるものを冷静に論ずることで逆説的に人間の真実に迫る血の滴る異色の人間史。（山田仁史）

帝国の陰謀　蓮實重彦

一組の義兄弟による陰謀から生まれたフランス第二帝政。「私生児」の義弟が遺した二つのテクストを読解し、近代的現象の本質に迫る。（入江哲朗）

交易の世界史（上）　ウィリアム・バーンスタイン　鬼澤忍訳

絹、スパイス、砂糖……。新奇なもの、希少なものへの欲望が世界を動かし、文明の興亡を左右してきた。数千年にもわたる交易の歴史を一望する試み。

交易の世界史（下）　ウィリアム・バーンスタイン　鬼澤忍訳

交易は人類そのものを映し出す鏡である。圧倒的な繁栄をもたらし、同時に数多の軋轢と衝突を引き起こしてきたその歴史を圧巻のスケールで描き出す。

フランス革命の政治文化　リン・ハント　松浦義弘訳

フランス革命固有の成果は、レトリックやシンボルによる政治言語と文化の創造であった。政治文化とそれを生み出した人々の社会的出自を考察する。

ちくま学芸文庫

アレクサンドロス大王物語《だいおうものがたり》

二〇二〇年八月十日　第一刷発行

著　者　伝《でん》カリステネス
訳　者　橋本隆夫（はしもと・たかお）
発行者　喜入冬子
発行所　株式会社　筑摩書房
　東京都台東区蔵前二―五―三　〒一一一―八七五五
　電話番号　〇三―五六八七―二六〇一（代表）
装幀者　安野光雅
印刷所　星野精版印刷株式会社
製本所　加藤製本株式会社

ISBN978-4-480-09996-9 C0122